Margot Hellmiß

DAS GROSSE PRAXISBUCH APFELESSIG

Rezepte für Gesundheit,
Wohlbefinden, Küche und Haushalt

SÜDWEST

INHALT

Vorwort

Wer Essig nur als Salatwürze kennt, schreckt vielleicht zunächst davor zurück, Essigwasser zu trinken. Dabei schmeckt es sehr spritzig-fruchtig und erinnert an eine leichte Weinschorle.

Zwar ist die Verwendung von Apfelessig bereits in ganz früher Zeit belegt, doch erst in unseren Tagen entdeckte man eine Vielzahl von erprobten Anwendungsmöglichkeiten wieder. Mit Sicherheit kann behauptet werden, dass der Apfelessig auch in Zukunft neue Bereiche in der Gesundheitsvorsorge, der Schönheitspflege sowie auch in Küche und Haushalt erobern wird, weil man mit einem früher nicht gekannten Bewusstsein für die Werte von umweltschonenden, natürlichen Produkten dieses alte Hausmittel mit seiner langen Tradition wieder schätzen gelernt hat. Wen immer man fragt, fast jeder hat schon davon gehört oder kennt zumindest jemanden, der darauf schwört. Und viele wissen seit jeher aus eigener Erfahrung: Täglich ein Glas Wasser mit zwei Teelöffeln Apfelessig ist ein wahrer Segen, erfrischt und belebt, bewahrt vor Krankheiten und wirkt bei manchen wie ein richtiges Gesundheitselixier. »Es tut mir einfach gut«, hört man als Erklärung, »Ich fühle mich fitter«, »Ich mache jedes Jahr so eine Apfelessigkur« oder »Meine Mutter hat das schon gemacht, und die hat es von ihrer Mutter«.

Allroundtalent mit Tradition

Wenn man einmal anfängt, Apfelessigrezepte zu sammeln, ist rasch eine stattliche Liste von Anwendungsmöglichkeiten beisammen – innerlich wie äußerlich. Man inhaliert Essigdämpfe bei Katarrhen, Husten, Bronchitis und Kopfschmerzen (es gibt dafür neuerdings sogar eine Essigklinik mit spezieller Essigtherapie), man träufelt ihn auf Brandwunden, die dann narbenlos verheilen, macht fiebersenkende Umschläge, bekämpft Fußpilz, Altersflecken, Hühneraugen usw. Zahlreiche, durch die Erfahrung bestätigte Heilwirkungen von Apfelessig wurden inzwischen auch wissenschaftlich belegt. Viele darin enthaltene wertvolle Biostoffe konnten näher analysiert werden, als das zu Großmutters Zeiten möglich war.
Eigentlich dürfte es keine Hausapotheke geben, in der nicht eine Flasche Apfelessig ihren Stammplatz hat.

Apfelessig ist Gewürz-, Heilmittel und wirkungsvolle Pflege für Haut und Haare in einem.

Kosmetische »Geheimwaffe«

Apfelessig nützt aber nicht nur der Gesundheit, sondern macht auch schön. Viele massieren ihn tagtäglich in die Haut ein, gießen etwas davon ins Badewasser oder spülen ihre Haare damit. »Die Haare werden glänzend und duftig«, weiß man, »Es strafft die Haut« oder »Das macht putzmunter«.

Apfelessig ist vielseitig verwendbar, wirksam, nebenwirkungsfrei und dazu noch preiswert. Schon viele Generationen vor uns haben mit dem goldbraunen Sauer-Stoff die besten Ergebnisse erzielt, den man sogar ohne allzu großen Aufwand selbst herstellen und mit Kräutern und Früchten zur Bereicherung der Küche, zu kosmetischen Zwecken oder auch zu heilsamen Anwendungen verfeinern kann. Sicher finden auch Sie unter der Vielfalt von Rezepten und Anwendungsmöglichkeiten neue Ideen, wie Sie den Fitmacher Apfelessig für sich und Ihre Familie nutzen können. Machen Sie doch mit Hilfe dieses Ratgebers die Probe aufs Exempel!

Schlägt viele teure Cremes und Wässerchen um Längen: Apfelessig ist nicht nur ein besonders vielseitiges Schönheitsmittel, sondern auch sehr preiswert.

ÄPFEL – EIN GESCHENK DER NATUR

Das Lieblingsobst der Deutschen sind Äpfel. Keine anderen Früchte, seien es Kirschen, Birnen oder auch Erdbeeren, sind hier zu Lande so begehrt. 90 Prozent der Bevölkerung sollen sich einer Statistik zufolge für die Äpfel als Nummer eins in der Obsthitliste entschieden haben. Der Pro-Kopf-Verzehr ist dementsprechend hoch; er beträgt etwa 35 Kilogramm pro Jahr. Das ergibt rundgerechnet einen jährlichen Gesamtverbrauch von 2,8 Millionen Tonnen Äpfeln in Deutschland. Auch bei den Fruchtsäften ist Apfelsaft führend. Der Pro-Kopf-Verbrauch liegt hier bei knapp 12 Litern im Jahr und ist höher als der von allen anderen Obstsäften.

Die Beliebtheit des Apfels war vor einigen Jahren so groß, dass eine Zeit lang viele Produkte mit synthetischem Apfelduft parfümiert wurden: Seife, Spülmittel, Haarshampoo – der zarte Apfelduft konnte mit dem süßlichen Kunstaroma allerdings nicht erreicht werden.

Der Rohstoff für Apfelessig

Warum den Äpfeln dieses einleitende Kapitel gewidmet ist, hat einen einfachen Grund. Äpfel, die entsaftet und vergoren wurden, sind der alleinige Rohstoff für Apfelessig. Bei der Herstellung eines gesunden, naturtrüben Apfelessigs werden keine anderen Rohmaterialien verwendet. Somit findet sich in einem naturbelassenen Apfelessig auch alles, was in Äpfeln enthalten ist. Die zum Teil erstaunlich positiven Auswirkungen von Apfelessig auf den menschlichen Organismus beruhen nicht zuletzt auf der gesunden Kraft, die in Äpfeln steckt. Nach der »Verordnung über den Verkehr mit Essig und Essigessenz« vom 15.4.1972 ist es zwar erlaubt, noch gärenden Essig mit Wasser zu verdünnen und ihm Zucker zuzusetzen. Doch Wasser und Zucker sind sowieso in Äpfeln enthalten und stellen in der Regel keine gesundheitliche Wertminderung des Essigs dar, zumal der zugesetzte Zucker weitgehend umgewandelt wird und nicht in den Essig übergeht. Hinzu kommt, dass sich nicht alle Hersteller solcher

Gärungshilfen bedienen. Viele Anbieter oder auch Selbsthersteller verwenden nach wie vor ausschließlich Äpfel als Ausgangsmaterial. Der gesundheitliche Nutzen von Apfelessig wird allerdings gemindert, wenn die Produzenten den Essig zu stark erhitzen (erlaubte Pasteurisierung bis zu 85 °C), zu sehr filtern oder schwefeln (erlaubte Sulfidzugabe 50 Milligramm pro Liter). Das dient der längeren Haltbarkeit, macht den Essig aber ärmer in seiner Wirkkraft.

An apple every day

Nicht allein die Optik zählt: Nachdem jahrzehntelang möglichst makellose Äpfel auf Kosten des Geschmacks gezüchtet wurden, kommen jetzt die alten, aromatischen Sorten wieder in Mode.

Äpfel zählen zu den gesündesten Nahrungsmitteln, die die Natur uns bietet. Zudem sind sie fast immer verfügbar und preiswert – und daher sozusagen in aller Munde. Die Briten wissen: An apple every day keeps the doctor away. Der tägliche Verzehr von einem Apfel, nach neuesten Erkenntnissen am besten von zweien oder dreien, ist in vielerlei Hinsicht von gesundheitlichem Nutzen. Sie werden nicht nur roh gegessen und zu wertvollem Apfelessig vergoren, sondern sind auch als Trockenobst im Handel. Ihre Schalen ergeben einen gesunden Tee, industriell wird aus ihnen Apfeldicksaft zum Süßen und Pektin als Geliermittel gewonnen.

Äpfel sind aus folgenden Gründen so gesund: Sie enthalten eine Reihe wichtiger Vitamine wie A, B, C, E, Beta-Karotin und Niazin, dazu Mineralstoffe und Spurenelemente wie Kalium, Kalzium, Phosphor, Fluorid und Eisen, die für unser Stoffwechselgeschehen einfach unentbehrlich sind.

Die Apfel- und die Zitronensäure, die in Äpfeln zu finden sind, haben eine zellschützende Wirkung, was Alterungsprozessen und möglicherweise sogar Krebsbildungen vorbeugen kann. Die Ballaststoffe Pottasche und Pektin schützen vor ungesunden Darmverhältnissen und entzündlichen Prozessen an den Darmwänden. Das verbessert die Verdauungsleistung und reduziert das Auftreten von Fäulnis- und Gärungsgiften im Darm, die sonst in unseren Organismus übertreten können und dort schleichende Schäden anrichten, die von vergleichsweise harmlosen Kopfschmerzen bis hin zu ernsten Problemen wie rheumatischen Erkrankungen oder Herzschwäche reichen können. Darüber hinaus bindet Pektin aus Cholesterin aufgebaute Gallensäuren, was in der Folge den Cholesterinspiegel im Blut günstig beeinflusst und unsere Durchblutung in Schwung hält.

Die Heilwirkung von Äpfeln

- Der regelmäßige Verzehr eines Apfels am Morgen wirkt regulierend bei zu hohem Blutdruck.
- Ein Apfel vor dem Zubettgehen hilft bei Schlafstörungen, weil das den nächtlichen Blutzuckerspiegel ausbalanciert.
- Mehrere Äpfel, auf nüchternen Magen gegessen, können Katerbeschwerden und Migräne lindern oder ganz unterbinden.
- Über längere Zeiträume genossen, wirken Äpfel cholesterinsenkend und beugen Arterienverkalkung vor.
- Bei Nieren- und Blasenleiden unterstützt die entwässernde Wirkung der Äpfel Ausscheidungsprozesse.
- Rheumatische Erkrankungen lassen sich durch den regelmäßigen Verzehr eines Apfels vor den Mahlzeiten günstig beeinflussen.
- Äpfel helfen bei Verdauungsstörungen. Sie bekämpfen Verstopfung ebenso wie Durchfall. Bei Durchfall empfiehlt sich der Verzehr von geriebenen Äpfeln.
- Ein Tee aus den Schalen von Äpfeln (zehn Minuten ziehen lassen) hat sich gut bei Erkältungen und Bronchitis bewährt.
- Durch das Zerbeißen und Kauen von Äpfeln wird das Zahnfleisch vitalisiert, und die Zähne werden gereinigt. Das beugt Karies und Parodontose vor.
- Äpfel kurbeln die Fettaufspaltung an, entgiften und entwässern. Das hilft beim Abnehmen und lässt überflüssige Pfunde leichter verschwinden.

Den wohlschmeckenden und heilsamen Tee aus Apfelschalen kann man auch selbst herstellen: Die gut gewaschenen Schalen unbehandelter Äpfel werden dazu im Backofen bei niedriger Hitze durchgetrocknet.

Gesunder Wirkstoffmix

Nicht alle Äpfel sind gleich. Je nach Sorte und Anbaugebiet schwanken die Analysen der Inhaltsstoffe von Äpfeln zum Teil beträchtlich. So bewegen sich beispielsweise die Angaben für den Vitamin-C-Gehalt von Äpfeln zwischen 3 und 35 Milligramm, differieren also um mehr als das Zehnfache. Doch dies besagt nicht viel. Die Ernährungswissenschaftler sind sich einig, dass es weniger auf die absoluten Milligrammbeträge bei den Inhaltsstoffen ankommt als vielmehr auf

eine gesunde Mischung. Versuche mit Sportlern zeigten nämlich, dass reines Vitamin C (Askorbinsäure) in Form von Tabletten weniger nützt als dieselbe Menge Vitamin C in Form von Fruchtsäften. Ein Grund dafür ist, dass das Vitamin C besser vom Körper aufgenommen werden kann, wenn gleichzeitig natürliche Aromastoffe, Mineralien, andere Vitamine und Vitalstoffe mitgeliefert werden.
Die Kombination der Wirkstoffe, die uns die Natur in Äpfeln und auch in anderem Obst frei Haus liefert, ist optimal aufeinander abgestimmt. Die wissenschaftliche Erforschung der Wechselwirkungen der vielfältigen Inhaltsstoffe untereinander ist längst noch nicht abgeschlossen und wird vielleicht auch nie ganz gelingen. Immerhin sind in Äpfeln neben den bisher erwähnten Inhaltsstoffen noch an die 300 weitere Biostoffe versammelt.

Äpfel aus aller Welt

Ein Apfelbäumchen pflanzen – das können auch Balkonbesitzer, seitdem es die kleinen »Ballerina«-Apfelstämmchen gibt, die gut im Kübel gedeihen und sogar Früchte tragen.

Ein Teil der Äpfel und Apfelprodukte, die wir einkaufen, stammen von heimischen Produzenten, beispielsweise vom Bodensee, aus dem Rhein-Main-Gebiet oder der Magdeburger Börde. Auch Klein- und Kleinstanbieter aus annähernd allen Gegenden Deutschlands tragen zur Versorgung mit dem knackigen Kernobst bei. 60 Prozent der gesamten Obsternte in Deutschland sind Äpfel. Doch darüber hinaus kommen Äpfel auch aus anderen europäischen und außereuropäischen Ländern zu uns. Dazu zählen: Chile, Argentinien, Israel, Spanien, Frankreich, Italien (Südtirol), die Schweiz und Österreich. In der österreichischen Steiermark z. B. befindet sich ein sehr altes und bedeutendes Apfelanbaugebiet, das so mancher Bewunderer »ein einziges Paradies« nannte. Dort stehen entlang der gut 30 Kilometer langen »Apfelstraße« etwa 250 000 Obstbäume.

Biologisch angebautes Obst ist besser

Es ist letztlich immer die Entscheidung der Verbraucher, ob Produzenten von Obst, Gemüse und anderen Bioprodukten zu einer vernünftigen Anbauweise angehalten werden oder nicht. Wer sich mit künstlich hochgepäppelter Ware, die zwar schön aussieht und lange frisch bleibt, zufrieden gibt, muss auch die chemischen Belastungen in Kauf nehmen, die solchem Obst anhaften. So mancher Apfel aus dem Supermarkt ist von der Blüte bis zur Ernte an die 20-mal mit giftigen Schädlingsbekämpfungsmitteln (Pestiziden) gespritzt worden. Gelegentlich werden im Massenanbau auch so genannte Reifechemikalien wie das Alar eingesetzt. Damit lässt sich der Reifeprozess des Obstes so gestalten, dass immer alle Früchte gleichzeitig geerntet werden können. Es ist mehr als fraglich, ob solche »Normäpfel« (nach EU-Norm muss ein Apfel übrigens mindestens 55 Millimeter Durchmesser haben) genügend Zeit hatten, zu inhaltsreichen Lebensmitteln heranzureifen.

Der Gesundheit zuliebe sollte man nur Obst aus biologischem Anbau verzehren, am besten von Bauern, deren Anbauweise man kennt. Dann kann man (relativ) sicher sein, keine Chemie, sondern Natur pur auf dem Obstteller zu haben.

Bei den meisten Apfelsorten spielt die Erntefrische eine entscheidende Rolle für den Geschmack: Lageräpfel verlieren mit der Zeit sehr an Aroma.

Die Schadstoffbelastung ist gering

Trotzdem gibt es keinen Grund zur Panik. Stichproben der Chemischen Landesuntersuchungsanstalt Freiburg aus dem Jahr 1995 brachten zutage, dass nur ca. zehn Prozent des geprüften Frischobstes Grund zur Beanstandung gaben – dies entweder wegen zu hoher Schadstoffbelastung oder wegen falscher Kennzeichnung.

Ein typischer Anblick in vielen Vorratskammern. Achten Sie darauf, die geschmacksempfindlichen Äpfel stets kühl und dunkel und nicht zusammen mit anderem Obst und Gemüse zu lagern.

Kleine Apfelgeschichte

Der Apfelbaum (Malus) gehört zu den Rosengewächsen. Er ist ein Flachwurzler, der in allen Erdteilen wächst, sofern nährstoffreiche Böden und ausreichend Feuchtigkeit vorhanden sind. Ursprünglich stammt der Apfelbaum aus Asien. Doch seit ca. 3000 Jahren ist er auch in Europa zu Hause. Die alten Römer kultivierten bereits 29 Apfelsorten, wie Plinius berichtet.

Die St. Galler Abtei war nicht nur für ihren Obstanbau, sondern auch für ihren einmaligen Kräutergarten berühmt: In ganz Europa legten Klöster ihre Heilpflanzengärten nach diesem Vorbild an.

In den klösterlichen Obstgärten des Mittelalters wurde dann vor allem die Zucht ertragreicher Arten betrieben. Bereits im 9. Jahrhundert erntete man in einer Abtei in St. Gallen Äpfel, »die man mit zwei Händen nicht fassen konnte«. In späteren Jahrhunderten waren es neben Klöstern und so genannten Erwerbsobstbauern vor allem Pfarrer, die in ihrem Pfarrhof Äpfel züchteten und durch Aufpfropfen veredelten, da sie nicht zuletzt vom Ertrag ihres Obstgartens leben mussten. Fast in jeder Pfarrbibliothek fand man damals Bücher über Obstanbau und Apfelzucht.

Heute gibt es schätzungsweise 20000 verschiedene Apfelsorten. Das Interesse von Großabnehmern, besonders lagerfreudige Ware zu bekommen, hat Sorten wie »Golden Delicious«, »Granny Smith« oder »Jonathan« den höchsten Bekanntheitsgrad verschafft. Doch mittlerweile, im Zuge einer allgemeinen Rückbesinnung auf ökologische Werte, gewinnen wieder natürlichere Sorten je nach Region und Klima an Bedeutung.

Der verkannte Paradiesapfel

Im christlichen Kulturkreis verbindet man mit dem Apfel die Vorstellung vom Sündenfall. Angeblich hat Eva, die biblische Urmutter, ihrem Adam auf Anraten der teuflischen Schlange von einem Apfel, der verbotenen Frucht, zu kosten gegeben. Die Vertreibung aus dem Paradies war die Folge. Doch Bibelforscher wissen: Was Eva dem Adam gereicht haben mag, war kein Apfel, sondern bestenfalls ein quittenähnlicher Granatapfel. Zum Ersten ist in der Bibel in Genesis 2.9 bis 3.6 überhaupt nicht von einem Apfel, sondern nur von einer Frucht die Rede. Zum Zweiten vermutet man heute, dass es in den Ursprungsgebieten der Menschheit in Afrika, gewissermaßen im Paradies, überhaupt keine Äpfel gab. Zum Dritten: Das Gleichnis vom »Baum der Erkenntnis«, dessen Früchte man meiden sollte, hat beileibe nichts mit Äpfeln oder Birnen zu tun. Hierbei geht es um eine theologische Problematik, für deren Darstellung man ein passendes Bild gesucht hat. Bestimmt wollte niemand unsere Obsthändler oder Apfelbauern damit vergraulen. Auslöser des Missverständnisses war höchstwahrscheinlich die Doppeldeutigkeit des Wortes »malum«, das in lateinischen Bibelübersetzungen zu finden ist. Malum heißt auf der einen Seite »das Böse« und auf der anderen Seite »Apfel, apfelähnliche Frucht, Quitte oder Zitrone«. Das verschaffte dem harmlosen Obst den Anstrich des Bösen.

Der Zankapfel

Mit dem Zankapfel aus der griechischen Mythologie verhält es sich genauso wie mit dem Paradiesapfel. Auch er war höchstwahrscheinlich kein echter Apfel, sondern gemäß dem Obstanbau im antiken Griechenland eher eine Quitte, ein Pfirsich oder eine Zitrone. Doch wie auch immer, die Geschichte verlief folgendermaßen: Eris, die Göttin der Zwietracht, war nicht zur Hochzeit von Thetis und Peleus eingeladen worden. Sie sann auf Rache und wollte den anwesenden Göttinnen – Kaliste, Hera, Athene und Aphrodite – einen Streich spielen. Auf eine »goldene Frucht«, eben den Zankapfel, schrieb sie »Kaliste – der Schönsten« und warf die Frucht in die Menge. Damit war der Streit entfacht, und der Königssohn Paris musste schließlich die Frage nach der Schönsten entscheiden. Seine Wahl, die auf Aphrodite fiel, löste dann den Trojanischen Krieg aus, da sich die anderen Damen mit dem Urteil nicht zufrieden gaben.

Drei goldene Äpfel sind auch in Grimms Märchen vom Eisenhans der Preis, um die schöne Königstochter als Braut zu gewinnen.

Der Apfel spielt auch in zahlreichen Märchen eine symbolische Rolle. So erreicht Schneewittchens böse Stiefmutter mit einem vergifteten Apfel endlich ihr Ziel, die ungeliebte Stieftochter auszuschalten. Heimtückischerweise hatte sie nur die rote Wange des Apfels präpariert, so dass Schneewittchen kein Misstrauen schöpfte, als die verkleidete Mörderin die andere Hälfte der Frucht vorkostete. Auch in den Erzählungen aus 1001 Nacht wird der Kalif Harun al Raschid mit einer Legende unterhalten, in der drei sündhaft teure Äpfel, die erst durch lange Reisen zu erringen sind, das Leben einer jungen Frau retten sollen. Durch eine Verkettung unseliger Zufälle bringen die Früchte am Ende allen Beteiligten nur Unglück und Tod.

Die Vermonter Volksmedizin

Die Erkenntnisse des Landarztes Dr. D. C. Jarvis

De Forest Clinton Jarvis (1881–1945) war ein junger, frisch gebackener Mediziner, als er Anfang des 20. Jahrhunderts im Städtchen Barre im nördlich gelegenen US-Bundesstaat Vermont seine erste Praxis für HNO- und Augenkrankheiten eröffnete. Außer dem an der Universität erworbenen Schulwissen und dem festen Vorsatz, ein guter Arzt zu werden, brachte er nach eigenem Bekunden noch »die Liebe zur Erde und zu den Tieren und ein angeborenes Gefühl für die Natur und ihre Eigenheiten« mit.

Der Bundesstaat Vermont im Nordosten der USA trägt bereits im Namen seinen landschaftlichen Charakter: Vert = grün, Mont = Berg.

In seinen ersten Praxisjahren wurde der Landarzt mit einer Art von Medizin konfrontiert, von der er während seiner Studienjahre in Burlington nichts gehört hatte. Es handelte sich um eine »Volksmedizin«, wie sie in vielen Teilen der Welt zu finden ist. Sie war im abgeschiedenen Vermont mit seinem unwirtlichen, regnerischen und stürmischen Wetter von Generation zu Generation weitergegeben worden, und die bäuerliche Bevölkerung schenkte ihr meistens wesentlich mehr Vertrauen als seinen ärztlichen Behandlungsmethoden.
Dr. Jarvis musste sich »ernsthaft damit befassen, wollte ich das Vertrauen der hiesigen Bevölkerung gewinnen«.

Beim Landvolk abgeschaut

Jarvis erkannte bald, dass die Vermonter recht gut mit ihren überlieferten Arzneien und Behandlungsmethoden fuhren. Er begann daraufhin die Wirkungsweise der volksmedizinischen Therapien systematisch zu erforschen, zunächst an Tieren, schließlich an sich selbst und anderen Freiwilligen. Er analysierte in diesem Zusammenhang auch die Ernährungsgewohnheiten der Bevölkerung und stellte fest, dass Apfelessig, ein altes Heilmittel dieser Volksmedizin, dabei eine wesentliche Rolle spielte.
Jarvis gelangte mit der Zeit zu neuen Einsichten und Erkenntnissen, die weit über den Rahmen seines Schulwissens hinausgingen. Sie führten sogar »zu einer Erschütterung bis dahin feststehender Anschauungen«, denn letztendlich musste der Arzt feststellen, »dass solche erprobten Volksmittel ebenso gut, ja besser wirkten als die von der klassischen Medizin empfohlenen«.

Aus alten Handschriften

Ein Blick ins Kräuterbuch des D. Jakobus Theodorus, verfasst zu Basel im Jahr 1654, zeigt an, wie viele verschiedene Leiden man vor etwa 350 Jahren mit Äpfeln zu kurieren pflegte.

- »Saure Äpfel sind gut, wenn der Magen durch viel Feuchtigkeit verderbt ist. Die mit weinechtem Geschmack sind des anmutigen Geschmacks wegen gut für den Magen, sie werden bei Fieber im Mund gehalten, selbigen zu erfrischen.«
- »Saure Äpfel in Butter gebraten sind gut für Kranke.«
- »Wenn man zu viel saure Äpfel roh isst, stopfen sie den Magen, sind aber harntreibend, verhindern das Würgen und Brechen.«
- »Süße Äpfel erweichen den Leib, sind gut für einen kalten Magen, auch dann, wenn man von giftigen Tieren gebissen wird.«
- »Alle Äpfel haben die Eigenschaft, entgiftend zu wirken, wenn man den Saft mit Safran mischt und trinkt; treibt auch Würmer aus dem Leib.«
- »Ein süßer Apfel, unter heißer Asche gebraten und über das Auge gelegt, stillet die Schmerzen und Wehen desselbigen. Man kann ihn auch nach Gelegenheit mit Rosenwasser oder Frauenmilch kochen und wie ein Pflaster überlegen.«
- »Bei dem Seitenstechen tut man in einen süßen Apfel gestoßenen Weyhrauch, lässt ihn unter Asche braten und legt ihn dann auf.«
- » Ein Syrup aus süßen Äpfeln soll das schwachzitternde Herz stärken, vor Ohnmacht bewahren und taugt dem Magen. Es ist gut wider die Melancholie und das verfinsterte Blut.«
- »Ein Lattwerk *(Sirup)* aus den sauren Äpfeln gemacht ist gut gegen das hitzige Fieber, löscht den Durst und ist gut wider die Mattigkeit, stärket das Herz und den Magen.«
- »Aus den Blüten der geimpften Apfelbäume wird auch ein Wasser gebrannt, welches gut ist für *(gemeint ist gegen)* die Röte und Ungestalt eines Angesichts. Macht ein schön, klar, lauter Angesicht und zarte Haut.«

Safran, Nelken und Zimt in Kombination mit Äpfeln waren für Heilanwendungen besonders beliebt. Wegen ihrer Kostbarkeit und Exotik wurden ihnen magische Kräfte zugeschrieben.

Schriftliche Überlieferungen

Da diese Art von Hausmitteln nicht aufgeschrieben, sondern traditionell nur mündlich weitergegeben wurde, kommt Jarvis das Verdienst zu, die Methoden und Heilmittel der Vermonter Volksmedizin gesammelt, untersucht und in seinem Buch »5 x 20 Jahre leben« (im Original: Folk Medicine) veröffentlicht zu haben. Sein Buch ist »das Vermächtnis eines Wissens, das Generationen von Vermontern einander von Mund zu Mund überliefert haben«. Jarvis hat diese Volksmedizin dadurch weltberühmt gemacht. Basierend auf seinen Forschungen hat sich eine »Apfelessigheilkunde« als regelrechte Schule der Naturheilkunde entwickelt. Daneben weiß die Volksmedizin Bescheid über essbare Wildpflanzen und Heilkräuter, über Kräutertees, heilende Öle und insgesamt eine naturverbundene Ernährungs- und Lebensweise.

Heilpflanzen und reine Luft – die Arzneien der Natur

Auch bei unseren verwöhnten Zimmertigern sind diese Instinkte noch erhalten: Jeder Katzenhalter weiss, dass seine Katze an Gras oder notfalls Topfpflanzen knabbert, wenn sie Magenprobleme hat.

Die Volksmedizin folgt uralten Traditionen. Ihre Arzneimittel und Behandlungsmethoden gehen bis in die Urzeit zurück. Erst waren es Sammler, Hirten und Jäger, dann die Bauern und Hausfrauen, die die Natur genau beobachteten und den Tieren ihre Heilungsmechanismen abschauten.

Die Menschen sahen, dass kranke Tiere, ihrem Instinkt folgend, die Nahrung verweigerten und nichts außer bestimmten heilsamen Pflanzen und Kräutern fraßen. Dafür tranken sie viel und sonderten sich von der Herde ab, um »in Einsamkeit und reiner Luft zu genesen«. Die Menschen beobachteten auch, wie verwundete Tiere sich in lehmhaltiger Erde wälzten, worauf Verletzungen gut abheilten. Durch Schlammbäder wehrten sie bissige Insekten ab. Sie nahmen Gras zu sich, um sich zu erbrechen, wenn sie etwas Falsches gefressen hatten. Von Schlangen gebissene Tiere wühlten in der Erde nach bestimmten Wurzeln, die ein Gegengift enthielten, wie sie wohl unbewusst spürten.

Verschüttete Instinkte wecken

Die Menschen ahmten diese tierischen Verhaltensweisen nach und nutzten so die heilsamen Kräfte der Natur auch für ihr eigenes Wohlbefinden. Auf diese Weise begann sich die Volksmedizin zu entwickeln. »Die Natur war die erste Apotheke des Menschen«, resümierte Jarvis. Leider sind bei den Menschen in der modernen Zivilisation meist jene Instinkte verschüttet, die sagen, wie man mit natürlichen Mitteln bis ins hohe Alter lebenskräftig und gesund bleibt. Doch nach den Grundsätzen der Volkmedizin ist es niemals zu spät, um umzulernen, sofern man ernstlich gewillt ist, sich nach den Gesetzen der Natur zu richten, wie es alle Tiere und beispielsweise auch kleine Kinder tun.

Kraft und Gesundheit bewahren

Die Behandlungsmethoden der Volksmedizin zielen vor allem darauf ab, den Körper in seiner Ganzheit so zu kräftigen, dass Krankheiten möglichst gar nicht erst entstehen können. Volksmedizinische Methoden sind immer in erster Linie präventiv. Auch die Schulmedizin weiß, dass eine vorbeugende Medizin einer »Reparaturmedizin« vorzuziehen ist. Ist es doch einmal zu einer Krankheit oder Verletzung gekommen, sollten nach volksmedizinischen Gesichtspunkten vor allem die Selbstheilungskräfte des Körpers angekurbelt werden.

Erst seit kurzem gibt es wieder ein breites Interesse an einfachen, die natürlichen Abwehrkräfte des Körpers stärkenden Hausmitteln, die zuvor als veraltet belächelt wurden.

Die Wissenschaft folgte der Erfahrung

Man kann die Volksmedizin als Ursprung der Medizin ansehen, denn Haus- und Naturheilmittel gab es schon lange bevor sich die Wissenschaft der Heilkunst annahm. Während die Schulmedizin über die Heilung von Krankheiten hinaus auch Erkenntnisse sucht, die sich in Tabellen fassen lassen, will die Volksmedizin vorrangig nur eines: Krankheiten verhüten oder heilen. Sie stützt sich dabei auf Überlieferungen und persönliche Erfahrungen, ohne dass diese durch »Doppelblindstudien« erst bewiesen werden müssten. Allein die Behandlungserfolge zählen.

Aus diesem Grund hält die Volksmedizin berechtigterweise an überlieferten Hausmitteln fest, sofern sie nur wirken, auch wenn sie mit Methoden der modernen Medizin nicht immer wissenschaftlich untermauert werden können. Mittlerweile nehmen sich jedoch auch die Naturwissenschaften in zunehmendem Maß solcher Heilmethoden an, und vieles, was aus naturwissenschaftlicher Sicht einst hochgradig suspekt erschien, gehört heute bereits wie selbstverständlich zum schulmedizinischen Grundwissen.

Bausteine der Gesundheit

Die wichtigsten Bausteine der Gesundheit sind nach volksmedizinischen Gesichtspunkten die Nahrung, die wir essen, die Flüssigkeiten, die wir trinken, die Luft, die wir atmen und die Art und Weise, wie wir leben.

»Der Mensch ist, was er isst« – in dieser sprichwörtlichen Redensart kommt zum Ausdruck, wie sehr die Nahrungsqualität unser gesamtes körperliches und seelisches Befinden beeinflusst.

Bei den Arzneimitteln und Behandlungsmethoden der Volksmedizin handelt es sich dementsprechend vorwiegend um bestimmte Nahrungsmittel, Gewürze, Kräuter, Salben und Getränke aus der Natur. Volksarzneimittel zeichnen sich dadurch aus, dass sie einfach zu handhaben und preiswert, gleichzeitig heilsam und in aller Regel auch nebenwirkungsfrei sind.

Krankheit entsteht nach Auffassung der Volksmedizin, wenn grundsätzliche Lebensregeln über einen längeren Zeitraum missachtet werden. Krankheit kommt nicht »ohne jede Veranlassung unverhofft wie ein Dieb in der Nacht«, stellte Dr. Jarvis fest. Seiner Erfahrung nach gibt uns der Körper bereits lange vor dem Ausbruch einer Krankheit Warnsignale, die uns darauf aufmerksam machen könnten.

Nicht alles auf das Alter schieben

Viele Beschwerden werden von Menschen als Alterserscheinungen eingestuft, die man klaglos hinzunehmen hat, beispielsweise wenn der Bauch immer dicker, die Haare dafür dünner werden, wenn die Zähne sich verschlechtern, die Augen immer rascher ermüden und auf Licht empfindlicher reagieren, wenn das Gedächtnis deutlich nachlässt, man immer öfter nachhaken muss, wenn jemand etwas gesagt hat, wenn die Fingernägel brüchig und fleckig werden, das Treppensteigen zur Qual wird, Knochen und Rücken schmerzen und die Gelenke knarzen.

Die Anhänger der Apfelessigtherapie denken da anders, wie Cyrill Scott berichtet: »Sie wissen, dass nur der Stoffwechsel und das innere Gleichgewicht des Körpers gestört sind ... Und sie sagen, dass alle die Gebrechen nicht unbedingt einzutreten brauchen, wenn die richtigen Maßnahmen rechtzeitig dagegen unternommen werden.« Der amerikanische Arzt und Vertreter einer »natürlichen Gesundheitslehre« Paul C. Bragg behauptet sogar, dass die Wissenschaft ausgesprochene Alterskrankheiten gar nicht kennt. Für ihn ist »allein, dass ein Mensch 70 oder 80 Jahre lang gelebt hat, kein Grund zum Sterben.

Denn Alter ist schließlich nicht giftig.« Die zwei großen »Feinde des Lebens« sind für ihn die sich im Körper ansammelnden Giftstoffe (der Grund ist deren unzureichende Ausscheidung), die äußerst wirkungsvoll durch die Apfelessigsäure reduziert werden können, sowie ein allgemeiner Nährstoffmangel. Dieser Mangel ist meist auf eine zu einseitige, wenig abwechslungsreiche Ernährung zurückzuführen. Viele ältere Menschen lassen sich auch gehen und essen zu fett und zu süß, mit dem Argument, das Essen gehöre zu den wenigen Dingen, woran sie noch Freude hätten.

Wer meint, dass es für ihn bereits zu spät sei, dem möchte Apfelessigbefürworter Scott »sogar sagen, dass der Apfelessig auch jenen Menschen die Kraft wiedergeben kann, die sie bereits verloren hatten, weil sie erst in spätem Alter auf den Apfelessig aufmerksam wurden«.

Und auch der Arzt Paul C. Bragg hat »im Laufe der Jahre viele, viele vorzeitig gealterte Menschen gesehen, die steife Gelenke und eine alte Haut hatten und sich – dank der Kur mit Apfelessig und Honig – nach einiger Zeit in neue Menschen verwandelten«.

Ein anderes »Getränk der Hundertjährigen« soll das Sauermilchprodukt Kefir sein. Neben der prickelnden Säure hat es mit Apfelessig die entschlackende, verdauungsfördernde Wirkung gemein.

Apfelessig für ein langes Leben

Die Vermonter Volksmedizin sieht einen engen Zusammenhang zwischen Lebensdauer und Ernährungsweise. Ein altes Grundrezept ist in diesem Zusammenhang von großer Bedeutung. Befolgt man es konsequent, sollte es unter normalen Umständen möglich sein, 5 mal 20 Jahre, wie Dr. Jarvis sagte, also 100 Jahre alt zu werden.

Es ist ganz einfach: Zwei Teelöffel Apfelessig und Honig mit Wasser vermischen und morgens trinken. Es schadet auch durchaus nicht, dieses Getränk mehrmals am Tag zu sich zu nehmen. Das versorgt den menschlichen Organismus mit einer Vielzahl von Vitalstoffen, dazu mit der erfrischenden Essigsäure und bewirkt aller Erfahrung nach, dass man schon nach relativ kurzer Zeit widerstandsfähiger und leistungsfähiger wird: eine echte Aufbaukur für den ganzen Körper.

Dr. Jarvis berichtet dazu: »Auf unseren Farmen findet man es durchaus selbstverständlich, dass Männer in den Siebzigern noch ihr volles Tagwerk leisten, und es ist keinesfalls etwas Außergewöhnliches, Achtzigjährige anzutreffen, die ihre Landarbeit verrichten, als wären sie viele Jahre jünger.«

ESSIG IN DER GESCHICHTE

Die Geschichte des Essigs ist so alt wie die der Menschheit selbst. Überlieferungen von dem vielseitigen Sauer-Stoff gibt es bereits aus biblischer Zeit. Im Alten Testament im Buch Ruth heißt es beispielsweise, dass ein Krug mit Essig auf dem Tisch stand, in den Brotstückchen eingetunkt wurden. Dieses essiggetränkte Brot war damals eine beliebte Speise.

Im 4. Buch Mose steht, dass »Männer oder Frauen, die besondere Gelübde tun, Weinessig oder Essig von starkem Getränk nicht trinken sollen«. Offensichtlich galt Essig damals wie Wein als Genussmittel.

Als feine Beilage zu Braten und Wildgerichten legte Großmutter die wilden Schlehen süßsauer ein: Mit Zucker, Zimtstangen, Nelken und fein geschnittenem Ingwer wurden sie in Essigsud gekocht und eingeweckt.

Das Urgewürz des Menschen

Doch Essig ist mit Sicherheit noch älter als die Bibel. Denn er kann wie Alkohol von selbst, also ohne menschliches Zutun, entstehen. Unter ganz bestimmten Bedingungen kann beispielsweise in Fallobst eine alkoholische Gärung stattfinden und anschließend Essig entstehen, was dann eine »essiggetränkte Frucht« hervorbringt. Die Menschheit musste den Essig nicht eigens erfinden, sondern nur herausfinden, was sich mit diesem »Urgewürz« so alles anstellen ließ.

Im 19. Jahrhundert wies man Essigspuren in altägyptischen Krügen nach, die schon Jahrtausende vor Christi Geburt in Gebrauch waren. Die ältesten Zeugnisse regelrecht kommerzieller Essigerzeugung stammen aus Babylon um 3000 v. Chr. Dabei handelte es sich um Dattelessig, der aus den Früchten der Dattelpalme gewonnen wurde. Die Babylonier schätzten offensichtlich auch schon die heilenden Kräfte des Essigs. Außerdem benutzten sie ihn zum Konservieren und legten ihre Jagdbeute darin ein, damit das Fleisch in dem heißen Klima nicht so schnell verdarb.

Symbol des Lebens

Bei den alten Chinesen galt der Essigkrug seit jeher als Symbol des Lebens. In einer chinesischen Schrift aus historischer Zeit wird vom »betörenden Duft des Lebenselixiers Essig« geschwärmt. Auch Inder, Perser, Sumerer, Assyrer, Mesopotamier, Phönizier, Griechen, Römer und Germanen schätzten Essig zum Würzen und Konservieren, als Getränk, zur Haut- und Schönheitspflege und als Reinigungsmittel. Aber vor allem stand in den alten Schriften immer die kräftigende, heilende und desinfizierende Eigenschaft des Essigs im Vordergrund.

Essig ist ein wahrhaft internationaler Sauer-Stoff – nahezu alle Kulturvölker haben eine lange Tradition verschiedenster Zubereitungen und Anwendungen für dieses Geschenk der Natur.

Essig – Antibiotikum der Antike

Essig gilt als das erste Antibiotikum in der Geschichte. Mit Essig versuchte man schon in geschichtlicher Zeit krankheitserregende Mikroorganismen unschädlich zu machen. Man wusste zwar noch nicht, wie das im Einzelnen funktioniert. Aber man kannte die Wirkung des Essigs aus Erfahrung. Mit Essig säuberte man Wunden und beugte so einem Wundbrand vor. Mit Essigumschlägen wurden Entzündungen aller Art, Ohrenschmerzen, Prellungen, Insektenstiche oder sogar auch Schlangenbisse behandelt. Essigdämpfe hingegen empfahl man bei Atemwegserkrankungen wie Husten, Halsweh, Erkältung und verstopfter Nase.

Die Anwendungen des antiken Medikus

- Hippokrates von Kos (460–375 v. Chr.), der »Ärztevater«, nach dem der berühmte hippokratische Eid benannt ist, kühlte und desinfizierte Wunden mit Essigverbänden. Außerdem hielt er Essig für ein besonders wirkungsvolles Heilmittel bei Atembeschwerden, zur Bekämpfung von Mundgeruch und als Mittel gegen Verdauungsprobleme.
- Der römische Arzt Galenus (129–199 n. Chr.) lobte Essig als Allheilmittel, das er vor allem bei Wetterfühligkeit, Darmbeschwerden, Halsschmerzen und Husten verordnete.

Fürs leibliche Wohl

Bei Griechen und Römern pflegte Essig, der mit Kräutern und Gewürzen aromatisiert war, täglich auf dem Tisch zu stehen. Man tunkte darin das Brot ein. Einige dieser antiken Essiggefäße sind noch erhalten. Eine ähnliche Sitte gibt es übrigens heute noch in vielen Mittelmeerländern. Daneben verwendete man Essig zum Würzen, zum Konservieren von Fleisch, Fisch und Gemüse und um Fleisch, ganz besonders Wild, durch Einlegen in Essig zarter zu machen.
»De re coquinaria« heißt das zehnbändige Rezeptbuch aus der römischen Kaiserzeit. Es wurde vermutlich von Marcus Gavius Apicius zu Zeiten des Kaisers Tiberius (14–37 n. Chr.) verfasst. Auch Rezepte mit Essig sind darin enthalten. So hat man beispielsweise Bratfisch, um ihn zu konservieren, mit heißem Essig übergossen. Es wurde auch empfohlen, Gläser, in die man Meeresfrüchte einlegt, zuvor sorgfältig mit Essig zu reinigen. Und eine Remouladensauce komponierte man schon damals aus Essig, Öl, Eiern und scharfen Gewürzen.
Griechen und Römer kannten bereits zahlreiche verschiedene Essigsorten, die aus den heimischen Früchten wie Trauben, Feigen oder einer bestimmten Gerstenart hergestellt wurden. Am beliebtesten war jedoch eine Art Malzessig, den die Römer in größeren Mengen aus Ägypten importierten.

Der in Essig eingelegte Bratfisch war früher eine hochgeschätzte Delikatesse. Davon zeugen die zahlreichen mit einem Hering geschmückten Keramikdosen, in denen der Fisch im Essigsud zog.

Ein Durstlöscher namens Potus

»Alles Essig«, schimpfte man im Altertum und noch in späteren Jahrhunderten, wenn Bier, Wein oder Most wieder einmal umgekippt und zu Essig geworden waren. Man mutmaßte, der Mond, die Gestirnkonstellationen oder zornige Götter seien dafür verantwortlich. Dann machte man aus der Not eine Tugend: Statt sich weiter über das Unabänderliche zu ärgern, verdünnte man die ungewollt sauer gewordene alkoholische Flüssigkeit mit Wasser und erhielt so ein erfrischendes Getränk. Bei den Römern hieß diese »Essiglimonade« Potus oder Posca. Der mit Essig getränkte Schwamm, den ein Soldat auf seine Lanze gesteckt hatte und dem dürstenden Christus am Kreuz reichte, enthielt also den damals üblichen Durstlöscher und stellte keine zusätzliche Folter dar, wie oft irrtümlich behauptet wird.

Schon die Babylonier (um 3000 v. Chr.) kannten Essig als Heil- und Konservierungsmittel. Sie gewannen ihn aus Datteln, den Früchten der Dattelpalme.

Das Getränk der römischen Legionäre

Natürlich reichen die desinfizierenden Kräfte des Essigs allein nicht aus, um verkeimtes Wasser trinkbar zu machen: Dazu muss man es zusätzlich abkochen.

Auch die römischen Legionäre mussten täglich, wenn sie auf Kriegszug waren, die Mischung aus Essig und Wasser trinken. Sogar Julius Cäsar pflegte dies zu tun. Der beigemischte Essig sollte vor allem verseuchtes Wasser, wie es in heißen Gegenden häufig zu finden ist, genießbar machen. Außerdem erwies sich, dass die Soldaten dann weniger anfällig waren für Krankheiten und vor allem ihre Wunden rascher verheilten. Doch mochten die Soldaten dieses Getränk entgegen der Meinung mancher Historiker nicht sonderlich, denn mit der Zeit lehnten sie sich dagegen auf und forderten mehr und mehr Wein. Sie erhielten ihn auch, erst einmal pro Woche, dann tagtäglich. Möglicherweise, und das wird vielfach von Historikern angenommen, schwächte dies die Kampfkraft der Legionäre nachhaltig und war mit ein Grund für den Untergang des Römischen Reiches.

Sprengte Hannibal mit Essig Felsen?

Hannibals Bravourstück der winterlichen Alpenüberquerung war ein so Aufsehen erregendes Ereignis, dass sich noch Jahrhunderte später Legenden und Anekdoten mit diesem Feldzug verknüpfen.

Es ist hinlänglich bekannt, dass der karthagische Feldherr Hannibal (246–183 v. Chr.) mitten im Winter des Jahres 218 v. Chr. mit seinem Heer, den Pferden und Kriegselefanten, den Lebensmittelvorräten und Kriegsgeräten die verschneiten Alpen überquerte. So konnte er von einer nicht geschützten Seite in Italien einfallen und die ersten beiden Schlachten gegen die überraschten Römer gewinnen.

Weniger bekannt ist, dass der Karthager an einer besonders unwegsamen Stelle, wo mächtige Felsen ein Durchkommen unmöglich machten, seine Soldaten zu einer ungewöhnlichen Maßnahme anhielt. Er ließ »ungeheure Bäume fällen und sie auf die Felsen zusammenschleppen, worauf ein großer Holzstoß errichtet und angezündet wurde; eben da entstand ein starker Wind, der die Flammen heftig angeblasen, so dass die Felsen davon glühend geworden sind, auf welche man sodann Weinessig gegossen hat, wodurch die Felsen erweichet und zersprungen sind. Darauf haben die Soldaten vermittelst eiserner Werkzeuge die zerborstenen Stücke weggeräumt und auf diese Weise einen Weg für die Lasttiere und Elefanten geöffnet«. So weit der römische Geschichtsschreiber Livius (59 v. Chr.–17 n. Chr.).

Säure sollte Steine erweichen

Nach einem Zeugnis von Plinius dem Älteren (23–79 n. Chr.) ist schon recht früh bekannt gewesen, »dass durch den Essig die Speisen und andere Dinge können erweichet werden, und dass Felsen, so durchs Feuer nicht zu sprengen sind, zerbersten, sobald Essig darauf gegossen wird«.

Vom berühmten Hannibal hingegen ist nicht mit Sicherheit überliefert, ob er sich wirklich mit Hilfe des Essigs den Weg gebahnt hat. Der Berichterstatter Livius lebte schließlich erst 200 Jahre nach Hannibal und kann auch nur die Legende älterer Generationen weitergegeben haben. Deshalb stellte der Historiker Georg C. Pisanski im Jahr 1757 zwei berechtigte Fragen in seiner »Historischcritischen Untersuchung, ob Hannibal bei seinem Übergange über die Alpen die glühend gemachten Felsen durch Essig gesprenget habe?« Die erste lautet: »Wo Hannibal in diesen unwegsamen Einöden so viel Essig habe herbekommen können, als zu einer solchen Ausführung nöthig war?« Die zweite Ungereimtheit sah der Historiker in der Frage der

Herkunft einer so großen Menge Holz, als dass man damit ganze Holzstöße hätte auftürmen können. Zumal Livius selbst an anderer Stelle davon spricht, dass die Alpen nicht nur auf den hohen Gipfeln, sondern auch in niedrigeren Höhen nur so spärlich bewachsen waren, »dass fast nicht einmal Gras und Kräuter für die beinahe verhungerten Lasttiere anzutreffen waren«.
Pisanski kommt somit zu der Überzeugung, dass das Sprengen der Felsen durch Essig allein der Phantasie des Livius entsprungen sei, der auch in anderen historischen Beschreibungen »das Wunderbare allenthalben mit eingeflochten habe«.

Das Urteil des Historikers

Schon früher sprengte man in den Bergen Felsen mit Wasser: Man füllte es in Ritzen im Felsblock, wo es gefror und dabei den Stein spaltete.

Sein Fazit: »Es ist demnach am glaublichsten, dass die Soldaten des Hannibal bloß vermittelst Hammer und anderer eiserner Werkzeuge dasjenige werden bewerkstelliget haben, was man dem Feuer und Essig zuschreiben will.«
Auch wenn letztlich wohl nie mehr geklärt werden wird, was damals auf dem steinigen Alpenpass beim Monte Cenis wirklich geschah, sprechen doch die meisten Gründe dafür, dass Hannibal dem Essig tatsächlich sein Vorwärtskommen verdankte. Denn der Historiker Pisanski hat drei wichtige Punkte übersehen:

- Livius mag seine Berichte durchaus mit viel Phantasie angereichert haben, die Sache mit dem heißen Essig scheint aber doch insgesamt zu ungewöhnlich, als dass jemand ohne jeden konkreten Anlass darauf käme.
- Hannibal führte ein Heer von fast 60000 Mann an, als er sich durch die Berge kämpfte. Und da seine Soldaten höchstwahrscheinlich wie auch die römischen Legionäre reichlich mit Essig versorgt wurden, um bei Kräften zu bleiben und Wunden behandeln zu können, ist anzunehmen, dass sie Dutzende, wenn nicht noch mehr Essigfässer mit sich führten. Da waren bestimmt einige Fässer zum »Steineerweichen« übrig.
- 9000 Pferde und immerhin 37 Kriegselefanten dienten Hannibals Soldaten als Reit- und Lasttiere. Wer je gesehen hat, wie zügig ein Elefant einen riesigen Baumstamm abzuschleppen vermag, wird kaum Zweifel daran haben, dass es dem findigen Feldherrn gelang, das nötige Holz zum Erhitzen der sperrigen Felsbrocken herbeischaf-

fen zu lassen. Immerhin, so schrieb selbst Pisanski, »verstand Hannibal die Kunst, sich in den verworrensten Umständen aus dem Stegreif zu helfen«.

Alles in allem scheint die Überlieferung in diesem Fall eventuell doch mit der Wirklichkeit übereinzustimmen. Ohne Hannibals Essigtrick hätte die Weltgeschichte vielleicht einen anderen Verlauf genommen, den Römern mehrere verlorene Schlachten und den Karthagern die völlige Zerstörung ihrer Hauptstadt erspart.

Ein kostbares Gut

Bis weit ins Mittelalter hinein war Essig die wichtigste bekannte Säure. Er war in jedem Haushalt vorhanden: in der Küche, in der Hausapotheke oder im Badezimmer. Essigbäder, die die Haut beleben und das Wohlbefinden steigern, genossen schon die Damen im alten Rom. Und im gar nicht so »finsteren« Mittelalter war Essig auch noch ein wichtiger Bestandteil der Schönheitspflege der damals nicht wenig eitlen Damen.

Der Eitelkeit der römischen Damen verdanken wir viele Schönheitsrezepte. Zum Glück ist der als Badezusatz beliebte Essig auch heute noch leichter zu bekommen als Poppäas berühmtes Eselsmilchbad.

Im Mittelalter wurde es nämlich zunehmend beliebter, Essig mit allen möglichen Aromastoffen, mit Honig, Knoblauch, Senf, Kräutern oder Gewürzen, sogar mit Trüffeln zu verfeinern. In den Haushalten waren deshalb stets mehrere Essigsorten vorhanden. Man gab sehr viel Essig an Saucen und Speisen, einerseits, um sie länger haltbar zu machen, andererseits, um nicht mehr ganz frische Ware zu »überwürzen«, was die Küchenmeister von damals wohl des Öfteren nötig hatten. Wegen seiner allseitigen Verwendung wurde Essig im späteren Mittelalter zu einem wichtigen Handelsgut. Essigträger lieferten die verschiedensten Essigsorten frei Haus in großen Holzfässern auf Karren.

Zaubermittel Essig

Manchmal hatten sie auch von so genannten Weisen gebraute Essigmixturen dabei, die mit starken Kräutern und Gewürzen versetzt waren und die als Zaubermittel gegen Krankheit, Hexerei, Schlaflosigkeit, Depressionen und schlechte Laune angepriesen wurden. Beispielsweise verteilte man einen mit dem Kraut der Gartenraute aromatisierten Essig im Haus, damit Hexen und ansteckende Krankheiten fernblieben.

Wer heute über die leidigen Steuern klagt, kann sich glücklich schätzen, nicht im 16. oder 17. Jahrhundert gelebt zu haben: Damals war der Fiskus so gierig, dass fast alle Mittel des täglichen Bedarfs besteuert wurden.

Die industrielle Produktion von Essig entstand zunächst in Europa im 14. Jahrhundert in der Gegend um Orléans. Das Essigmachen entwickelte sich allmählich zu einer richtigen Kunst. Eine Gruppe von Essigproduzenten verpflichtete sich damals sogar zu strengem Stillschweigen hinsichtlich der »höheren Weihen« der Essigherstellung. Es wurde bald so viel Essig verkauft, dass sich der Fiskus zu Wort meldete und eine Steuer erhob, erstmals 1553 in Hessen. 1673 mussten in England unter Charles II. bereits alle Essigsorten und Abfallprodukte wie Essigbier versteuert werden.

Essig im Riechfläschchen

Bis ins 19. Jahrhundert war es üblich, dass Damen in peinlichen Situationen einfach in Ohnmacht fielen und sich so vielen Kalamitäten entzogen. Auch die eng verzurrten Korsetts von damals ließen den Geschnürten manchmal regelrecht den Atem stocken und konnten Ohnmachten auslösen. Als Soforthilfe reichte man dann ein Riechfläschchen, das mit Essig oder aromatisiertem Essig gefüllt war. Die Französin Madame de Sévigné (1626–1669) legte in einem Brief ihrer Tochter folgenden Satz ans Herz: »Halte stets die Moral fest in den Händen und das Riechfläschchen mit Essig angefüllt unter die Nase, um niemals im Leben Schiffbruch zu erleiden.«

Vier-Räuber-Essig als Gesundheitsschutz

Lange Zeit pflegte man Geschirr, Behälter, Operationsbestecke oder die Leiber der Menschen, die an infektiösen Krankheiten litten, mit Essig abzureiben. Mit Hilfe dieser einfachen Desinfektionsmethode versuchte man die Ansteckungsgefahr zu verringern. Auch bei schweren Pestepidemien ist man so verfahren.

Als um 1720 in Marseille die Pest verheerend wütete, haben sich Diebe, die »Pesthäuser« plünderten oder Pestkranke beraubten, mit einem intensiv gewürzten Essig eingerieben und den Mund ausgespült, um sich dadurch zu schützen. Dieser Essig enthielt Honig, Kalmus, Lavendel, Macis, Rosmarin, Zimt, Vanille, Kampfer, Pfefferminze, Orangenblüten, Muskatnuss und Kümmel. Dass sich viele von ihnen offensichtlich bei ihrem frevelhaften Tun nicht infizierten, soll der Überlieferung nach vier dieser »Pesträuber« sogar vor der Hinrichtung bewahrt haben. Als sie schließlich geschnappt wurden und sich vor Gericht für ihre schändlichen Diebeszüge verantworten mussten, glaubte man, sie stünden gewissermaßen unter höherem Schutz, und ließ sie laufen. Der Essig hieß von da ab »Vier-Räuber-Essig« und wird in manchen Gegenden Frankreichs noch heute hergestellt.

Essigschwaden gegen Lungenleiden

Über Jahrhunderte hinweg hielt sich auch die Gepflogenheit, bei Erkältungs- und vor allem Lungenleiden im Krankenzimmer eine Schale mit Essig aufzustellen. Der Duft des Essigs sollte die Krankheit vertreiben und andere vor Ansteckung bewahren. Manche meinten, es genüge oft schon, an einem mit Essig getränkten Schwamm zu schnuppern, um gegen die Ansteckung gefeit zu sein. Man trug deshalb Silberdöschen mit kleinen Löchern bei sich, so genannte Vinaigrettes, in denen essiggetränkte Tüchlein steckten. An denen roch man ab und zu zur Vorbeugung.

Die Pest, die im Mittelalter Europas Städte entvölkerte, ist keineswegs ausgestorben – auch heute kommen z.B. in Indien immer wieder Pesterkrankungen vor, die sich aber aufgrund besserer Medikamente nicht mehr zur Seuche entwickeln können.

Bis in unser Jahrhundert hinein hat man Wunden erst mit Essigwasser gereinigt, ehe man einen Verband anlegte. Das machte man vor allem, wenn andere Medikamente knapp waren, wie im amerikanischen Bürgerkrieg oder zwischen den Weltkriegen. Von einem gewissen Valentinus ist aus dem 15. Jahrhundert der Satz überliefert: »Es kann fast in der Arznei nichts Fruchtbarliches bereitet werden, dazu man des Essigs Hilfe nicht begehren müsste.« Noch bis vor 200 Jahren diente ein Großteil der gesamten Essigproduktion zu Heilzwecken oder war für die Herstellung von verschiedenen Medikamenten bestimmt.

Tip Man kann den ziemlich stark gewürzten »Vier-Räuber-Balsam« heute wieder beziehen über das Weinessiggut Doktorenhof in 67482 Venningen, Raiffeisenstraße 5. Er soll besonders gut in Tomatengerichten, Saucen, Wildmarinaden und zu Fischgerichten schmecken.

Essig auf See

Bis ins 19. Jahrhundert hinein existierten strikt formulierte Verordnungen der Marinebehörden, die den Schiffskapitänen untersagten, ohne einen beträchtlichen Essigvorrat in See zu stechen. Damit wurden Schiffsdecks und Kajüten sauber geschrubbt, die Matrosen tranken ihn verdünnt zur Krankheitsvorbeugung, er wurde vom Schiffsarzt verordnet, und man würzte selbstverständlich in der Kombüse damit. Man hat »sogar die Briefe, welche aus Ländern kommen, so wegen ansteckender Krankheiten verdächtig sind, in diese Säure eingetaucht«, wie der französische Minister und Essigexperte Antoine Parmentier schrieb. Er resümiert, dass man den Essig »zu allen Zeiten als das wirksamste Verhütungsmittel vor ansteckenden Krankheiten und das sicherste fäulniswidrige Mittel« angesehen hat.

Wie der Essig in Verruf gekommen ist

Essig allein half den Seeleuten leider nicht gegen die Krankheit Skorbut, die durch zu wenig Vitamin C in der Schiffskost entstand und viele Opfer forderte.

Obwohl Essig seit jeher geschätzt wurde, gab es im Mittelalter einige Ärzte, die befürchteten, Essig könne die Qualität des Bluts verschlechtern, er »entkräfte und raube den Samen«. Bis zum Beginn des 20. Jahrhunderts hielt sich mancherorts dieser Irrglaube. Doch mittlerweile hat die Wissenschaft solche Vorurteile längst widerlegt. Essigsäure ist ja sogar ein Zwischenprodukt des menschlichen Stoffwechsels, das beispielsweise bei der Umwandlung von Fetten, Kohlenhydraten und Eiweißstoffen stets anfällt. Und zwar bis zu 100 Gramm täglich. Genauso kann der menschliche Körper auch mit der Nahrung aufgenommenen Essig (in üblichen Mengen) ohne Schaden in kurzer Zeit verarbeiten.

Verkeimtes Trinkwasser als Übeltäter

Doch woher kommt das Gerücht von der Unverträglichkeit des Essigs? Eine mögliche Erklärung ist, dass man von alters her, besonders in Ländern mit heißem Klima, Essigwasser gegen den Durst getrunken hat. Wenn einem davon übel wurde, lag das aller Wahrscheinlichkeit nach an den Keimen im Trinkwasser, die Brechreiz und Übelkeit verursachen können. Fälschlicherweise hat man dem Essig die Schuld daran gegeben. Manche dieser Keime sind aber so widerstandsfähig, dass auch der Essig ihnen nichts anhaben kann.

Bleivergiftung durch Geschirr und Besteck

Das Märchen von der Unverträglichkeit des Essigs beruht außerdem auf der Tatsache, dass Essigsäure Metalle angreift. Essig wurde früher oftmals in Gefäßen aus Eisen, Bronze, Kupfer oder Zinn

Wortspielereien mit Essig

Die große Bedeutung, die Essig bei fast allen Völkern der Alten und Neuen Welt als Nahrungs-, Heil- und Hygienemittel seit jeher hatte, kommt auch in zahlreichen Wendungen der Umgangssprache zum Ausdruck:

- »Alles Essig«: Etwas ist gründlich schief gegangen
- »Sauer« reagieren: Ausdruck von Unzufriedenheit
- Das Leben »sauer« machen: Schikanieren
- Etwas riecht »sauer«: Es steht bedenklich

aufbewahrt, die zum Teil hochgiftiges Blei enthielten. Die Essigsäure löst das Metall aus den Gefäßwänden. Und mit Blei versetzter Essig ist freilich gefährlich, kann Magen- und Darmbeschwerden und viele, sogar lebensbedrohliche Erkrankungen hervorrufen. Historiker haben beispielsweise nachgewiesen, dass im Römerreich Bleivergiftungen an der Tagesordnung waren (oft mit tödlichem Ausgang), da viele bleihaltige Krüge und Bestecke verwendet wurden. Es wird sogar die Ansicht vertreten, dass der Untergang des Römischen Reiches nicht zuletzt auf die zunehmende Verseuchung mit Blei zurückzuführen sein könnte. Vor allem die schädliche Wirkung des Bleis auf die Fortpflanzungsorgane von Männern und Frauen soll dabei eine Rolle gespielt haben. Heute lagert man den Essig in Holzfässern, Kunststofftanks, Glas- oder Steingutbehältern.

Sie sollten auch im Haushalt darauf achten, Essig und mit Essig zubereitete Speisen nur in säurefesten Behältern aufzubewahren. Steinzeug beispielsweise muss eine unversehrte Glasur haben.

Kleines Essigbrevier

So wie die Weinrebe das Symbol des Weins ist, stehen das Weinblatt und die Kornähre von alters her als Symbol für das Naturprodukt Essig. Auf manchen Essigflaschen ist dieses Zeichen abgebildet. Es soll auf den natürlichen Ursprung von Gärungsessig hindeuten.

Der Rohstoff für die Herstellung von Gärungsessig ist Alkohol, der durch alkoholische Gärung im Saft von Weintrauben, Zuckerrohr,

Zuckerrüben, Kartoffeln oder Äpfeln erzeugt wird. Kommen solche alkoholhaltigen Flüssigkeiten dann mit Essigbakterien in Berührung, ergibt ein zweiter Gärungsprozess den Essig. Durch die Verwendung unterschiedlicher Rohstoffe und durch zusätzliche Aromatisierungen ist eine breite Palette von Essigsorten entstanden. Es gibt praktisch für fast jede Speise einen anderen, speziellen Essig.

Die Essenz ist nur zum Putzen gut

Spart das Schleppen schwerer Flaschen und schmeckt neutral: Deshalb bevorzugen manche Hausfrauen Essigessenz zum Einmachen.

Essigessenz wird zwar im allgemeinen Sprachgebrauch auch Essig genannt, es handelt sich aber nicht um ein Naturprodukt, sondern um künstlich hergestellte, verdünnte Essigsäure. »Zu Speisezwecken dürfte sie wohl keine kultivierte Küche ohne Not verwenden«, heißt es sehr zu Recht in einer Warenkunde über Essig (Chancen 9/88). Essigessenz benützt man normalerweise nur, um starke Verschmutzungen und Verkalkungen zu beseitigen; u.a. kommt sie in Schlachthöfen beim Reinigen der Tierdärme zum Einsatz. Auch in der Küche ist ihr Einsatz dort vertretbar, wo man beim Einkochen zwar die Essigsäure braucht, aber möglichst wenig Flüssigkeit benötigt. Dies ist beispielsweise bei den würzigen Chutneys der Fall, die sonst sehr lange Kochzeiten brauchen, um einzudicken.

Essige für jeden Geschmack

Branntweinessig

Branntwein- oder Spritessig wird aus Branntwein hergestellt, der meist aus Zuckerrüben oder Zuckerrohrmelasse destilliert worden ist. Bisweilen verwendet man auch Kartoffeln oder Getreide als Ausgangsmaterial. Der farblose Branntweinessig firmiert oft als »Tafelessig«. Er hat ein frisches, saures Aroma, schmeckt jedoch nicht mehr nach den jeweiligen Rohstoffen. Es handelt sich in der Regel um die schlechteste Qualität eines Gärungsessigs. Für die weiterverarbeitende Industrie gibt es Branntweinessig mit zehn Prozent Säure, üblicherweise enthält er aber nur fünf Prozent. Ein spezieller Gurkenaufguss zum Einmachen von Sauerkonserven und für Fischmarinaden wird auf der Basis von Branntweinessig unter Zusatz von Salz, Zucker und Gewürzen hergestellt.

Weinessig

Die Grundlage des reinen Weinessigs sind rote oder weiße Trauben. Er wird vorwiegend in Ländern mit Rebenkulturen produziert und zeichnet sich durch ein ausgeprägtes Weinaroma aus. Wegen seines höheren Säuregehalts von sechs Prozent sollte er sparsam zum Einsatz kommen. Rotweinessig hat ein stärkeres Aroma; man gibt ihn an Fleischmarinaden, Fleischgerichte und Saucen. Auch Rotkohl und Linsengerichte können einen Schuss vertragen. Der mildere Weißweinessig rundet Bohnen- und Fischgerichte sowie Salate ab. Feiner französischer Champagneressig passt vor allem an bunte Sommersalate, zu Süßwasserfisch, Geflügel, Meeresfrüchten und Pilzen.
Essig ist immer so gut wie der Wein, aus dem er gemacht wird. Edle Winzerweinessige erkennen Sie u. a. daran, dass auf dem Etikett Herkunft, Rebsorte und Jahrgang des Weins vermerkt sind, der zu Essig vergoren wurde.
In Deutschland wird auch eine billigere Mischung (Verschnitt) aus Branntwein- und Weinessig angeboten. Er nennt sich Weinessig – im Gegensatz zum reinen Weinessig. Der Anteil an Weinessig ist auf der Flasche auszuweisen und beträgt 25, 33 oder 40 Prozent.

Ein Schuss Essig in Eintöpfen mit Hülsenfrüchten schmeckt nicht nur ausgezeichnet, sondern hilft auch dem Körper, die schwer verdaulichen Schalen von Bohnen, Erbsen und Linsen zu verarbeiten.

Sherryessig

Sherryessig ist eine Spezialität der spanischen Küche. Grundlage dieses edlen Feinkostprodukts sind die Sherryweine Spaniens. Zum Geschmack des Sherrys gesellt sich das Aroma der alten Eichenfässer, in denen dieser Essig jahre- oder auch jahrzehntelang gelagert wird. Manche wertvollen Sherryessige sind über 100 Jahre alt. Der kräftig »weinige« Sherryessig hat einen Säuregehalt zwischen sechs und acht Prozent. Er ist ideal zum Marinieren von Fleisch und Wild, für Eintöpfe und Wintersalate mit rohen Pilzen, er verfeinert dunkle Bratensaucen sowie alle Fleisch- und Tomatensaucen, harmoniert mit grünen Gemüsesorten und kaltem Spargel, mit Feldsalat, Chicorée und Petersilie. Feinste Sherry- und Balsamessige werden immer in dunklen Flaschen angeboten, damit das Licht nicht die Essigqualität beeinträchtigt. Diese lange gereiften Essige sollte man nur äußerst sparsam benutzen, da der intensive Geschmack und der meist relativ hohe Säureprozentsatz sonst andere Aromen überdecken. Wenige Tropfen genügen für eine Salatsauce.

Malzessig

Erfinder der Chutneys sind die Inder, die diese würzigen Saucen zu jedem Reisgericht und als Vorspeise servieren. Die Engländer machten es während ihrer Kolonialherrenzeit in Europa bekannt.

Malzessig ist eine Spezialität aus Großbritannien und Südafrika. Grundlage dieses mit dem Bieressig verwandten Essigs ist gekeimte Malzgerste. Sein Geschmack ist süßsauer; die Farbe variiert zwischen goldgelb und dunkelbraun. Er rundet Fleisch- und Wildgerichte sowie kräftige Suppen, Kartoffelsalate oder süßsaure asiatische Spezialitäten ab. Er ist ebenfalls geeignet für die in Großbritannien sehr beliebten Chutneys oder zu Fish and Chips. Er ist auch in vielen Mayonnaisen und als geschmacksgebender Bestandteil in Worcestersauce enthalten, deren wichtigste Zutaten Melasse, Sardellen und Zucker sind. Malzessig enthält sechs Prozent Säure.

Bieressig

Hequa oder saures Gerstenbier trank man schon vor Jahrtausenden in Ägypten und Mesopotamien. Dabei handelte es sich um eine Vorstufe des Bieressigs. Der Grundstoff des heutigen Bieressigs ist normales Bier. Der daraus gewonnene Essig mit Bieraroma passt in herzhafte Eintopfgerichte, zu bayerischem Wurstsalat oder saurem Presssack und zu Krautsalat. Sehr gut geeignet ist er auch für Fleischmarinaden. Koteletts oder Rippchen vom Grill oder auch Schweinebraten aus dem Ofen bekommen eine besonders aromatische Kruste, wenn man sie gegen Ende der Garzeit mit Bieressig bepinselt. Der »Erste Bayerische Bier-Essig«, aus Bier gewonnen, das nach dem deutschen Reinheitsgebot von 1510 gebraut wird, stammt aus dem oberbayerischen Wasserburg am Inn. Dort ist der einzige Hersteller von Bieressig ansässig, die Essigbrauerei Robert Burghardt.

Aromaessige

Aromaessige werden auf der Basis von Wein-, Branntwein- oder Apfelessig hergestellt. Während der Essig in Holzfässern bzw. Tanks aus Kunststoff oder Edelstahl reift, werden Aromaträger wie z.B. frische oder getrocknete Kräuter, Knoblauch oder Schalotten, Nüsse, Honig oder Gewürze beigegeben und der Essig so mit deren Aroma versetzt. Auf diese Weise entstehen interessante Geschmacksnoten. Für jeden Essigliebhaber eröffnet sich hier ein interessantes Experimentierfeld, da man solche Aromaessige leicht selbst ansetzen und mit etwas Phantasie zahlreiche neue Variationen entwickeln kann.

Cidreessig

Die Grundlage des Cidreessigs sind Äpfel bzw. Apfelwein. Cidreessig ist der Apfelessig der Franzosen. Er schmeckt frisch-fruchtig und ist u.a. wegen seiner anregenden Wirkung auf verschiedene Stoffwechselvorgänge genauso gesundheitsfördernd wie unser Apfelessig. Der Cidreessig wird, in Verbindung mit Honig, gerne für süßsaure asiatische Gerichte verwendet. Cidreessig ist auch vorzüglich zu Sommersalaten, Kartoffelsalat, für Fisch- und Geflügelmarinaden, zu »Forelle blau«, Meeresfrüchten, für Mayonnaise, Obstsalate und Fruchtdesserts.

Andere Fruchtessige

Auch aus Himbeeren, Zitronen, Ananas, Datteln, Bananen und anderen Früchten können Fruchtessige hergestellt werden. Dabei werden entweder die Fruchtsäfte selbst zu Essig vergoren oder die reifen Früchte so lange in einen guten Essig eingelegt, bis ihr Aroma in den Essig übergeht. Bei einer Reihe von Fruchtessigen werden nicht die ganzen Früchte, sondern nur ihr Saft zu einem genau festgelegten Prozentsatz in den Essig gegeben, um so eine Aromaübertragung zu erzielen. Aus dem vergorenen Saft von Ananasresten, die in großer Menge in Konservenfabriken anfallen, wird Ananasessig hergestellt. In jenen Regionen, in denen die exotischen Früchte angebaut werden, ist diese Resteverwertung wirtschaftlich durchaus von Bedeutung, da beim Konservieren über 50 Prozent der Früchte aussortiert werden müssen. Auch Bananenessig wird aus Früchten gewonnen, die sich als Frischobst nicht mehr exportieren lassen. Aus Dattelwein gewonnener Essig wird sogar schon in der Bibel erwähnt. Verarbeitet werden hierfür sowohl die Palmfrüchte als auch der aus den Stämmen der Dattelpalmen abgezapfte Saft.

Feines Wildbeerenaroma: Der leicht selbst anzusetzende Himbeeressig harmoniert besonders gut mit hellem Geflügelfleisch in sommerlichen Salaten.

Edelobstessige

Solche Obstessige aus dem vergorenen Saft von reinen Früchten gibt es beispielsweise von Feigen, Aprikosen, Pfirsichen, Brombeeren, Sauerkirschen, Waldhimbeeren, Johannisbeeren, Waldheidelbeeren oder Orangen. Eine Spezialität sind Essige aus Jahrgangsweinen wie z.B. der Aperitifessig aus Trockenbeerenauslese. Edelobstessige stammen meist aus kleineren Familienbetrieben. Für eine Viertelliterflasche bezahlt man im Feinkostgeschäft etwa 15 DM. Edelobstessig aus schwarzen Johannisbeeren gibt man an Linsen, zu Geflügel, in Wildbeize. Essig aus Orangen passt zu hellem Fleisch und Geflügel, man kann auch gut die berühmte Cumberland-Sauce damit würzen, die zu kaltem Wildfleisch gehört und fein geschnittene Orangenschale enthält. Sehr gut ergänzt das feine Zitrusaroma eine Mayonnaise zu Krustentieren.

Reisessig

Ume-su heißt ein säuerlich-salziges Würzmittel aus Japan, das aber ohne alkoholische Grundlage aus milchsauer vergorenen Aprikosen hergestellt und wie Essig verwendet wird.

Reisessig wird entweder aus Reiswein (Sake) gewonnen oder aus einem Rückstand der Sakebereitung, dem so genannten Sakekuchen. Durch den hohen Gehalt an Restzucker schmeckt er süßlich. Es gibt roten, weißen und schwarzen Sakeessig, wobei der weiße unseren Geschmacksvorstellungen am nächsten kommt. Japanisches Sushi ist ohne Reisessig undenkbar, ebenso asiatische Fleischmarinaden und chinesische Honigente. Beim Sushi wird Reisessig, eventuell mit Sojasauce und Gewürzen versetzt, über die rohen Fischstücke gegossen. Der Fisch wird auf diese Weise konserviert, die Ausbreitung von Keimen verhindert.

Reisessig wird auch zum Einlegen von Früchten und Gemüse, für süßsaure Suppen und Gerichte verwendet. Er eignet sich gut zum Aromatisieren mit Blüten. Auch ist er in China und Japan seit jeher als Heilmittel von Bedeutung, zur universellen Stärkung und um den Alterungsprozess zu verlangsamen. Su und Yamabukizu sind die gebräuchlichsten japanischen Essigsorten. Man erhält sie in Asienläden oder Feinkostgeschäften.

Rosinenessig

Rosinenessig aus vergorenem Rosinensud wurde in den vergangenen Jahrzehnten vorzugsweise in Holland produziert, aber auch in Südeuropa, Nordafrika, den Golfstaaten – eben da, wo Rosinen ein Wirtschaftsfaktor sind. Rosinenessig hat einen kräftig-würzigen Geschmack und ist für pikante Salate und für italienische Ragouts mit Hackfleisch sowie zum Einlegen von Rindfleisch, Wild oder Lamm geeignet. Auch in Speisen mit Äpfeln passt der aromareiche Rosinenessig. Man sollte ihn wegen seines dominierenden Geschmacks immer sparsam verwenden.

Molkenessig

Rohstoff für den Molkenessig ist eingedickte, mit Hilfe von Spezialhefen alkoholisch vergorene Molke. Der als besonders magenfreundlich geltende Essig wird vor allem in der Schweiz produziert, wo viel Molke bei der Käseherstellung anfällt. Der milde Molkenessig enthält ein Prozent Milchsäure und fünf Prozent Essigsäure. Er wird von Patienten mit Magen-Darm-Problemen bevorzugt.

Kartoffelessig

Ausgangsrohstoff dieses mild-aromatischen Essigs ist der Kartoffelschnaps. Er wurde nach dem Zweiten Weltkrieg in großen Mengen produziert, wird heute jedoch nur noch selten verlangt.

Aceto Balsamico

Der teuerste Essig ist der italienische Aceto Balsamico Tradizionale di Modena. Man nennt ihn den König unter den Essigen. »Er hat mit gewöhnlichem Essig etwa so viel gemein wie ein Rolls Royce mit einem Traktor«, so der Vergleich von Stephan Clauss, Verfasser eines Essigführers für Gourmets. Alter Balsamessig ist für ihn ein »absoluter Luxusartikel, nur mit Kaviar, besten Trüffeln und sehr altem Cognac zu vergleichen«.

Das nach alter Tradition hergestellte Original zeichnet sich durch das Gütesiegel »Tradizionale« aus. Andere (es gibt jetzt auch deutsche) Balsamicos sind oft nur nach einer ähnlichen Methode fabrikmäßig hergestellte Imitationen.

Edle Salatzutat: Mit Aceto Balsamico sparsam beträufelte Scheiben Parmaschinken werden aufgerollt und in feine Scheiben geschnitten. Mit einigen Spänen frischem Parmesan eine Delikatesse!

Zwölf Jahre sind das Minimum

Der echte Balsamico aus den Provinzen Modena und Reggio Emilia wird nach überlieferten Rezepten aus eingekochtem Most der weißen, sehr zuckerhaltigen Trebbianotraube gewonnen, die auf den Weinbergen des Apennin gedeiht. Andere Rebsorten sind mittlerweile jedoch ebenfalls zugelassen. Der Most muss mindestens zwölf Jahre in alten, mit Essigbakterien imprägnierten Holzfässern reifen. Der »Extra Vecchio« hat mindestens 25 Jahre Lagerzeit hinter sich. Im Lauf dieser Jahre wird der Essig in immer kleinere Fässer aus unterschiedlichen Edelhölzern (Eiche, Kastanie, Kirsche, Esche, Wacholder, Robinie und Holz des Maulbeerbaums) umgefüllt und so nach und nach eingedickt. Der Aceto nimmt die Geschmacksspuren der durchwanderten Fasshölzer auf, und so entsteht im Verlauf des jahrzehntelangen Reifeprozesses sein unnachahmliches Aroma. Die Fässer lagern meist auf dunklen Dachböden, den so genannten Acetaias, denn zur Reifung benötigt der Balsamico viel frische Luft sowie die jahreszeitlich bedingten Temperaturunterschiede.

Eine kostbare Delikatesse

Der hohe Preis des Balsamessigs relativiert sich durch seinen äußerst sparsamen Verbrauch: Einige wenige Tropfen reichen aus, um ein Gericht zu verfeinern.

Je älter der Aceto wird, desto konzentrierter, wohlriechender, wohlschmeckender und dunkler wird er. Alter Balsamessig ist braun (schokoladen- oder rötlichbraun, bernstein-, mahagoni-, karamel- oder ebenholzfarben), von sirupartiger Konsistenz und süß-aromatisch im Geschmack. Das aufwändige Verfahren und die lange Lagerzeit schlagen sich natürlich auf den Preis nieder. Je nach Reifedauer kostet der traditionelle Zehntelliterflakon zwischen 50 und 500 DM. Achten Sie beim Kauf auf die D.O.C.-Anerkennung (Denominazione di origine controllata), das ist die geschützte Ursprungsbezeichnung.

Den echten Balsamessig kann man in kleinen Mengen pur als Aperitif oder Digestif genießen. Er macht Salat zu einer Delikatesse, und ein paar Tröpfchen dürfen in der italienischen Küche an Kutteln und Linsen nicht fehlen. Sogar manchen Süßspeisen gibt ein wenig Balsamessig den letzten Pfiff, obwohl man bei Essig eher an Würziges denkt: In Obstsalaten steigert er das Aroma von Früchten, die selbst nur wenig Säure enthalten, wie beispielsweise Birnen oder auch vielen tropischen Früchten. Nicht so sehr zu empfehlen ist er zu sehr hellen Salaten mit Chicorée oder Fenchel, weil die dunkelbraune bis rötliche Essenz zwar hervorragend würzt, aber die Blätter leicht angewelkt erscheinen lässt.

Tip Seit 1993 gibt es einen Balsamapfelessig auf dem Markt. Es handelt sich dabei um Apfelessig, für den steirische Mostäpfel vergoren wurden und den man nacheinander in drei verschiedenen Eichenfässern gelagert hat. Diese ganz besondere Delikatesse hat ihren Preis: Ein Viertelliter kostet etwa 50 DM (Hersteller: Alois Gölles, Stang 52, A-8333 Riegersburg). Er hat ein samtweiches Aroma; der Apfelgeschmack ist besonders ausgeprägt. Er wird von Gourmets gerne für Salate und Fruchtdesserts genommen.

Die richtige Sorte wählen

Welche der zahlreichen Sorten von Essig Sie bevorzugen, hängt natürlich ganz von Ihrem individuellen Geschmack und Ihren Vorlieben beim Essen ab. Wer erst einmal die vielen unterschiedlichen Nuancen von Aromen kennen gelernt hat, wird sich wohl kaum mehr mit einer einzigen Sorte begnügen. Für Salate empfiehlt sich vielleicht eher ein leichterer, zart aromatisierter Essig, für deftige, inhaltsreiche Fleischeintöpfe nimmt man eher einen dunklen Weinessig. Internationale Länderspezialitäten wie asiatische, spanische oder italienische Gerichte schmecken am besten mit den dazu passenden, landestypischen Essigsorten. Um dagegen Essig für Haushaltszwecke einzusetzen, wird man zu einer einfachen Sorte greifen, niemand wird schließlich seine verkalkten Wasserhähne mit Aceto Balsamico putzen!

Für die Gesundheit ist Apfelessig erste Wahl

Für Heilanwendungen und kosmetische Zwecke sollten Sie sicher den naturreinen, unverfälschten Apfelessig mit seinen wertvollen Inhaltsstoffen bevorzugen. Cyril Scott empfahl Apfelessig, »weil er eine ganze Anzahl verschiedener Dinge aufs Beste und ohne schädliche Nebenwirkungen tut«. Aber Scott wusste auch, dass »es Dinge gibt, die sich für viele Leute eignen, aber es nichts gibt, was sich für jedermann eignet«. Dies gilt auch für den Apfelessig. Jeder soll selbst beurteilen, wie sich die Apfelessiganwendungen, die Sie in den noch folgenden Kapiteln dieses Buches kennen lernen werden, bei ihm auswirken. Dazu muss man selbst in seinen Körper hineinhören und aufmerksam auch für kleine Veränderungen werden. Nach dem Motto, dass fremde Erfahrungen wie Blumen sind, die nie gepflückt wurden, soll sich jeder vor allem auf seine eigenen Erfahrungen stützen und danach für ihn passende Rezepte wählen.

Der Arzt Paul C. Bragg wollte Apfelessig am liebsten »weniger als spezielles Mittel gegen Krankheiten sehen, sondern vielmehr als Teil eines ausgewogenen Programms, bei dem es um eine natürliche Lebensweise geht«. Eckpfeiler sind dabei eine ausgewogene Ernährung, frische Luft, ausreichend Schlaf und Bewegung. Anwendungen mit Apfelessig bilden dazu eine sinnvolle Ergänzung.

Experimentieren Sie ruhig: Gut sortierte Feinkostgeschäfte und auch die Lebensmittelabteilungen großer Kaufhäuser bieten so viele Essigsorten an, dass jeder seine spezielle Geschmacksnote finden kann.

ESSIG – ENTSTEHUNG UND WIRKUNG

Die ältesten Gefäße, in denen Spuren von Essig nachgewiesen wurden, sollen an die 8000 Jahre alt sein und somit aus der jüngeren Steinzeit stammen. Wann immer ein Weinkrug oder ein mit Gerstenbier gefüllter Ziegenschlauch versehentlich offen stehen blieb (Holzfässer kamen erst im Mittelalter auf), konnte der Inhalt zu Essig werden. Die Menschen der damaligen Zeit bemerkten schnell, dass dazu nicht mehr gehörte als eine schwach alkoholische Flüssigkeit, viel frische Luft und möglichst gleichbleibende Temperaturen. Essig musste nicht erfunden, sondern nur noch gefunden werden.

Vergärende Flüssigkeiten locken unweigerlich Scharen der winzigen Mostfliegen an, die sich gern auch auf überreifem Obst niederlassen. Deshalb immer gut abdecken!

Ein natürlicher Gärprozess

Gelegentlich kann es passieren, dass Wein, Bier oder andere schwach alkoholhaltige Getränke wie Apfelwein bzw. Apfelmost sauer werden. Voraussetzung dafür ist, dass so ein Getränk nicht zu stark geschwefelt oder mit anderen Konservierungsmitteln behandelt wurde und man es außerdem bei ausreichender Wärme eine Zeit lang unverschlossen stehen lässt. Dann können sich die frei in der Luft vorkommenden Essigbakterien auf der Oberfläche der Flüssigkeit ansiedeln und den darin enthaltenen Alkohol langsam zu Essigsäure vergären – ein Prozess, der demzufolge Essiggärung genannt wird.

Die Essigsäure gibt der Flüssigkeit dann den sauren Geschmack. Verwandelt sich annähernd der gesamte Alkohol in der Flüssigkeit zu Essigsäure, ist Essig, oder genauer gesagt, Gärungsessig entstanden. Das ist ein natürlicher, biologischer Vorgang, der ganz ohne unser Zutun ablaufen kann. Deshalb kennt man Essig schon seit vielen Jahrhunderten, nämlich seitdem man Wein, Bier, Apfelwein oder Ähnliches herstellen kann.

Viele Wirkstoffe sind noch unerforscht

Lexika definieren die Volksmedizin als »Lehre von den im Volk unter Verzicht auf Ärzte gebräuchlichen Heilverfahren und Vorbeugungsmaßnahmen. Die Grundsätze der Volksmedizin werden stark von den Traditionen des Volksglaubens beeinflusst.«

Aus Sicht der Chemiker ist Gärungsessig eine sehr komplexe Flüssigkeit. Gärungsessig enthält neben Wasser und Essigsäure in geringen Mengen die typischen Gärnebenprodukte Glukon-, 2-Ketoglukon-, 5-Ketoglukonsäure, Fufurol, Azeton und 2,3-Butylenglykol. Ein geringer Restalkoholgehalt ist ebenfalls nachzuweisen. Hinzu kommen einige Aminosäuren, die im Stoffwechselgeschehen der Essigbakterien anfallen. Was Gärungsessig darüber hinaus enthält, ist je nach Ausgangsprodukten und Herstellungsart verschieden.

Bei Apfelessig, der aus vollreifen ganzen Äpfeln und auf schonende Weise hergestellt wurde, kann man davon ausgehen, dass alle gesunden Inhaltsstoffe der Äpfel auch im Essig enthalten sind. Das betrifft alle Vitamine, Mineralstoffe und Spurenelemente, Enzyme, Fermente, Aromastoffe, Farbstoffe, Ballaststoffe u. v. a. m. Apfelessig ist also eine an wertvollen Biostoffen äußerst reichhaltige Flüssigkeit. In einer wissenschaftlichen Untersuchung von Apfelessig wurden allein über 90 flüchtige Bestandteile registriert, also Stoffe, die wie Aldehyde, Ketone oder Essigester an der Luft verdunsten. Die genaue Analyse der Wirkung all dieser Substanzen auf den menschlichen Organismus wird die Ernährungswissenschaftler wohl noch lange beschäftigen. Bis dahin kann jeder getrost auf die positiven Erfahrungen der Volksmedizin und vieler Generationen vor uns vertrauen. Emily Thaker, eine Essigexpertin, war sogar der Auffassung, dass Apfelessig »eine der gesündesten und nährstoffreichsten Flüssigkeiten überhaupt« sei.

Den Essigbakterien auf der Spur

Auch wenn Essig seit jeher bekannt war, verstand man bis ins 19. Jahrhundert hinein nicht, wie er entsteht. Im Jahr 1802 schrieb der damalige Spezialist für Essigherstellung, Antoine Parmentier: »Die Essigfabrikanten nehmen unter den Künstlern, die im Ruf stehen, dass ihre Arbeiten unter dichten, geheimnisvollen Schatten verborgen sind, einen vorzüglichen Rang ein, da man ehemals und selbst jetzt noch, sprichwörtlich, wenn man eine Sache nicht entdecken will, zu sagen pflegt: Das ist das Geheimnis der Essigfabrikanten.«

Immerhin gelang es einem Abbé Rozier im Jahr 1786 herauszufinden, dass bei der Essiggärung Luft verbraucht wird. Er stülpte eine Schweinsblase über ein ansonsten luftdichtes Gärgefäß und beobachtete, wie sich die Blase mit fortschreitender Essiggärung zusammenzog, eben weil die Luft darin verbraucht wurde. Da zu dieser Zeit auch der Sauerstoff in der Luft entdeckt wurde, war es für den französischen Chemiker Lavoisier (1743–1794) nicht mehr weit bis zu der Erkenntnis, dass dieser eine wesentliche Rolle bei der Essiggärung spielt. Allerdings konnte er noch nicht ahnen, wozu der Sauerstoff eigentlich gut war.

Die Rolle des Sauerstoffs

Den Durchbruch schaffte schließlich Louis Pasteur (1822–1895). Er erkannte, dass Mikroorganismen die Ursache von Milzbrand, Tollwut und anderen Infektionskrankheiten sind und entwickelte sowohl Schutzimpfungen als auch die nach ihm benannte Pasteurisierung von Lebensmitteln. Bei der Pasteurisierung werden durch Erhitzen Fäulnis erzeugende Kleinstlebewesen in Nahrungsmitteln abgetötet, was beispielsweise Milch oder Fruchtsäfte haltbarer macht. Zudem bewies Pasteur die Auffassung des Botanikers Kützing, der schon vor ihm vermutet hatte, dass auch die Essiggärung von Mikroorganismen bewirkt wird, die auf zuckerhaltigem Pflanzenmaterial wie Trauben oder Äpfeln vorkommen. Damit war auch geklärt, wozu der Sauerstoff bei der Essiggärung nötig ist. Denn diese Mikroorganismen brauchen wie alle aeroben Lebewesen Sauerstoff.

»Bedarf die Essiggärung des Alkohols?« hieß sogar eine Frage im Preisausschreiben der Société de Pharmacie von Paris im Jahr 1826.

Bakterien wandeln Alkohol um

Was Pasteur jedoch noch nicht wusste, war, dass es sich dabei um Bakterien handelt. Er dachte noch, es seien winzig kleine Pilze, die er »Mycoderma aceti« nannte. Endgültig erkannt wurden die Essigbakterien, die Azetobakter, schließlich von G. Hansen (1841–1912) im Jahre 1879. Doch dann dauerte es nochmals 24 Jahre, bis man die Wirkungsweise dieser ein tausendstel Millimeter großen Bakterien vollständig durchschaute. Die Forscher Eduard Buchner (1860–1917) und Meisenheimer kamen den »kleinen Trinkern« letztendlich auf die Schliche. Sie fanden heraus: Essigbakterien ernähren sich von Alkohol. Gleichzeitig nehmen sie Sauerstoff aus der Luft auf. Enzy-

me in den Zellmembranen der Essigbakterien verbinden den Sauerstoff dann mit dem Alkohol. Man sagt, sie oxidieren den Alkohol. Der oxidierte Alkohol ist aber nichts anderes als Essigsäure. Die wird von den Azetobakter ausgeschieden und verwandelt die Gärflüssigkeit langsam in Essig.
Außerdem fallen bei dieser Oxidation Wasser und Wärme an. Das Wasser wird von den Azetobakter ebenfalls abgegeben, und die entstehende Wärme heizt die Gärflüssigkeit auf. Deshalb müssen die großen Gärbehälter bei den gewerblichen Essigherstellern immer gekühlt werden, was heutzutage mit einem System von Kühlröhren gemacht wird. Neben dem Alkohol brauchen die Essigbakterien noch eine Reihe von Nährstoffen wie Kalium oder Kalzium. Die finden sie in Apfelmost, Wein und anderen gärfähigen Ausgangsmaterialien. Manche Essighersteller setzen aber auch Zucker und bestimmte Kalisulfate, Phosphate und Chloride zu, um den Gärungsprozess zu beschleunigen und zu optimieren.

Die Essigsäure

Essigbakterien halten hohe Konzentrationen von Alkohol aus, bei denen viele andere Bakterien und Keime sofort absterben.

Es gibt die verschiedensten Arten von Essig, Weinessig, Apfelessig, Malzessig, Branntweinessig, Honigessig, aromatisierte Gewürzessige u.a.m. Allen gemeinsam ist, dass sie Essigsäure enthalten. Handelsüblich sind fünf bis zehn Prozent. Bei Essig, der durch natürliche Gärung entstanden ist, entspricht der Prozentsatz an Essigsäure dem Prozentsatz an Alkohol, den die Flüssigkeit hatte, bevor sie zu Essig vergoren wurde. Oder anders: Aus einem Prozent Alkohol wird ziemlich genau ein Prozent Essigsäure. Der höchste Prozentsatz an Essigsäure, der durch natürliche Gärung erzielt werden kann, liegt bei 12 bis 15 Prozent. Höhere Konzentrationen sind nicht erreichbar, da die Intensität der Essigsäure dann so stark ist, dass auch die Essigbakterien abgetötet und eine weitere Gärung verhindert werden. Das Gleiche gilt für den Alkoholgehalt des Ausgangsmaterials. Übersteigt er 12 bis 15 Prozent, können die Essigbakterien nicht darin existieren, die Gärung unterbleibt. Am besten können Essigbakterien Essigsäure herstellen, wenn der Alkoholgehalt der Ausgangsflüssigkeit unter zehn Prozent liegt.

Synthetische Essigsäure

In Reinform lässt sich Essigsäure auch künstlich herstellen. Sie ist stark ätzend und gefriert schon bei 16 °C (Eisessig). Wird sie mit Wasser verdünnt, ergibt das Essigessenz. Die handelsübliche Essigessenz enthält normalerweise 25 Prozent Essigsäure und ist nur zum Putzen und Entkalken geeignet. Leider vergreifen sich Kinder immer wieder an dieser wie Wasser aussehenden Flüssigkeit und müssen dann schleunigst zum Arzt oder ins Krankenhaus. Erst wenn man eine 25-prozentige Essenz mit der vierfachen Menge Wasser aufgießt, hat man einen konsumierbaren fünfprozentigen Essig. So einen Essig nennt man dann Säureessig – im Gegensatz zum natürlichen Gärungsessig. Säureessig enthält außer Essigsäure und Wasser keine weiteren Inhaltsstoffe. Speiseessige aus Säureessig müssen die Kennzeichnung »Essig aus Essigsäure« oder »Essig aus Essigessenz« tragen. Wurde natürlicher Gärungsessig mit Säureessig verschnitten, muss ebenfalls darauf hingewiesen werden (»Hergestellt unter Zusatz von Essigsäure/ Essigessenz«).

Wenn Ihr Kind Essigessenz getrunken hat: sofort den Notarzt rufen, in der Zwischenzeit dem Kind vorsichtig schluckweise Wasser einflößen, um die Säure zu verdünnen, es keinesfalls zum Erbrechen bringen!

Essig konserviert nicht nur, sondern verwandelt beispielsweise auch Obst und Gemüse in saure Köstlichkeiten.

Die natürlichen Essigkräfte

Wie gut Apfelessig konserviert, wusste früher jede Hausfrau. Eingelegte Gemüse halten sich Monate, bei optimalem Verschluss auch Jahre.

Unsere Vorfahren, die weder Tiefkühlkost noch chemische Konservierungsmittel kannten, hatten nur begrenzte Möglichkeiten, Speisen für längere Zeit haltbar zu machen. Im Winter konnten sie zwar darauf vertrauen, dass Fleisch, Fisch, Obst und Gemüse nicht so schnell verdarben, weil die Kälte Fäulnisbakterien, Schimmelsporen und andere Mikroorganismen, die Lebensmittel ungenießbar machen, lähmt bzw. absterben lässt. Im Sommer gab es jedoch nur drei Möglichkeiten, Esswaren für längere Zeit zu konservieren: Räuchern, in Salz einlegen oder in Essig einmachen, wobei dem Essig die größte Bedeutung zukam, weil sich wesentlich mehr Lebensmittel in Essig konservieren lassen, als man beispielsweise räuchern kann.

Essig konserviert

Schon bei den alten Ägyptern, Griechen und Römern schätzte man das Einlegen in Essig, zumal die relativ hohen Temperaturen in diesen Ländern Konservierungsmaßnahmen geradezu erzwangen und zu Essig vergorener Wein und seine konservierende Eigenschaft seit jeher bekannt waren. Was dem Essig diese Eigenschaft verleiht, ist in erster Linie die Essigsäure. Sie wirkt zerstörerisch auf eine Vielzahl von mikroskopisch kleinen Organismen ein, die Lebensmittel verderben lassen. Fäulnisbakterien können sich in dem sauren Milieu des Essigs schwerlich vermehren oder sterben ganz darin ab.

Zu Konservierungszwecken sollte ein Essig aber mindestens fünf Prozent Essigsäure enthalten. Bei geringerer Konzentration ist die Wirkung der Essigsäure zu schwach, um Fäulnisprozesse für längere Zeit unterbinden zu können. Speziell im Apfelessig finden sich auch noch Tannin und Propionsäure, zwei Substanzen, die zusätzlich haltbar machende Eigenschaften besitzen. Tannin ist ein natürlicher Konservierungsstoff, der beim Zerschneiden oder Zerquetschen der Äpfel aus deren Zellwänden quillt und für die typische Gärbräune von Apfelsaft und Apfelessig sorgt. Isoliertes Tannin gibt es auch in Pulverform zu kaufen.

Essig desinfiziert

In früheren Jahrhunderten war Essig das wichtigste Hygienemittel. Die saure Flüssigkeit diente unseren Vorfahren als Allzweckreiniger und wurde in vielfältiger Weise zur Desinfektion genutzt. Der Überlieferung zufolge haben sich beispielsweise die Totengräber zu Zeiten der Pest in Europa mit Essig eingerieben, um die Ansteckungsgefahr zu verringern. Höchstwahrscheinlich hatten sie Erfolg mit dieser Maßnahme, denn die Essigsäure wirkt schon in relativ schwacher Konzentration keimtötend. Auch in den Spitälern der Barockzeit machte man sich diese Eigenschaft der Essigsäure zunutze und wusch die Böden, Wände und Einrichtung der Krankenzimmer regelmäßig mit Essigwasser ab.

Viele Arten von krank machenden Bazillen und Bakterien haben einem Essigangriff nichts entgegenzusetzen. Bevor im Jahr 1928 A. Fleming Antibiotika zur Bakterienbekämpfung entdeckte, stellte man in Krankenzimmern häufig Essiggefäße auf. Die Verdunstungen senkten das allgemeine Ansteckungsrisiko und halfen bei infektiösen Atemwegserkrankungen. Bekannt ist auch, dass Beschäftigte in der Essigindustrie, die ständig Essigdämpfen ausgesetzt sind, weitgehend von ansteckenden Krankheiten insbesondere der Atemwege verschont bleiben.

Mit dem wachsenden Umweltbewusstsein haben viele Hersteller Essigreiniger für Küche und Bad auf den Markt gebracht. Purer Essig ist aber genauso gut und enthält keine zusätzlichen Reinigungs- und Parfümierungsstoffe!

Hochwirksamer Keimkiller

- Essigsäure in normalem Speiseessig tötet Tuberkelbazillen ab.
- Essigsäure in gasförmigem Zustand in der schwachen Konzentration von nur 0,1 bis 0,2 Gramm Essigsäure auf einen Kubikmeter Luft tötet pathogene Keime auf Gazestreifen binnen 24 Stunden ab.
- Verdampfender Essig erzeugt in Haut und Schleimhäuten der Atemwege eine verstärkte Durchblutung, was neben der desinfizierenden Wirkung der Essigdämpfe die Selbstheilungskräfte anregt und zähen Bronchialschleim löst.
- In 25 Minuten tötet lediglich 2-prozentiger Essig Staphylokokken ab. Diese Bakterien sind Eitererreger, z. B. bei Furunkeln.

Freier atmen dank Essigdämpfen

Die keimtötende Wirkung von Essigdämpfen wird auch in manchen ganzheitlich orientierten Heilzentren genutzt. In einer Privatklinik in Edenkoben beispielsweise, die sich auf Heilanwendungen mit Essig spezialisiert hat und die zum Weinessiggut Doktorenhof in Venningen gehört, bekämpft man damit chronische Atemwegserkrankungen, Lungenemphyseme, Asthma bronchiale und hartnäckigen Raucherhusten.

Ein anderes bewährtes Hausmittel bei Atemwegserkrankungen ist reiner Bienenhonig, möglichst kalt geschleudert aus der Wabe.

In einem speziellen Raum wird mit Hilfe einer salinenähnlichen Anlage Gärungsessig verdampft. Bis zu 30 Minuten am Tag halten sich die Patienten in der essiggeschwängerten Luft auf. Dabei dringen die sauren Dämpfe bis in die feinsten Verästelungen der Bronchien vor, regen die Durchblutung an, lösen Verschleimungen und töten krank machende Bakterien ab.

Auch die Haut profitiert von dieser Therapieform, wird straffer und ist gut durchblutet. Begleitend zu den Inhalationen werden regelmäßig Essiggetränke und essigsaure Speisen verabreicht, um dem gesamten Stoffwechselgeschehen auf die Sprünge zu helfen und vor allem den Darm zu sanieren. Das stärkt das Immunsystem und die Selbstheilungskräfte des Körpers. Für den Hausgebrauch kann man sich diese professionelle Vorgehensweise ebenfalls zunutze machen. Bei Husten, Heiserkeit, Bronchitis, Erkältungen oder Atembeschwerden inhaliert man die Dämpfe von verdünntem Apfelessigwasser (Anwendung siehe Seite 97f.).

Apfelessig zur Darmsanierung

Die konservierende und desinfizierende Wirkung des Essigs beruht in erster Linie auf der Eigenschaft der Essigsäure, krank machende Bazillen und Fäulnisbakterien wirksam und schnell abzutöten. Damit eröffnet sich auch die Möglichkeit, mit Essig viel für die Gesundheit unseres Darms und eine reibungslose Verdauung zu tun. Denn im Darm können sich ebenfalls Fäulnisbakterien und vergleichbare Schädlinge breit machen. Man spricht dann von einer Dysbakterie, einer Störung der Darmflora. Dies kommt häufiger vor, als allgemein bekannt ist: Schätzungen zufolge leidet fast die Hälfte der Bevölkerung darunter, auch wenn sich nur wenige Menschen dieser Tatsache bewusst sind. Warum die meisten nicht ahnen, dass es schlecht um ihre Verdauung steht, hat vor allem zwei Gründe. Zum einen verläuft eine Enteropathie, eine chronische Verdauungsschwäche, im Anfangsstadium relativ symptomarm. Vereinzelte Entzündungsherde in der Darmschleimhaut oder eine verschlechterte Aufnahme von Nahrungsbestandteilen durch die Darmzotten werden kaum wahrgenommen. Und selbst wenn die ersten Symptome deutlich werden, wie Völlegefühle, Sodbrennen, Aufstoßen, Blähungen, Verstopfungen und Durchfälle, sind diese Anzeichen so alltäglich und mit allen möglichen Unpässlichkeiten verknüpft, dass man nicht gleich an etwas Ernstes denkt.

Zum anderen werden viele Folgeerscheinungen ungesunder Darmverhältnisse nicht als solche erkannt. Wer ahnt schon, dass Übellaunigkeit, depressive Verstimmungen, Kopfschmerzen, rheumatische Erkrankungen, Allergien, Hautleiden, erhöhte Infektanfälligkeit, Blasenentzündungen, Herz- und Kreislaufbeschwerden und auch Haltungsschäden häufig auf einen träge und krank gewordenen Darm zurückzuführen sind.

Gifte im Darm

Schon vor 2500 Jahren wusste der griechische Arzt Hippokrates: »Alles Übel wohnt im Darm«, und Louis Kuhne (1835–1901) sagte: »Die Verdauungsschwäche ist die Mutter aller Leiden.«

Ursache einer Reihe dieser Beschwerden ist die so genannte intestinale Autointoxikation oder Selbstvergiftung aus dem Darm heraus. Wenn infolge permanenter Ernährungsfehler – zu viel, zu einseitig, zu spät abends, zu oft, zu süß, zu fettreich, zu alkoholreich – die Peristaltik, die Muskelbewegungen des Darms, erschlaffen, können sich hartnäckige Ablagerungen zwischen den mikroskopisch kleinen Darmzotten bilden. Solche schlecht verdauten Reste sind dann ein Tummelplatz für Fäulnisbakterien und ein fruchtbarer Nährboden für Gärungsprozesse. Es entstehen vermehrt Gifte wie Indole, Phenole, Skatole, Kresole, Formaldehyd, Methanol, n-Propanol und n-Butanol. Diese Stoffe und Fuselalkohole können dann in den Blutkreislauf und das Lymphsystem gelangen und den gesamten Organismus belasten oder mit der Zeit regelrecht vergiften.

Sofern das Verdauungssystem noch nicht so weit beeinträchtigt ist, dass ernsthafte Magen- oder Zwölffingerdarmgeschwüre, Divertikelentzündungen oder Leber- und Gallenleiden eingetreten sind, lässt sich mit regelmäßigen Apfelessiggaben viel erreichen. Die Essigsäure bekämpft die Fäulnisbakterien im Darm und unterbindet so ungesunde Gärungsprozesse. Damit reduziert sich die Giftstoffproduktion im Verdauungstrakt, was mit der Zeit den gesamten Organismus entlastet und alle Beschwerden, die auf ungesunde Darmverhältnisse zurückgehen, günstig beeinflusst. Hinzu tritt die Wirkung der Ballaststoffe im Apfelessig (Pektin, Pottasche etc.), die für einen schnelleren Abtransport von Giftstoffen sorgen und außerdem entzündlichen Prozessen an den Darmwänden vorbeugen. Zudem hilft Apfelessig bei der Verstoffwechselung (d.h. der schnellen Aufspaltung in vom Körper verwertbare Stoffe) von Eiweiß, Fetten und Kohlenhydraten, was mit Apfelessig gewürzte Speisen leichter verdaulich macht.

»In Ihrer Majestät Magen«

Apfelessig mit Pfefferminze regt den Gallenfluss an und hilft so der Verdauung, wenn das Menü einmal allzu üppig ausfiel.

Vom Hof der österreichischen Kaiserin Maria Theresia (1717–1780) ist ein Vorfall überliefert, der anschaulich zeigt, zu was für einer bedrohlichen Mischung sich allzu üppige Kost zusammenbrauen kann. Die Kaiserin soll, wie so oft, über Kopf- und Leibschmerzen geklagt und sich rundherum unwohl gefühlt haben. Ihr Leibarzt, der rasch herbeigerufen wurde, meinte, das käme nur von der Völlerei. Doch davon wollte Ihre Majestät nichts wissen. Daraufhin wandte der listige Arzt folgenden Trick an: Von allem, was die Kaiserin bei den nächsten Mahlzeiten zu sich nahm, ließ er sich auch jeweils einen Teller voll geben und schüttete alles in einen großen Kübel.

Vergegenwärtigt man sich die Speisenfolgen, die damals an den hochherrschaftlichen Höfen Österreich-Ungarns üblich waren, muss da eine bunte Mischung zusammengekommen sein: Zwetschgenkompott, Kaiserschmarrn, Tafelspitz mit Merrettichsauce, Kartoffelbrei, Krautsalat mit Kümmel, Obst, Apfelstrudel mit Vanillesauce, Wachtelbrüstchen, Rotkohl, Ribislmarmelade, Marillenknödel, Nusskipferl, Kaffee, Weißwein, Rotwein, klarer Schnaps und noch einiges mehr. Zum Schluss rührte der Medikus alles kräftig durch und reichte den Kübel der Kaiserin mit den Worten: »So sieht es jetzt in Ihrer Majestät Magen aus!« Der Blick in die übel riechende Brühe soll Ihre Majestät ab sofort zu mehr Disziplin im Umgang mit all den verlockenden Köstlichkeiten aus der kaiserlichen Hofküche bewegt haben, wodurch sich ihre Beschwerden der Legende nach schon bald linderten.

Essig löst Kalk

Man weiß noch nicht, ob der Kalk in den Adern durch Essig gelöst oder vielmehr daran gehindert wird, sich überhaupt festzusetzen.

Es ist hinlänglich bekannt, dass Essig Kalk löst. Eine verkalkte Kaffeemaschine funktioniert nach mehreren Essigwasserspülungen wieder einwandfrei. Eierschalen, die man einige Tage in Apfelessig legt, lösen sich vollständig darin auf. Die Kalziumverbindungen, aus denen Kalk besteht, werden von der Essigsäure aufgespalten, und der Kalk zerfällt. Dies geschieht im Übrigen in jedem sauren Milieu, wohingegen ein alkalisches Milieu Kalziumablagerungen begünstigt. Aufgrund dieser einfachen chemischen Tatsachen liegt die Vermutung nahe, dass Essig auch innerhalb unserer Blutgefäße eine kalklösende Wirkung entfaltet.

Kalkablagerungen in den Blutgefäßen behindern den Blutfluss und führen mit der Zeit zu einer Reihe von Beeinträchtigungen: Gedächtnis- und Konzentrationsstörungen, Abnahme der Leistungsfähigkeit und Vitalität, »Ameisenkribbeln« oder Taubheitsgefühle in den Gliedmaßen und anderes mehr. In einem fortgeschrittenen Stadium können sich dann lebensbedrohliche Aderverschlüsse bilden, die im schlimmsten Fall mit einem Herzinfarkt oder Gehirnschlag enden.

Die Adern werden wieder frei

Die Erfahrungen von Menschen, die regelmäßig Apfelessig zu sich nehmen, lassen darauf schließen, dass ihre Durchblutung wieder vermehrt in Schwung kommt und die Adern von hinderlichen Kalkablagerungen befreit werden. Zumindest scheint ein Fortschreiten derartiger Beeinträchtigungen wirksam verhindert zu werden. Nach ihren Berichten fühlen sie sich nach einiger Zeit frischer, vitaler und auch leistungsfähiger. Ihr Gedächtnis verbessert sich insgesamt, und kalte oder häufig eingeschlafene Füße und Hände fühlen sich wieder warm und lebendig an.

Bis zu einem gewissen Grad ist die durchblutungsfördernde Wirkung des Apfelessigs bewiesen. Das Pektin im Apfelessig bindet schädliches Cholesterin und macht das Blut dadurch fließfähiger. Das wirkt sich auch auf den Zustand der Blutgefäße selbst aus, da die »Kalkablagerungen« in den Adern nicht nur aus Kalzium, sondern auch aus Cholesterin bestehen. Inwieweit die Kalziumbestandteile der schädlichen Ablagerungen vom Essig direkt angegangen werden, ist wissenschaftlich noch nicht untersucht und daher medizinisch auch noch nicht offiziell anerkannt. Dr. D.C. Jarvis war jedoch von diesem Effekt absolut überzeugt. Er schrieb: »Durch diese natürliche Säure wird jede eventuelle Ablagerung von Kalzium wieder aufgelöst. Wiederholt man dies Tag für Tag, so bleiben die Blutgefäße frei von Kalziumablagerungen.«

Neues aus der Arterioskleroseforschung

Erst vor wenigen Jahren wurde ein Abbauprodukt aus dem Eiweißstoffwechsel namens Homozystein als Ursache der Arteriosklerose bzw. Aderverkalkung ausgemacht. Das Homozystein kann an den Arterieninnenwänden winzige Wunden verursachen. Diese Mikroverletzungen werden dann mit Wülsten aus Cholesterin und Kalzium bedeckt, um die Gefäßwände wieder zu kitten. Werden solche Ablagerungen zu dick, kann es zu Behinderungen des Blutflusses bis hin zum Verschluss der Arterie kommen.

Neben dem Rauchen, das solche Ablagerungen in ihrem Wachstum begünstigt, haben vor allem hohe Cholesterinwerte und zu viel eiweißhaltige Lebensmittel mit Schuld an der Arteriosklerose.

Bakterien unter Verdacht

Regelmäßige Aspiringaben sollen das Infarktrisiko senken: Es wird diskutiert, ob auch in diesem Fall die Säure des Aspirins (Azetylsalizylsäure) eine Abtötung der Chlamydien bewirkt.

Jetzt, so ist man aufgrund von Untersuchungen mehrerer Universitäten überzeugt, »muss die Geschichte der Arteriosklerose neu geschrieben werden«.

Bakterien, die erst einmal die Atemwege befallen (Chlamydia pneumoniae) scheinen eine Mitschuld an den Gefäßablagerungen zu tragen. Die Bakterien gelangen ins Blut und wurden auch in den Gefäßverkalkungen von Arteriosklerosekranken nachgewiesen. Höchstwahrscheinlich sind diese Erreger die Ursache des Übels, obwohl die Wissenschaftler nach wie vor davon überzeugt sind, dass auch zu hohe Cholesterinwerte und das Rauchen ihren Teil dazu beitragen. Sollte die Bakterientheorie in Zukunft vollständig bewiesen werden können, ergäbe sich eine zusätzliche Schlussfolgerung. Vielleicht beruht die positive Wirkung von Essig bzw. Essigsäure innerhalb unserer Blutgefäße auf der antibakteriellen Wirkung von Essig. Möglicherweise können die Chlamydien, wie viele andere Bakterien auch, einen Angriff durch die Essigsäure nicht überleben.

Den Stoffwechsel ankurbeln

Stärke gehört zu den Kohlenhydraten und ist wesentlicher Bestandteil aller Getreideprodukte, Kartoffeln und Hülsenfrüchte.

Es steht außer Frage, dass die Mineralstoffe, Spurenelemente und Vitamine, die Apfelessig enthält, für unser Stoffwechselgeschehen unentbehrlich sind. Ohne Kalium beispielsweise würde unser gesamter Zellstoffwechsel nicht funktionieren. Doch diese Vitalstoffe ließen sich – wenn auch in anderer Zusammensetzung – ebenso aus anderen Nahrungsmitteln beziehen. Die anregende und erfrischende Wirkung des Apfelessigs basiert aber auf einer zusätzlichen Komponente: der Essigsäure. Sie ist einer der wichtigsten Motoren für unseren Stoffwechsel. Und gerade die Kombination der Essigsäure mit den übrigen im Apfelessig enthaltenen Wirkstoffen ist optimal darauf abgestimmt, unser Stoffwechselgeschehen zu aktivieren.
Das fängt schon im Mund an. Der saure Geschmack der Essigsäure und das Aroma der Äpfel lassen einem das Wasser im Mund zusammenlaufen. Das bedeutet, die Produktion von Speichel wird dadurch angeregt, was für den gesamten Verdauungsprozess von Bedeutung ist. Speichel verflüssigt die aufgenommene Nahrung, was ihren Weitertransport erleichtert.
Außerdem sind im Speichel in großer Zahl Amylasen enthalten. Das sind stärkeaufspaltende Enzyme. Mit Hilfe der Amylasen wird die Stärke in so genannte Einfachzucker wie Glukose (Traubenzucker) zerlegt. Glukose ist einer unserer wichtigsten Energielieferanten. Erst in Form von Einfachzuckern kann Stärke vom Dünndarm resorbiert und dem übrigen Organismus zugeführt werden. Die Verwertung von stärkehaltiger Nahrung wird wirksam erleichtert, wenn man seine Speicheldrüsen mit Apfelessiggaben stimuliert.

Die Enzymausschüttung wird angeregt

Auch die Bauchspeicheldrüse wird von essigsauren Speisen und Getränken zu vermehrter Produktion von Verdauungssäften angeregt. Das hat schon der russische Natur- und Verhaltensforscher Iwan Petrowitsch Pawlow (1849–1936) nachgewiesen. Das Pankreas, wie diese ca. 80 Gramm schwere Drüse auch genannt wird, gibt Bauchspeichel an den Dünndarm ab. Darin sind Enzyme wie Trypsin oder Aminopeptidasen enthalten, die Eiweiß verdauen, oder Lipasen und Lezithinasen, die Fett aufspalten.

Damit helfen Apfelessiggaben und das Würzen mit Essig dem Organismus, auch Fette und Eiweiße, die in Fleisch, Fisch, Milch, Milchprodukten oder Eiern enthalten sind, besser zu verwerten. Neueren Untersuchungen zufolge soll gerade die Stimulation fettaufspaltender Enzyme durch Apfelessig beim Abnehmen helfen und so eine zusätzliche Unterstützung bei der Diät bieten. Zudem macht die Essigsäure Speisen wie Fleisch, Wild, Getreide oder Hülsenfrüchte weicher und bekömmlicher und trägt so dazu bei, ihre Verwertung durch den Körper wesentlich zu erleichtern.

Essigsäure – ein Lebenselixier

Den Nobelpreis für Medizin erhielt 1953 der deutsch-britische Biochemiker Hans Adolf Krebs, dem wir die Erkenntnisse über die Essigsäure als unverzichtbarem Zwischenprodukt des Stoffwechsels verdanken.

Essigsäure ist nicht nur ein Bestandteil von Essig und in dieser Form ein Lebensmittel, sondern auch ein körpereigenes Produkt. Das bedeutet, unser Organismus stellt selbst Essigsäure her. Das ist übrigens nicht nur bei uns Menschen so. Die meisten lebenden Organismen müssen Essigsäure erzeugen, um ihr Stoffwechselgeschehen aufrechtzuerhalten.

Beinahe alle biochemischen Umwandlungen von Stoffen, die sich innerhalb von Lebewesen vollziehen, werden über das Zwischenprodukt Essigsäure geleitet. Man könnte fast sagen, Essigsäure ist ein Dreh- und Angelpunkt des Lebens. Denn ohne Umwandlung von aufgenommenen Stoffen in verwertbare körpereigene Stoffe könnte kein Organismus existieren.

Beim Menschen werden beispielsweise fast alle Fettsäuren, die aus Nahrungsfetten stammen, bei der weiteren Aufspaltung einmal in Essigsäure verwandelt. Bei jemandem, dessen Kalorienbilanz ausgeglichen ist, der also weder zu- noch abnimmt, werden aus einem Gramm Fettsäuren etwa zwei Gramm Essigsäure gebildet, die dann im Körper weiterverarbeitet wird. Bei der Umwandlung von Kohlenhydraten verwandeln sich etwa zwei Drittel der aufgenommenen Menge in Essigsäure, bis es zu weiteren Umwandlungsprozessen kommt.

Bei diesen und anderen Stoffwechselvorgängen entstehen bis zu 100 Gramm Essigsäure im Körper – und zwar jeden Tag. Das ist wesentlich mehr, als wir je mit der Nahrung aufnehmen könnten, auch bei zahlreichen mit Essig zubereiteten Gerichten.

Der Säure-Basen-Haushalt

Unsere Körperflüssigkeiten wie Blut, Zell- oder Gewebeflüssigkeit (Lymphe) haben einen bestimmten pH-Wert. Dieser Wert gibt an, ob eine Flüssigkeit sauer oder alkalisch reagiert. Beim Blut bewegt sich der pH-Wert zwischen 7,37 und 7,43. Damit ist es leicht alkalisch – Säuren weisen einen pH-Wert unter 7 auf. Bestimmte Puffermechanismen und die Entgiftungsorgane des Körpers (Lunge, Darm, Nieren, Schweißdrüsen) sorgen dafür, dass der pH-Wert der Körperflüssigkeiten stets konstant bleibt. Überschüssige Säuren und Basen werden rasch neutralisiert oder ausgeschieden. Krankhafte Abweichungen vom nötigen pH-Wert (Alkalose, Azidose), die sehr selten sind, können beträchtliche Funktionsstörungen des Organismus oder gar den Tod zur Folge haben.

Das Gleichgewicht ist entscheidend

Die Lebensmittel, die wir zu uns nehmen, können im Organismus entweder Säure bildend, alkalisch oder neutral wirken. Besonderes Augenmerk kommt den Säurebildnern zu, da es sich hierbei um Lebensmittel handelt, die heutzutage von vielen im Übermaß genossen werden. Beispielsweise Fleisch, weiße, ausgemahlene Mehle, Zucker, Süßigkeiten, Kaffee oder auch Alkohol stehen in starkem Verdacht, eine schädliche Übersäuerung im Organismus erzeugen zu können. Übersäuerung wird als Ursache für vielfältige Beschwerden angesehen, die von leichten Befindlichkeitsstörungen bis hin zu Herzerkrankungen reichen können. Eine Reihe von Ernährungswissenschaftlern ist jedoch davon überzeugt, dass eine ernährungsbedingte Übersäuerung nur bei ernsten Erkrankungen der Ausscheidungsorgane eintreten kann. Ansonsten habe unser Organismus, wenn er ausreichend mit Flüssigkeit versorgt wird, genügend Möglichkeiten, überschüssige Säuren abzubauen.

Reine Essigsäure ist gefährlich. Bereits die nur 25-prozentige Essigessenz kann beim Verschlucken zu Verätzungen von Speiseröhre, Magen und Darm führen.

Essig übersäuert nicht

Wer dennoch auf ein gesundes Säure-Basen-Gleichgewicht besonders achten möchte, muss sich wegen des Apfelessiggetränks oder überhaupt dem Würzen mit Essig keine Sorgen machen. Man könnte natürlich annehmen, dass die eindeutig saure Essigsäure auch zu einer Übersäuerung im Organismus beiträgt.

Doch dem ist nicht so. Die Essigsäure wird im Rahmen des Zellstoffwechsels zu Kohlendioxid und Wasser verbrannt. Das Kohlendioxid wird dann von den Lungen abgeatmet, das Wasser ausgeschieden. Was zurückbleibt, sind die vielfältigen Mineralstoffe des Apfelessigs. Diese Mineralstoffe wirken aber ausschließlich Basen bildend bzw. alkalisch. Nur wer beispielsweise täglich einen ganzen Liter Essig zu sich nehmen würde, müsste damit rechnen, dass die Essigsäure schon im Verdauungstrakt, also vor einer Verwertung im Zellstoffwechsel, als Basenräuber tätig würde. Doch bei normalem Konsum sind Apfelessiggaben gerade für Menschen, die einer Übersäuerung entgegenwirken wollen, hilfreich und erfahrungsgemäß zu empfehlen.

Die Vitalstoffe im Apfelessig

»Sauer macht lustig«: Dieser Spruch stammt aus Zeiten, in denen Frischkost rar war und man nur zu festlichen Anlässen »ans Eingemachte«, an die Sauerkonserven, ging.

Die einzelnen Apfelessige sind Naturprodukte und sind, wie alle Lebensmittel, die aus Früchten gemacht werden, in der Zusammensetzung nicht immer gleich. Es gibt Äpfel, die reich an Vitaminen sind, und solche, die weniger davon enthalten. Je nach Apfelsorte variiert der Gehalt an Fruchtsäuren und Zucker und je nach Standort und Bodenbeschaffenheit des Anbaugebiets weisen die Mineralstoffe und Spurenelemente der Äpfel unterschiedliche Milligrammbeträge aus. Folglich variieren auch die Analysen von Apfelessigen, was ihre Inhaltsstoffe anbelangt. Doch solche natürlichen Schwankungen sind, was den gesundheitlichen Nutzen betrifft, nicht überzubewerten. Viel wichtiger ist, dass die Inhaltsstoffe der Äpfel überhaupt in den Apfelessig übergehen konnten, dass der Essig auf schonende Weise hergestellt und nicht chemisch behandelt wurde. Dann ist der Apfelessig naturtrüb und nicht klar, dann enthält er alles, was auch in Äpfeln zu finden ist.
Wer sich diesbezüglich ganz sicher sein will, setzt am besten selbst Apfelessig an (siehe Seite 184f.). Es werden aber auch viele gute naturtrübe Apfelessige im Handel angeboten. Und selbst die »geschönten« klaren Apfelessige stehen noch relativ gut da.

Keine Schadstoffe festgestellt

Bei jüngsten wissenschaftlichen Laboranalysen von handelsüblichem Apfelessig wurden keinerlei Pflanzenschutzmittel wie Chlorkohlenwasserstoffe, organische Phosphorsäureester, Triazine o. Ä. festgestellt. Dies ist bei Naturprodukten mittlerweile fast genauso wichtig wie die Forderung nach möglichst vielen gesunden Inhaltsstoffen.

Die Trübung ist Qualitätsmerkmal

Für praktisch jede Art von Apfelessig ist auch ein relativ hoher Gehalt an Mineralstoffen nachgewiesen. Im Einzelnen wurden festgestellt:

- Kalium (100–140 Milligramm pro 100 Milliliter)
- Kalzium (8–12 Milligramm pro 100 Milliliter)
- Magnesium (5–7 Milligramm pro 100 Milliliter)
- Natrium (1,5–3 Milligramm pro 100 Milliliter)

Hinzu kommt Asche mit ca. zwei bis vier Gramm pro Liter, die in unserem Organismus als Ballaststoff wirkt und eine darmschützende Funktion hat. Eine Reihe der im Folgenden aufgeführten Vitalstoffe, vor allem der Vitamine, sind aber nur in naturtrübem Apfelessig aus gutem Obst enthalten. Apfelessig ist also nicht gleich Apfelessig. Und bedenken Sie auch, die positiven Wirkungen von Apfelessig beruhen auf Erfahrungen. Sollte ein bestimmter Apfelessig nicht die gewünschten Resultate bringen, versuchen Sie es mit einem anderen – die Auswahl an verschiedenen Marken ist sehr groß.

Apfelessig immer kühl (unter 20 °C) und dunkel lagern, um die lichtempfindlichen Vitamine zu schonen. Am besten ist er in getönten Flaschen aufgehoben.

Fitmacher Vitamine

In gutem Apfelessig finden sich die Vitamine A, B1, B2, B6, B12, C, E, Beta-Karotin und Vitamin P (z.B. Rutin). Vitamine sind lebensspendende Substanzen, genauer gesagt Moleküle unterschiedlicher Größe und Struktur, ohne die unser Stoffwechsel nicht funktionieren würde. Das Billionenheer unserer Körperzellen braucht die Vitamine, um all seine Aufgaben erfüllen zu können. Ohne Vitamine würden die Zellen absterben.

Vitamine müssen wir größtenteils mit der Nahrung aufnehmen. Bei einem Mangel kommt es erst zu Befindlichkeitsstörungen wie Schlappheit, Müdigkeit, Hautproblemen und Konzentrationsmängeln und dann im weiteren Verlauf zu ernsten Erkrankungen des Bluts, der Haut, der Augen oder zu den klassischen Vitaminmangelerkrankungen Skorbut, Rachitis oder Beriberi.

Ohne Vitamine können wir nicht leben. Das kommt schon im Namen zum Ausdruck, der vom lateinischen Wort »vita« für Leben abgeleitet ist.

Obwohl man heute mit so genannten Femtogrammen in der Lage ist, Vitaminmoleküle bis zu einem Gewicht von nur einem Billiardstel Gramm nachzuweisen, ist noch längst nicht vollständig geklärt, was alles bei der Vitaminverwertung im Körper geschieht. Zu kompliziert sind die vielfältigen Wechselwirkungen und Nebeneffekte.

Schach dem Alter mit Antioxidanzien

Antioxidanzien sind Substanzen, die unsere Körperzellen vor »freien Sauerstoffradikalen« schützen. Solche Radikale sind spezielle Sauerstoffmoleküle, die aggressiv auf die Zellhüllen einwirken. Schuld am Entstehen der Radikale sind erhöhte Umweltbelastungen durch Ozon, Stickoxide und Pestizide, aber auch bestimmte Stoffwechselvorgänge innerhalb unseres Körpers.

Den effektivsten Schutz dagegen bietet das D-alpha-Tokopherol. Es hat von allen Antioxidanzien die stärkste Wirkung im menschlichen Organismus. Es gehört neben sechs anderen Tokopherolen bzw. Tokopherolverbindungen zu einer Vitamingruppe, die allgemein als Vitamin E bezeichnet wird. Diese Tokopherole lagern sich in den Zellmembranen ein und fangen die angreifenden freien Radikale ab, bevor diese den Zellen schaden können.

Doch nicht nur unsere Körperzellen, sondern auch bestimmte Enzyme werden innerhalb unseres Organismus mit Hilfe der Tokopherole vor den angriffslustigen Radikalen bewahrt. Je schwächer der Vitamin-E-Schutz ist, desto eher kommt es zu Zellschädigungen, Alterserscheinungen und auch einem höheren Krebsrisiko. In der modernen Altersforschung geht man sogar davon aus, dass Zellschädigungen durch freie Radikale ein wesentlicher Grund für das Altern an sich sind. Altersflecken auf der Haut, erschlaffende Gewebe, Muskelschwäche, ständige Müdigkeit, Antriebsschwäche und nicht zuletzt eine reduzierte Leistung der Gehirnzellen können Ausdruck solcher Zellschädigungen sein.

Die Mischung machts

Besonders reich an Vitamin E sind beispielsweise Sonnenblumenkerne und Mandeln oder kalt gepresste Pflanzenöle aus Weizen, Sonnenblumenkernen, Soja oder Mais. Apfelessig enthält auch Vitamin E, aber beileibe nicht so viel, dass er als regelrechte Vitamin-E-Therapie eingesetzt werden könnte.

Doch im Fall des Apfelessigs erklärt sich der Vorbeugeeffekt gegenüber vorzeitigem Altern durch etwas anderes. Apfelessig enthält nicht nur Vitamin E, sondern auch die Vitamine A, C und Beta-Karotin. Auch diese Vitamine sind als Antioxidanzien im Organismus tätig und fungieren als wirksame »Radikalefänger«. Die Mischung der Vitamine E, C, A und Beta-Karotin im Apfelessig kann Alterungsprozesse deshalb so wirkungsvoll hinauszögern, weil es in erster Linie auf die Kombination dieser Antioxidanzien ankommt.

Die fettlöslichen Vitamine A, E und Beta-Karotin können vom Körper nur in Verbindung mit Fett aufgenommen werden. Die Vitamine C, P und die B-Gruppe dagegen sind wasserlöslich.

Mikroskopaufnahme von Vitamin E in polarisiertem Licht. Dieses Vitamin schützt zusammen mit anderen Inhaltsstoffen des Apfelessigs die Körperzellen wirkungsvoll vor den aggressiven freien Radikalen. Sie sind mit ein Grund für frühzeitiges Altern.

Für gesunde Augen und schöne Haut

Geraspelte Karotten mit einem Dressing aus Apfelessig und einem guten Salatöl sind eine richtige Vitamin-A-Bombe, die unser Immunsystem in Hochform bringt.

Sicherlich kennen Sie die alte Scherzfrage: »Weißt du, warum Karotten so gut für die Augen sind? Nein? Na, hast du schon einmal ein Kaninchen mit Brille gesehen?« Der wahre Kern des Witzes steckt im Vitamin A. Karotten enthalten sehr viel davon. Ohne Vitamin A könnten wir mit unseren Augen nichts wahrnehmen. Denn nur mit Hilfe dieses Vitamins bilden sich in den Netzhautstäbchen der Augen Rhodopsinmoleküle, die für die Sehfähigkeit unentbehrlich sind.

Die Bildung des »Sehpurpurs« ist kein einmaliger Vorgang, sondern geschieht praktisch in jeder Sekunde aufs Neue. Sobald Licht auf die Netzhaut trifft, wird Rhodopsin verbraucht und anschließend erneut gebildet. Deshalb ist eine regelmäßige Versorgung mit Vitamin A, zu der auch Apfelessig beitragen kann, unerlässlich. Zudem verhindert Vitamin A ein Austrocknen aller Schleimhäute im Körper, also auch der Bindehaut in den Augen, und beugt damit Bindehautentzündungen wirksam vor.

Stütze des Immunsystems

Weniger bekannt ist, dass Vitamin A auch eine wichtige Rolle bei der Stärkung unseres Immunsystems spielt. Denn Vitamin A fördert nachweislich das Wachstum der Thymusdrüse, die im vorderen Brustraum liegt, dort, wo man hintippt, wenn man »Ich« sagt. Diese Drüse steuert die Produktion von Abwehrzellen, die eingedrungene Krankheitserreger bekämpfen. Vitamin A ist auch wichtig für die Gesundheit unserer Haut und insgesamt für ein frisches Aussehen. Ein Mangel an Vitamin A zeigt sich beispielsweise in trockener Haut, Ausschlägen, Hautinfektionen und brüchigen Nägeln oder schlechtem Haarwuchs.

Wenn Sie mit Karotten, Spinat oder auch Apfelessig Vitamin-A-Mängel ausgleichen wollen, müssen Sie etwas Geduld aufbringen. Nach Ansicht der Biochemiker dauert es mehrere Wochen, bis sich der Vitamin-A-Spiegel im Organismus deutlich erhöht hat und seine Wirkung spür- und sichtbar wird. Doch die Ausdauer lohnt sich: Es ist zwar einfacher, sich Vitamin A als Tablette in der Apotheke oder Drogerie zu kaufen, aber nach wie vor bestehen Zweifel, ob der Körper Vitamine nicht weitaus besser aufnimmt, wenn man sie ihm in Form von naturbelassenen Nahrungsmitteln zuführt.

Lebenswichtige Mineralstoffe und Spurenelemente

In Apfelessig finden sich etwa 20 Mineralstoffe und Spurenelemente. Von solchen Stoffen benötigen wir in der Regel nur sehr kleine Mengen, eben nur »Spuren«. Doch ganz ohne diese Stoffe gäbe es kein Wachstum, keine Muskel- und Herztätigkeit, keinen Zellstoffwechsel, keine Knochenstabilität, keine Gehirn- und Nervenfunktionen und keinen lebenserhaltenden Stoffwechsel. So schützen beispielsweise die Spurenelemente Selen, Kupfer und Zink das Immunsystem. Sie binden die aggressiven freien Radikale, die Zellwände schädigen und zerstören können. Diese entstehen durch Umweltgifte, radioaktive Belastung, Sonnen- und Ozoneinwirkung, Smog und auch Zigarettenrauch. Zink ist enthalten in Fleisch, Getreide, Milch und Käse. Selen und Kupfer kann man sich zuführen durch Fisch, Hülsenfrüchte und Knoblauch. Die Spurenelemente Jod und Eisen fördern die Schilddrüsenfunktion und die Blutbildung. Jodmangel entsteht am ehesten in küstenfernen Gebieten und wird am besten dadurch vermieden, dass man jodiertes Speisesalz verwendet. Die genaue Wirkungsweise vieler Spurenelemente ist immer noch nicht ganz erforscht, da sich die winzigen Mengen nur schwer im Körper nachweisen lassen. Alle Mineralien und Spurenelemente müssen wir mit der Nahrung aufnehmen. Da erweist sich Apfelessig als äußerst reichhaltige Quelle. Viele der positiven Auswirkungen von Apfelessig auf den menschlichen Organismus beruhen auf seiner ausgewogenen Mischung von Mineralstoffen und Spurenelementen, wenn er regelmäßig konsumiert wird und so eine kontinuierliche Versorgung mit diesen Stoffen sicherstellt.

Der Mangel eines bestimmten Spurenelements lässt sich nur schwer nachweisen. Bei einer ausgewogenen und abwechslungsreichen Ernährung ist normalerweise aber keine Zufuhr in Tablettenform nötig.

Die wichtigsten Mineralstoffe im Apfelessig

- Natrium
- Phosphor
- Kupfer
- Fluor
- Kalzium
- Chlor
- Eisen
- Kalium
- Magnesium
- Schwefel
- Silizium
- Bor

Wozu unser Körper diese Stoffe braucht

- Bor und Kalzium sind wichtig bei der Knochenbildung und für den Knochenerhalt, was besonders für Frauen nach der Menopause wichtig ist.
- Magnesium und Phosphor sind mitverantwortlich für die Balance unseres Gefühlslebens, können stimmungsaufhellend wirken und so gegen Depressionen helfen.
- Eisen spielt bei der Sauerstoffversorgung der Zellen eine Rolle, beugt Blutarmut vor und macht uns widerstandsfähiger gegenüber Krankheitserregern.
- Silizium und Schwefel kräftigen das Bindegewebe und bewahren vor vorzeitigen Alterserscheinungen.
- Kalium spielt eine wichtige Rolle für den menschlichen Organismus: Der reibungslose Ablauf von Nieren-, Nerven- und Herzfunktionen, die Versorgung des Gehirns mit Sauerstoff und Glukose sowie die allgemeine Aktivität sämtlicher Muskeln im Körper hängen von ihm ab.

Die Natrium-Kalium-Balance

Dr. D. C. Jarvis schrieb: »In der Volksmedizin gilt Kalium als das wichtigste aller Mineralien. Es ist unentbehrlich für alles Dasein, ja ohne Kalium gäbe es überhaupt kein Leben.«

Die herausragendste Bedeutung des Kaliums liegt aber im Bereich des Zellstoffwechsels. Alle unsere Körperzellen werden ständig mit Flüssigkeit versorgt und geben im Gegenzug Flüssigkeit ab. Das verschafft ihnen Sauerstoff und Nährstoffe und entlastet sie auf der anderen Seite von Zellabfällen. Funktioniert dieser Austauschprozess, bleiben die Zellen gesund und regenerationsfreudig. Verantwortlich dafür sind Kalium und Natrium.

Sind sie ausreichend vorhanden, werden die Zellen gut durchspült, mit Nährstoffen versorgt, und die Gewebe bleiben straff. Besteht Kaliummangel, werden die Zellen geschädigt, gehen zugrunde, und die Gewebe nehmen Schaden. Dies würde natürlich auch für einen Natriummangel gelten. Doch der ist beileibe nicht zu befürchten. Natrium ist in Kochsalz enthalten, was wir alle reichlich verzehren und das im Bereich der Zellen zu Austrocknung und vorzeitigen Alterserscheinungen führt. Apfelessig ist als ergiebige Kaliumquelle äußerst hilfreich, um dem gegenzusteuern. Ein Mangel an Kalium zeigt sich durch Schlappheit, fahle Haut, Kopfschmerzen, Schlafstörungen oder nervöse Beschwerden.

Achten Sie auf kaliumreiche Kost

Die Kaliummenge, die man täglich aufnehmen sollte, beträgt bei Kindern ein bis drei Gramm (1000 bis 3000 Milligramm), bei Jugendlichen und Erwachsenen drei bis vier Gramm. Bei körperlicher Anstrengung und Kaliumverlusten durch Schwitzen erhöht sich der Tagesbedarf entsprechend.

Milligramm Kalium je 100 Gramm

Avocado	500	Kartoffel	440
Bananen	370	Löwenzahn	400
Basilikum	600	Petersilie	1000
Blattspinat	640	Rosenkohl	400
Brokkoli	450	Sellerie	340
Datteln	650	Zuckererbsen	999
Erdnüsse	700	Weizenkleie	1400

Hilfe bei Cholesterinproblemen

Ein zu hoher Cholesterinspiegel im Blut ist eindeutig schädlich, und nicht wenige Menschen haben damit ihre Probleme. Cholesterin ist eine fettähnliche Substanz, die zum Großteil aus tierischen Nahrungsmitteln wie Eigelb, Leber oder Innereien stammt. Ein Übermaß an LDL-Cholesterin, einer speziellen Cholesterinart, verschlechtert die Fließfähigkeit des Bluts und trägt zur allgemeinen Arterienverkalkung bei.

Das kann die Ursache von ständiger Müdigkeit, Konzentrationsstörungen, Gedächtnisschwäche, häufig eingeschlafenen Füßen und zum Teil sehr ernsten arteriosklerotischen Erkrankungen sein. Nicht zuletzt bestehen auch viele Arten von Gallensteinen aus Cholesterinverbindungen.

Bei einer Studie der Universitätsklinik Wien aus dem Jahr 1991 konnte mit reinem Apfelpektin der LDL-Spiegel der Patienten in sechs Wochen um 30 Prozent gesenkt werden.

Pektine senken den LDL-Spiegel

Dem lässt sich vorbeugen. Wer über einen längeren Zeitraum hinweg oder am besten dauerhaft täglich ein Getränk mit naturtrübem Apfelessig einnimmt, führt seinem Organismus reichlich Pektin zu. Pektin ist ein wasserlöslicher Ballaststoff, der erwiesenermaßen das schädliche LDL-Cholesterin recht gut im Zaum halten kann.

VITALITÄT DURCH APFELESSIG

»Apfelessig ist nicht ein Heilmittel für bestimmte Leiden, sondern ein Förderer der Gesundheit an sich«, weiß Cyrill Scott, ein namhafter Apfelessigbefürworter aus den USA. Apfelessig stärkt die Abwehrkräfte, regt den Stoffwechsel an, gleicht den Mineralstoffhaushalt aus und bringt die Verdauung in Schwung. Das macht es den verschiedensten Krankheitserregern schwerer, sich im Organismus auszubreiten. Eine Kur mit Apfelessig vitalisiert darüber hinaus den ganzen Menschen, bringt Schwung, Lebenskraft und gute Laune. Sie ist ideal bei Frühjahrsmüdigkeit, Novemberdepressionen und allgemeinen Erschöpfungszuständen, wenn man sich nach großer Anstrengung »ausgepowert« fühlt und wieder Kraft schöpfen muss.

Besonders auf die Wetterumschwünge im Frühjahr und Herbst reagiert der Körper mit vermehrter Infektanfälligkeit. Hier können Apfelessigkuren vorbeugend wirken.

Kurmäßige Anwendung

Die Volksmedizin empfiehlt Apfelessigkuren bei rheumatischen Erkrankungen, Gelenkschmerzen, Erkältungskrankheiten, Verdauungsstörungen, dauernden Kopfschmerzen, leichten Durchblutungsstörungen, chronischer Müdigkeit, Schwindelgefühlen, chronischem Gesichtsschmerz, häufigen Halsschmerzen und Halsentzündungen, allgemeiner Krankheitsanfälligkeit und Wetterfühligkeit. Wer immer wieder wegen Blasen- oder Nierenbeckenentzündungen in Behandlung ist, kann es mit der Apfelessigkur versuchen. Wenn Alterserscheinungen stärker sind, als den Lebensjahren nach angemessen wäre, ist sie ebenfalls angebracht. Zur Unterstützung von Diäten und Entschlackungskuren hat sich das regelmäßige Apfelessiggetränk auch gut bewährt. Von einer kurmäßigen Anwendung kann man allerdings erst sprechen, wenn Sie mindestens acht Wochen lang regelmäßig ein- bis zweimal täglich Apfelessig als Getränk zu sich nehmen, das Sie auch mit Honig süßen können. Besser noch ist, Sie machen es zur lebenslangen, gesunden Gewohnheit.

Lindernd und heilsam

Auch wenn sich bereits Krankheitssymptome bemerkbar machen, haben Apfelessigkuren noch einen Sinn. Apfelessig ist zwar kein »Allheilmittel«, kann aber, so Cyrill Scott, »bei einem sehr breiten Spektrum von Krankheiten sehr nützliche Dinge tun«. Am besten beginnen Sie schon bei den allerersten Beschwerden damit. Doch auch wenn sich die Beschwerden einmal zu einer Krankheit ausgeweitet haben, können Sie weiterhin regelmäßig Ihr Apfelessiggetränk einnehmen, als Ergänzung zur ärztlich verordneten Therapie. In allen Zweifelsfällen sollten Sie Ihren Arzt zunächst um Rat fragen.

Wenig Aufwand – viel Nutzen

Honig ist nicht gleich Honig: Reiner Schleuderhonig, der nicht erhitzt wurde, ist die beste Wahl. Sie erkennen ihn daran, dass er im Glas auskristallisiert.

Eine Apfelessigkur braucht wenig Zeit und Umstände. Dafür bringt sie eine ganze Menge. Das Grundrezept lautet: Sie mischen zwei Teelöffel Apfelessig und je nach Geschmack ein bis zwei Teelöffel Honig in einem Glas Wasser. Diese leicht säuerlich schmeckende Mischung trinken Sie täglich nach dem Aufstehen, am besten vor dem Frühstück (wer einen besonders empfindlichen Magen hat, erst danach). Man nimmt immer nur einen kleinen Schluck, so wie man heißen Kaffee trinkt. Doch auch die Apfelessig-Honig-Therapie kann keine Wunder über Nacht bewirken. Kurmäßig sollten Sie deshalb den Apfelessigmix über einen längeren Zeitraum, mindestens aber acht Wochen lang regelmäßig trinken.

Die richtige Dosis

Wie viel Apfelessig Sie in ein Glas Wasser geben, müssen Sie selbst entscheiden. Die von der Volksmedizin empfohlene Menge kennen Sie bereits. Manche mögen etwas mehr, einen kräftigen Schuss etwa, andere weniger, nur einen Teelöffel. Wieder andere mischen Apfelessig und Wasser im Verhältnis eins zu eins. Durch ein bis zwei Teelöffel Honig im Getränk lässt sich die gesundheitliche Wirkung noch steigern. Denn in Honig gehen alle Inhaltsstoffe des natürlichen Blütennektars über. Das sind beispielsweise Vitamin C, mehrere Vitamine der B-Gruppe, Säuren und zahlreiche Mineralstoffe. Außerdem Traubenzucker, der vom Körper direkt in Energie umgewandelt werden kann. Wer Diabetiker ist, Kalorien zählen muss oder Honig nicht mag, wird darauf verzichten oder auf Süßstoff ausweichen.

Fassen Sie eine Apfelessigkur ins Auge, wenn

- Sie feststellen, dass Ihr Gedächtnis immer schlechter wird, Sie immer länger brauchen, sich zu entscheiden, ob Sie etwas tun oder lassen wollen.
- Sie schneller erschöpft sind als früher, ohne ein Nickerchen tagsüber gar nicht mehr über die Runden kommen, dafür aber nachts stundenlang wachliegen.
- Sie oft deprimiert sind, eigentlich ohne Grund.
- Sie mehrere Male in der Nacht aufwachen, weil Sie auf die Toilette müssen.
- Sie wenig Lust verspüren, etwas zu unternehmen.
- Sie schreckhaft und nervös sind.
- Sie ständig kalte Füße oder Hände haben, öfter erkältet und ganz allgemein krankheitsanfällig sind.
- Mehr Haare als gewöhnlich im Kamm zurückbleiben.
- Ihnen oft schwindlig wird, ohne dass medizinische Gründe dafür vorliegen.
- Sie oft keinen Appetit verspüren.
- Sie den Fernseher immer lauter einstellen müssen, weil sich Ihr Gehör verschlechtert.
- Ihre Augen beim Lesen oder Fernsehen rasch ermüden.
- Ihr Blick glanzlos ist.
- Sie immer wieder lästige Probleme mit der Verdauung haben, sei es durch Stuhlträgheit, Verstopfung oder Durchfall, Sodbrennen oder Blähungen.
- Sie sich nicht mehr richtig entspannen können.
- Sich vermehrt Hühneraugen und Hornhaut an den Fußsohlen bilden, sich die Fingernägel verfärben oder leicht abbrechen.
- Wunden langsam verheilen.
- Beim Laufen und Treppensteigen die Gelenke schmerzen.
- Haut und Kopfhaut oft jucken, nervöse Tics wie Zucken der Augenlider oder Mundwinkel auftreten oder Sie öfter Muskelkrämpfe haben, besonders nachts.
- Sie in letzter Zeit stärker gealtert sind, als es Ihren Lebensjahren nach angemessen wäre.

Bei empfindlichem Magen: Manche reagieren auf das Apfelessiggetränk auf nüchternen Magen mit Sodbrennen. Trinken Sie Ihren Drink dann einfach nach dem Frühstück.

Die Sieben-Tage-Entschlackungskur

Wählen Sie für Ihre Kur möglichst eine Woche, in der Sie nicht überbelastet sind durch Beruf oder Familie. Sie müssen damit rechnen, sich zunächst nervös oder schlapp zu fühlen.

»Gib dem Winter Saures« titulierte eine Zeitschrift ihre Empfehlung, mit einer Apfelessigkur nach der kalten Jahreszeit wieder auf Touren zu kommen. In solchen Phasen größerer Belastung sind wir auf eine ausreichende Versorgung mit Vitaminen und Mineralstoffen angewiesen. Beides liefert Apfelessig; außerdem enthält er erfrischende Essigsäure.

Darüber hinaus sorgt speziell das Kalium im Apfelessig und insgesamt gesehen seine nieren- und verdauungsanregende Wirkung für eine bessere Entwässerung des Organismus. Das kommt allen Entschlackungsprozessen zugute und hilft bei jeder Frühjahrskur.

Wer fastet, eine Diät macht oder mit Saunagängen und Bürstenmassagen den Altlasten des Winters zuleibe rückt, sollte dazu täglich ein Glas verdünnten Apfelessig trinken. Dieser Cocktail potenziert die Entschlackungsmaßnahmen und garantiert zugleich die nötige Versorgung mit Vitalstoffen. Auch das morgendliche Abreiben mit Essigwasser hilft Haut und Organismus, wieder frisch und lebendig zu werden. Zudem entfaltet der Apfelessig eine leicht darmreinigende Wirkung, was ein wesentlicher Bestandteil aller Arten von Entschlackungskuren ist.

Wer sollte entschlacken?

Schlacken nennt man im Volksmund Rückstände und Abfallstoffe aus dem Stoffwechselgeschehen, deren Abtransport behindert ist und die sich als Ablagerungen im Verdauungstrakt, im Blut, in den Muskeln, Gelenken, praktisch in allen Geweben und auf der so genannten Transitstrecke zwischen Blut- und Körperzellen festsetzen.

Die Ursachen dieser Verschlackung sind dauerhafte Fehlernährung, chronische Darmträgheit sowie ein Mangel an Bewegung. Bei der Ernährung schadet besonders ein Übermaß an Eiweiß, Fetten, Kaffee, Alkohol, Süßigkeiten und auch Tabakgenuss.

Auch Umweltgifte, die in der Nahrung oder der Luft enthalten sind, und eine übermäßige Giftstoffzufuhr, die von Drogen-, Alkohol- oder Medikamentenmissbrauch herrührt, sind in diesem Zusammenhang zu nennen.

Wenn zu viel zusammenkommt, sind die vier großen Ausscheidungsorgane Darm, Lunge, Nieren und Haut überfordert. Die Schlacken und Giftstoffe werden dann nicht mehr auf normalem Weg über diese Organe beseitigt, sondern im Organismus abgelagert, was mit der Zeit zu Beschwerden führen kann:

- Spannungsschmerzen in Schulter und Nacken
- Gelenkschmerzen
- Verdauungsstörungen
- Allgemeines Unwohlsein (schlechte Laune, Überdrüssigkeit etc.)
- Rheumatische Erkrankungen, Arteriosklerose (Aderverkalkung), Infektanfälligkeit, Bronchitis, Fisteln, Furunkel usw.

Den Stoffwechsel mobilisieren

Während einer Entschlackungskur sollen alle Ausscheidungsorgane des Körpers zur vermehrten Ausleitung von Schlacken und Giftstoffen angeregt werden.

Für den Darm geschieht dies durch eine reduzierte Nahrungsaufnahme bzw. durch eine bewusste Auswahl von Nahrungsmitteln. Die Nieren sollen mit viel Trinken zu einer erhöhten Ausscheidung gebracht werden. Die Haut wird durch regelmäßige Bewegung, Saunagänge oder andere Schwitzmaßnahmen aktiviert, die Lunge mit Atemübungen oder ausgiebiger Bewegung an der frischen Luft.

Wenn Sie feststellen, dass Sie während der Kur stärker schwitzen, ist das ein Zeichen, dass Ihre Haut vermehrt Schlacken und Giftstoffe ausscheidet.

Durch die tägliche Einnahme des Apfelessiggetränks werden sämtliche Ausscheidungsprozesse unterstützt. So hilft das Kalium im Apfelessig, giftige Abfallstoffe aus dem Zellstoffwechsel abzutransportieren, die dann über die Ausscheidungsorgane aus dem Körper gelangen. Die Essigsäure vernichtet schädliche Fäulnisbakterien im Darm und verbessert damit die Ausscheidungsleistung des Darms, der nicht nur Nahrung verdaut, sondern auch Schlacken und Gifte aus dem Zellstoffwechsel, der Lymphe und dem Blut abtransportiert. Die Nierenleistung wird von Apfelessig in der Weise verbessert, dass sich die Wasserstoff-Ionen-Erzeugung in den Nieren normalisiert und einer Übersäuerung des Organismus entgegengewirkt wird. Darüber hinaus beugt Apfelessig Mineralstoff- und Vitaminmängeln während einer reduzierten Ernährung vor.

Molke setzt sich auch auf Quark oder Joghurt ab. Schütten Sie diese wertvolle Flüssigkeit nicht weg, sondern rühren Sie sie unter das Milchprodukt, um ihre Biostoffe zu nutzen.

Tip Von der Firma Hensel wird übrigens ein nach Schweizer Originalrezept hergestellter »Apfelessig mit Honig und Molke« angeboten. Molke dient ja allgemein der Vitalitätssteigerung und der inneren Reinigung des Körpers. Dieser Essig ist sehr magenfreundlich und enthält zusätzlich die Heilkräfte von 18 verschiedenen Würzkräutern.

Das bringt die Entschlackungswoche

- Entlastet den Darm
- Reinigt die Ausscheidungsorgane
- Verbessert die Fließfähigkeit des Bluts
- Senkt das schädliche LDL-Cholesterin im Blut
- Belebt die Haut
- Strafft das Gewebe
- Verbessert den Sauerstoffumsatz im Organismus
- Entwässert die Gewebe
- Unterstützt das Abnehmen
- Stärkt das Immunsystem

Was Apfelessig dabei bewirkt

- Führt Vitamine und Mineralstoffe zu
- Wirkt entwässernd
- Regt den Stoffwechsel an
- Nimmt Hungergefühle
- Fördert die Ausscheidung von Schlacken und Giftstoffen
- Beseitigt Fäulnisbakterien im Darm
- Verbessert die Nierenleistung
- Hilft beim Fettabbau

Entschlacken heißt viel trinken

»Die Menschen pflegen der merkwürdigen Auffassung zu sein, dass ihnen etwas Fürchterliches zustößt, wenn sie einmal eine Mahlzeit auslassen. Dabei bedenken sie nicht, dass der Körper genügend Reserven für Notzeiten aufspeichert, um wenn nötig für die Dauer einer durchschnittlichen Unpässlichkeit ganz ohne Nahrung auszukommen«, berichtete D.C. Jarvis aus seiner Praxis. Die Volksmedizin weiß seit jeher, dass einige Tage fasten, also der Verzicht auf jede feste Nahrung, die wirkungsvollste Methode der Entgiftung ist. Mittlerweile hat auch die Schulmedizin diese Tatsache voll bestätigt. An Fastentagen nimmt der Darm keine Nährstoffe auf, sondern ist ganz auf die Ausscheidung von Stoffwechselabfällen konzentriert. Beim Abbau der »Reserven«, beispielsweise beim Entleeren prall gefüllter Fettzellen, werden auch die zahlreichen Giftstoffe, die sich in den Zellen angesammelt haben und uns belasten, ausgeschwemmt.

Besonders ältere Menschen nehmen oft zu wenig Flüssigkeit zu sich. Unser Körper muss die Verluste durch Ausscheidungen über Haut und Blase ständig ersetzen.

Der Magen bleibt nicht leer

Fasten heißt nicht, dass man gar nichts mehr zu sich nimmt. Statt zu essen, wird umso mehr getrunken: das Apfelessiggetränk, verdünnte Obst- und Gemüsesäfte, Gemüsebrühen, Kräutertees oder auch grüner Tee. Auf diese Weise bekommt der Körper lebenswichtige Vitamine, Mineralstoffe und Spurenelemente. Fastentage sind immer Trinktage. Die vermehrte Flüssigkeitszufuhr hilft, die gelösten Gift- und Abfallstoffe besser über Darm, Haut und Nieren aus dem Körper zu schaffen. Deshalb sollte man bei jeder Fasten- und Entschlackungskur an jedem Tag mindestens zwei bis drei Liter Flüssigkeit zu sich nehmen.

Kurprogramm für sieben Tage

Dieses Programm soll nur eine Anregung sein; Sie können es selbstverständlich abwandeln und auf fünf Tage oder ein Wochenende verkürzen. Bitte achten Sie in jedem Fall darauf, dass nach den Fasten- oder Teilfastentagen die normale, alltägliche Ernährung nur sehr langsam wieder aufgebaut werden sollte. Also danach nicht gleich Gänsebraten mit Blaukraut essen, worauf Sie, wenn Sie auf Ihren Körper hören, ohnehin keinen Appetit haben werden. Die eine oder andere Anwendung (Sauna, täglicher Spaziergang oder Apfelessigmassage) könnten Sie vielleicht als gute Gewohnheit noch eine Zeit lang oder sogar dauerhaft beibehalten.

Die Entschlackungskur besteht aus zwei Fastentagen (Trinktagen), worauf drei Teilfastentage (Esstage) und zwei Aufbautage folgen.
An den Teilfastentagen darf man essen, beschränkt sich aber auf wenige, vorwiegend pflanzliche Lebensmittel und Milchprodukte. Solche »Monodiäten« wirken ebenfalls entgiftend, haben aber den Vorteil, dass Kiefer- und Kaumuskulatur nicht brachliegen und man nie das Gefühl hat, auf etwas Wesentliches zu verzichten (wie das am Trinktag schon mal vorkommt). Die Aufbautage dienen dazu, den Körper langsam wieder an die normale Vollkost zu gewöhnen.

Tip Ein Teilfastentag einmal wöchentlich ist eine hervorragende Maßnahme, um Verschlackungen vorzubeugen.

Verlängern Sie auf keinen Fall die Kur auf eigene Faust: Bei einem normalen Tagesprogramm in Beruf und Familie wird Ihr Organismus sonst überlastet.

Der Speiseplan

Erster und zweiter Tag (Trinktage)

Gleich nach dem Aufstehen Trinken Sie in kleinen Schlucken den Apfelessigcocktail, bestehend aus 1 Glas Wasser, 2 Teelöffeln Apfelessig und 1 bis 2 Teelöffeln Honig.

Den Darm reinigen Sie können 1 Stunde später eine intensive Darmreinigungsmaßnahme durchführen, wie sie bei größeren Fastenkuren üblich ist. Dazu verrühren Sie 1 Teelöffel Bitter- oder Glaubersalz (Apotheke) mit 1/4 Liter lauwarmem Wasser. Einige Spritzer Zitrone verbessern den Geschmack. Trinken Sie die Lösung langsam und in kleinen Schlucken. Den bitteren Nachgeschmack können Sie mit ungesüßtem Pfefferminztee hinunterspülen. Es wird schon bald darauf zu 1 bis 2 Darmentleerungen kommen, also in der Nähe der Toilette bleiben, um nicht in plötzliche »Not« zu geraten. Statt durch Bittersalz können Sie Ihren Darm auch durch 1 Glas Molke, Buttermilch oder Sauerkrautsaft auf Trab bringen. Auf jeden Fall ist es wichtig, dass bei einer Entschlackungskur die Darmtätigkeit aktiviert wird. Dadurch wird der Verdauungstrakt von Altlasten gereinigt und davor bewahrt, dass Darmgifte ins Blut übertreten können und Ihnen Beschwerden machen.

Frühstück Trinken Sie 2 Tassen Kräutertee, eventuell mit etwas Honig, oder dünnen Schwarztee mit Zitrone.

Vormittags Zur Wahl stehen 2 Gläser Mineralwasser oder 2 Tassen Kräuter- bzw. Früchtetee und 1 Glas Apfelessiggetränk.

Mittags Nehmen Sie 1/4 Liter klare Gemüsebrühe (Instant oder selbst gemacht, aber ohne Gemüsestücke darin) oder 1/4 Liter Gemüsesaft, eventuell verdünnt mit Mineralwasser, zu sich.
Nachmittags Jetzt gibt es Getränke wie vormittags.
Abends Wählen Sie 1/4 Liter Obst- oder Gemüsesaft, eventuell verdünnt mit Mineralwasser oder Gemüsebrühe wie mittags.
Zusätzlich Trinken Sie über den Tag verteilt beliebig viel Mineralwasser oder ungesüßten Kräutertee; es sollten mindestens 2 bis 3 Liter sein.

Dritter, vierter und fünfter Tag (Esstage)

Nach dem Aufstehen Trinken Sie als Erstes den Apfelessigcocktail. Eine Darmreinigungsmaßnahme mit Glauber- bzw. Bittersalz oder den sanfteren Hausmitteln Sauerkrautsaft oder Buttermilch sollte nur noch erfolgen, wenn Sie keinen Stuhlgang haben.
Vormittags und ***nachmittags*** Wie an den ersten beiden Tagen nehmen Sie nur Flüssiges zu sich.
Früh, mittags und abends Heute dürfen Sie essen. Wählen Sie aus den folgenden Vorschlägen für jeden Tag einen aus:

- Altbackene Semmeln, bis 1/2 Liter Milch, 1/4 Liter Gemüsebrühe
- 2 Pfund Pellkartoffeln in 5 bis 7 Portionen, dazu gedünstetes Gemüse oder Kräuterquark, 1/4 Liter Gemüsebrühe
- 2 bis 3 Pfund Karotten, roh geraspelt oder kurz gegart, immer in Verbindung mit etwas Öl, dazu Pellkartoffeln
- 200 bis 300 Gramm Reis, ohne Salz, als Milchreis mit Obst oder mit gedünstetem Gemüse, 1/4 Liter Gemüsebrühe
- 2 bis 3 Pfund Obst Ihrer Wahl, eventuell Pellkartoffeln (ohne Salz, um die entschlackende Wirkung der Kur nicht zu behindern; greifen Sie stattdessen zu frischen Kräutern).
- 200 Gramm Vollkornweizendiät (Reformhaus, Apotheke) mit frischem Obst, gedünstetem Gemüse oder Joghurt in 5 bis 7 Portionen.
- Morgens Müsli, mittags und abends Rohkostplatte aus frischen Früchten und Gemüse (eventuell leicht gedünstet und mit einem Dressing aus Öl, Apfelessig, Salz, Pfeffer, Ahornsirup oder Honig).

Zusätzlich Trinken Sie Kräuter- oder Früchtetee, Mineralwasser, verdünnte Obst- und Gemüsesäfte – mindestens 2 bis 3 Liter über den Tag verteilt.

Wem Pellkartoffeln zu fad sind: Gut gebürstete, ungeschälte Kartoffeln halbieren, mit der Schnittfläche auf ein geöltes Backblech legen, mit Öl bepinseln und etwa 40 Minuten bei mittlerer Hitze backen. Besonders delikat mit Kümmel bestreut und mit Kräuterquark als Beilage.

Ahornsirup ist der durch Kochen eingedickte Saft der Ahornbäume, den man in hoher Qualität in Vermont produziert. Er enthält wertvolle Biostoffe und schmeckt leicht nach Karamel.

Aufbautage

Den Speiseplan für die Aufbautage können Sie beliebig gestalten. Sie sollten jedoch noch wenig essen und auf leichte Kost achten. Gut wäre es, wenn Sie auf Fleisch verzichten könnten und mit dem Salz sehr sparsam umgehen würden. Der folgende Plan soll nur als Anregung dienen.

Nach dem Aufstehen Bereiten Sie sich den üblichen Morgentrunk mit Apfelessig und Honig.

Frühstück Wählen Sie aus den vorgeschlagenen Varianten eine aus, oder stellen Sie selbst eine zusammen:

- 1 weich gekochtes Ei, Semmel, Knäckebrot und Tee
- Mit Milch gekochte Haferflocken mit Früchten, gesüßt mit Ahornsirup oder Honig, Zimt
- Müsli mit Früchten, dazu Schwarz- oder Kräutertee

Vormittags Essen Sie eine Frucht Ihrer Wahl oder Sauermilchprodukte wie Joghurt oder Quark.

Mittagessen Bereiten Sie sich einen unserer Vorschläge zu:

- Pellkartoffeln und gedünstetes Gemüse
- Dicke Kartoffel-Gemüse-Suppe
- Rohkostplatte mit einem Apfelessigdressing (Öl, Apfelessig, Salz, Pfeffer, Ahornsirup), dazu Pellkartoffeln, eventuell 1 Scheibe Schinken oder Putenbrust

Nachmittags Essen Sie 1 Magermilchjoghurt.

Abendessen Brot mit Käse oder Kräuterquark, Kräutertee.

Zusätzlich Trinken Sie nach wie vor viel Tee oder Mineralwasser, um verbliebene Schlacken auszuschwemmen.

Was die Kur abrundet

Körper- und Schönheitspflege

- Machen Sie täglich morgens eine Trockenbürstenmassage. Bürsten Sie den ganzen Körper mit einem Luffahandschuh oder einer Körperbürste, immer in Richtung zum Herzen hin. Die anschließende Massage mit Apfelessig (mit Wasser verdünnter Apfelessig wird in die Haut einmassiert; nicht abtrocknen, sondern einwirken lassen; siehe Seite 154) erfrischt und vitalisiert die Haut.

- Machen Sie möglichst kurz vor dem Zubettgehen noch einen kleinen Spaziergang an der frischen Luft, oder hören Sie entspannende Musik. Das hilft Ihnen, abzuschalten und später besser einzuschlafen, auch wenn der Magen noch etwas knurrt.
- Gehen Sie öfter ins Dampfbad oder in die Sauna zur Entgiftung und außerdem zur Stärkung der Abwehrkräfte.
- Nehmen Sie abends ein warmes Bad, dem Sie zwei Tassen Apfelessig hinzufügen. Vielleicht haben Sie noch Lust auf eine Haarspülung mit Apfelessig (siehe Seite 161).

Worauf zu achten ist

- Löffeln Sie an den Trinktagen die Getränke, oder trinken Sie sie langsam in kleinen Schlucken.
- Essen und trinken Sie an allen Tagen sehr bewusst, kauen Sie gründlich, und hören Sie auf zu essen, sobald eine leichte Sättigung erreicht ist.
- Nehmen Sie die Mahlzeiten, auch wenn es sich nur um Getränke handelt, am gedeckten Tisch sitzend ein. Sie haben dann viel mehr das Gefühl, etwas »Richtiges« zu sich genommen zu haben.
- Halten Sie das Programm möglichst durch, auch wenn Sie sich zwischenzeitlich einmal etwas »flau« fühlen sollten. Dies ist ganz normal für eine Entschlackungskur und lediglich Ausdruck verstärkter Entgiftungsprozesse im Organismus.
- Ruhen Sie nach dem Mittagessen eine halbe Stunde. Die Entgiftungsarbeit der Leber wird angeregt, wenn Sie sich dabei eine Wärmflasche auf den Bauch legen.
- Während der Entschlackungskur sollte man einmal täglich mit Apfelessig gurgeln, weil auch über die Schleimhaut des Mund- und Rachenraums und über die Zunge Giftstoffe ausgeschieden werden. Man kann das an der stark belegten Zunge, die sogar einen besonderen Namen trägt, nämlich »Fastenzunge«, und einem faden Geschmack im Mund erkennen.
- Verzichten Sie während der Entschlackungstage auf Alkohol und möglichst auch auf Nikotin.

Wenn Sie Pfunde verlieren möchten: Gewöhnen Sie sich an, langsam und bedächtig ohne Ablenkung durch Fernsehen oder Lesen zu essen, um die Sättigungssignale Ihres Magens zu spüren.

Bewegung

Belohnen Sie sich für das disziplinierte Einhalten der Kur, planen Sie Aktivitäten, die Sie gern machen und auf die Sie sonst aus Zeitmangel verzichten müssen.

Am besten planen Sie täglich eine halbe Stunde Bewegung – jeweils vormittags und nachmittags – ein. Es darf natürlich auch mehr sein. Wer nicht zweimal täglich Zeit hat, sollte sich nachmittags oder wenigstens abends eine Stunde gönnen. Durch körperliche Bewegung werden das Schwitzen und damit die Entgiftung über die Haut gefördert. Zudem aktiviert es die Lungenfunktionen und hilft, Kohlendioxid abzuatmen. Was Sie im Einzelnen dabei tun, ist nicht so wichtig. Es sollte jedoch möglichst schweißtreibend sein. Wählen Sie eine Bewegungsform, die Ihnen Spaß macht, Gymnastik, Schwimmen, Joggen, Radfahren oder Tennis. Wer dazu keine Lust hat, sollte mindestens täglich spazieren gehen, am besten zügig und mit schlenkernden Armbewegungen. Und wenn möglich, zwischendurch immer wieder mal kurze Sprints einlegen: Das vertieft die Atmung.

Auch geistig entschlacken

In der chinesischen Medizin wird das Augenmerk nicht nur auf die körperliche, sondern auch auf eine geistige »Verschlackung« des Menschen gerichtet.

Eine ständige Überhäufung mit Informationen, das Verarbeiten zahlloser Meldungen Tag für Tag und die damit verbundene geistige Anspannung stellen eine Belastung und für viele auch eine Überlastung dar. Die Entschlackungswoche bietet Ihnen vielleicht die Gelegenheit, eine körperliche mit einer geistigen »Entschlackung« zu verbinden. Man könnte den einen oder anderen Abend aufs Fernsehen, die gewohnte Zeitungslektüre oder angeregte Diskussionen verzichten und sich mit Musik, einem guten Buch oder einfach nur mit sich selbst beschäftigen. Wenn man weniger isst, wird man ohnehin sensibler, hellhöriger für die eigenen Belange, und der Verzicht auf manche schlechte Angewohnheit ist plötzlich kein Verzicht mehr, sondern ureigenes Bedürfnis. Geben Sie dem doch einmal nach.

Tomatensaft und Apfelessig

Wer sich zu einer richtigen Entschlackungskur nicht entschließen mag, kann trotzdem viel für seine Gesundheit tun. Dann trinkt man über einen längeren Zeitraum hinweg zweimal täglich ein Glas Tomatensaft mit je zwei Teelöffeln Apfelessig. Nach neuesten Erkenntnissen ist Tomatensaft wie Tomatensauce oder Ketchup fast eine Art Jungbrunnen und schützt vor manchen Krankheiten. Diese Tomatenprodukte wirken entschlackend und enthalten außerdem eine große Menge des Stoffes Lyzopin, der im menschlichen Organismus als Oxidationshemmer fungiert und so vor vorzeitiger Alterung und sogar Krebserkrankungen schützt. Lyzopin, ein gelbroter Farbstoff, soll kanadischen Studien zufolge durch Erhitzen, wie es für die Saft- und Ketchupproduktion nötig ist, in einer Weise umgewandelt werden, die es dem Körper wesentlich erleichtert, ihn zu resorbieren. In Verbindung mit Apfelessig entsteht so eine Mixtur, die, auf Dauer eingenommen, außerordentlich viel für die Gesundheit tut.

Ein Tomatensaftdrink ist auch eine »gesellschaftsfähige« Alternative, wenn Sie während der Kur eingeladen sind oder selbst Gäste haben und Alkohol meiden wollen.

Apfelessig für Kinder

Bei Kindern, die auf dem Land groß wurden, beobachtete D.C. Jarvis »Instinkte der Selbsterhaltung«, die sie nach eben jener Nahrung greifen ließ, die ihre Körperzellen gerade brauchten. So sah er die Landkinder Maisstängel, Sauerampfer, Rhabarberstiele, Löwenzahnblätter, Brunnenkresse, Senfkraut und vieles mehr essen, das wild auf Feld und Wiese, an Bachufern und im Wald wuchs Jarvis stellte zunächst verblüfft fest, dass diese Kinder weniger häufig krank waren. Ihre Schutz- und Abwehrkräfte schienen stärker als beispielsweise bei Stadtkindern zu sein. Jarvis erkannte, dass die Kinder auf diese Weise genau jene Wirkkräfte aufnahmen, die nach volksmedizinischen Gesichtspunkten für sie nahrhaft waren und ihre Abwehrkräfte stärkten.

Dann bemerkte Jarvis eines Tages, dass die Dorfkinder den Apfelessig tranken, der als Beigabe zum Viehfutter bereitstand. Und er schien ihnen zu schmecken. Denn »kaum hatten die Kinder den Apfelessig entdeckt, so schöpften sie auch schon den Becher voll und tranken davon. Sie tranken ihn übrigens auch aus dem Kübel in der Scheune, so wie er vom Fass kam. Nach meiner Schätzung nahm jedes der Kinder auf diese Weise im Laufe des Tages gut einen Viertel- bis einen halben Deziliter Essig zu sich.«

Der Instinkt führt zu Saurem

Fast alle Kinder lieben auch eingelegte Essiggurken, obwohl sie sonst ausgeprägte Gewürze eher ablehnen.

Jarvis beobachtete auch, dass Kinder mit Vorliebe die saure Sauce auslöffelten, wenn es Salat gab. Er schlussfolgerte daraus, dass Kinder von Natur aus eine Vorliebe für Saures haben, eben weil es aufbauwichtige Stoffe enthält, die der Körper für sein Wachstum braucht. Heute kann man von älteren Leuten oft noch hören, dass sie in ihrer Kindheit im Sommer Apfelessigwasser gegen den Durst getrunken haben. Und dass sie es gerne mochten. In ärmeren Ländern Osteuropas gilt es heute noch als gesundes Alltagsgetränk und als guter Durstlöscher für alle Altersstufen.

Gurken enthalten u.a. Kalium, Silizium und andere wertvolle Substanzen, die entgiftend wirken und den Stoffwechsel anregen. Legt man sie sauer ein, werden sie zusätzlich angereichert mit den Wirkstoffen des Essigs.

Die Lust auf Süßes ist auch anerzogen

Alle gesundheitlichen Vorteile, die der Apfelessig zu bieten hat, gelten natürlich auch für Kinder. Und es gibt viele Kinder, die ein Glas Wasser oder Saft mit etwas Apfelessig darin spontan gerne mögen. Es gibt aber auch die anderen, die sich keineswegs instinktiv zum Sauren hingezogen fühlen. Dies ist die natürliche Konsequenz daraus, dass schon den Kleinkindern bei uns die Vorliebe für süße Aromen in die Wiege gelegt wird, enthält doch die Kindernahrung schon reichlich Süßstoffe. Der »Suchtcharakter« von Süßigkeiten ist mittlerweile hinlänglich bekannt. Zucker gilt als die »Droge der Kinder«, die manche Zahnärzte sogar mit den Genussgiften Alkohol und Nikotin auf eine Stufe stellen.

Kindern von Zahnärzten, denen konsequent von den ersten Lebenstagen an Karies fördernde Süßstoffe vorenthalten wurden, hatten nicht nur einwandfreie Gebisse, sondern auch keinerlei Appetit auf klebrige Süßigkeiten. Aus solchen Erfahrungswerten kann man schließen, dass die Neigung zum Süßen nicht angeboren, sondern lediglich anerzogen ist. Wenn man seinen Kindern den Apfelessigcocktail schmackhaft machen kann, wird man Ernährungsmängeln und Übergewicht vorbeugen und den Sprösslingen auf jeden Fall etwas Gutes mit auf den Lebensweg geben.

Der Arzt Paul C. Bragg gab geistig behinderten Kindern und Erwachsenen täglich das Apfelessiggetränk und achtete auch auf eine ausgewogene und vollwertige Ernährung. Nach vier Wochen schon stellte er größere geistige Regsamkeit bei seinen Patienten fest und nach einem Jahr sogar deutliche Besserungen ihres Geisteszustands.

Keinen Zwang ausüben

Wenn Kinder jedoch das saure Getränk ablehnen, sollte man sie nicht zwingen, es zu trinken. Solche Zwangsmaßnahmen könnten eine lebenslange Abneigung zur Folge haben. Da sich in der Pubertät auch bei den Süßschnäbeln unter den Kindern oft automatisch ein Geschmackswechsel zum Sauren hin vollzieht, besteht die Hoffnung, dass die mittlerweile herangewachsenen Kinder später von selbst zum sauren Gesundheitselixier greifen. Inzwischen könnten Sie mit Apfelessig kochen, verfeinern, einlegen oder Salatdressings zubereiten. Die Kinder werden das Säuerliche schätzen lernen und so auch in den Genuss der positiven, gesundheitsfördernden Wirkung des Apfelessigs kommen. Alle äußerlichen Anwendungen von Apfelessig kommen natürlich auch für Kinder in Betracht. Gerade ihre empfindliche, noch dünne Haut verträgt ein sanftes Naturheilmittel oft besser als die Salben aus der Apotheke.

APFELESSIG ALS SANFTES HEILMITTEL

Manche loben Apfelessig in den höchsten Tönen – als Wunderelixier oder Zaubermittel, dem magische Kräfte innewohnen, als Jungbrunnen sogar, der die Jugend auf ewig bewahren soll, oder als flüssiges Allheilmittel gegen jedes Gebrechen. Diese Einschätzung ist natürlich unrealistisch und muss richtig gestellt werden.

Auch wenn Apfelessig nicht den Arzt ersetzt: Befreien Sie doch Ihre Hausapotheke von den schweren Geschützen gegen leichte Beschwerden, und versuchen Sie es auf dem natürlichen Weg.

Optimal für die Vorbeugung

In erster Linie ist Apfelessig ein nährstoffreiches, außerordentlich gesundes Nahrungsmittel. Ein Teelöffel dieses »goldenen Trunks liefert dem Körper eine großzügige Portion an solchen Bausteinen, die der Mensch braucht, um gesund zu bleiben«, erklärt Emily Thaker, die Verfasserin mehrerer Sammlungen alter Hausrezepte.

In zweiter Linie ist Apfelessig ein Hausmittel, das ganz allgemein gesund erhält und vor Krankheiten schützt. Er dient auch als universelles Stärkungsmittel. Darüber hinaus hat sich Apfelessig bei zahlreichen leichteren Beschwerden gut bewährt. Man kann mit Hilfe des Apfelessigs Übergewicht vermeiden oder reduzieren, Husten, Erkältungen, Fieber, Atemnot oder Gelenkschmerzen lindern und die Verdauung auf natürliche Weise regulieren.

Eigene Erfahrungen sammeln

Jede Generation und fast jede Familie hat in diesem Zusammenhang ihren eigenen Erfahrungsschatz zusammengetragen und die volksmedizinischen Mittel und Anwendungen entsprechend erweitert und abgewandelt. So können auch Sie verfahren. Die im folgenden Katalog von Anwendungsmöglichkeiten angegebenen Dosierungen sind Mittelwerte, die sich bewährt haben. In Ihrem speziellen Fall mag es aber durchaus Abweichungen davon geben; probieren Sie also ruhig aus, was Ihnen am besten bekommt.

Apfelessig ersetzt nicht den Arzt

Heben Sie Apfelessig nicht zu lange auf: Er verdirbt zwar nicht, aber die Vitamine verflüchtigen sich; er wird dadurch weniger gehaltvoll.

Denken Sie auch daran, dass es sich in diesem Kapitel um Hausmittel handelt, um Rezepte zum Teil noch aus Großmutters Zeiten, die (noch) nicht in Reihenuntersuchungen erprobt und klinisch bewiesen sind. Wenn Sie das Gefühl haben, dass Ihnen eine der Anwendungen nicht bekommt, setzen Sie sie einfach ab, weichen Sie auf ein anderes Hausmittel aus oder fragen Ihren Arzt um Rat.
Apfelessig ist keinesfalls ein Medikament, das Sie sich bei ernsten Beeinträchtigungen Ihrer Gesundheit ohne weiteres selbst verschreiben sollen. Krankheiten gehören immer in die Hand eines Arztes oder Heilpraktikers. Wenn von einer Selbstbehandlung in allen Zweifelsfällen auch dringend abzuraten ist, so kann es trotzdem durchaus sinnvoll sein, die gesundheitsfördernde Einnahme des Apfelessiggetränks fortzusetzen. In vielen Fällen wird auch Ihr Arzt dies sicher befürworten, wenn Sie es als wertvolle Ergänzung und nicht als Ersatz für eine vielleicht nötige medikamentöse Therapie auffassen.

Der richtige Apfelessig

Für gesundheitliche Anwendungen sollten Sie ausschließlich besten, naturreinen Apfelessig aus ganzen zerdrückten Äpfeln, möglichst aus biologischem Anbau, wählen.

- Gute Apfelessige erhalten Sie im Reformhaus zu etwa fünf DM für einen Dreiviertelliter.
- Auch in Bioläden und auf Bauernmärkten werden Apfelessige von ausgezeichneter Qualität angeboten.
- Fündig werden Sie mittlerweile auch in den Bioabteilungen größerer Supermärkte.
- Wenn es einmal etwas Besonderes sein soll: Feinkostläden bieten Apfelessig in Spitzenqualitäten an. Für einen Dreiviertelliter müssen Sie allerdings bis zu 20 DM bezahlen.
- Halten Sie bei Wochenendausflügen aufs Land die Augen offen nach Bauernhöfen, die Apfelessig direkt ab Hof verkaufen. Mit etwas Glück findet man sogar einen Betrieb, der biologischen Anbau betreibt und wirklich vollwertigen, naturtrüben Apfelessig produziert.

Innerliche Anwendungen von A bis Z

Atemstörungen, asthmatische Beschwerden

Atembeschwerden oder Atemnot treten oft anfallsweise in der Nacht auf. Sie können durch starke seelische Erregungszustände wie Angst, Schreck oder Freude, auch durch nicht verarbeitete Trauer oder unterdrückte Gefühle entstehen. Möglicherweise handelt es sich dabei aber auch um Symptome, die auf schwer wiegende Atemwegserkrankungen hindeuten, die ärztlich behandelt werden müssen. Dazu zählt auch Asthma, das durch eine krampfartige Verengung der Bronchien hervorgerufen wird.

Atemstörungen können auch auf eine Herzschwäche hindeuten – deshalb müssen Sie bei häufigeren Anfällen von Atemnot die Ursache von einem Arzt klären lassen.

Behandlung mit Apfelessig

- Wer nachts aufwacht und nicht frei durchatmen kann, sollte 1 Teelöffel Apfelessig auf 1 Glas Wasser geben und diese Mischung schlückchenweise in etwa 1/2 Stunde austrinken.
- Dann 1/2 Stunde warten und das Ganze wiederholen.
- Auch Asthmapatienten können diese Methode, zusätzlich zur ärztlichen Therapie, ausprobieren. Man hat nämlich festgestellt, dass die Zufuhr von Vitamin B6 die Schwere von Asthmaanfällen lindern kann. Außerdem steigert Apfelessig die Widerstandskräfte, was gerade bei allergisch bedingten Asthmaerkrankungen helfen kann.

Wirkung Beruhigend, krampflösend, stärkt die Immunkräfte

Was man noch tun kann

Entspannungstechniken wie autogenes Training, Qi-Gong, Yoga oder Ähnliches wirken ebenfalls krampflindernd. Atemgymnastik, wie sie in vielen Kursen angeboten wird, dient der Pflege einer richtigen Atmung und damit ganz allgemein der Gesundheit. Nach einem alten Hausrezept soll man bei Atembeschwerden in Apfelessig getränkte Stoffstreifen um die Handgelenke wickeln oder die Dämpfe von heißem Apfelessigwasser tief inhalieren (siehe Seite 98). Die aufsteigenden Essigdämpfe wirken in der Lunge durchblutungsfördernd und keimtötend. In manchen Naturheilkliniken werden damit sogar Patienten mit Asthma bronchiale behandelt.

Aufstoßen

Nervöses Aufstoßen entsteht auch durch zu hastiges Sprechen: Man verschluckt im wahrsten Sinn des Wortes Silben, die der Magen wieder loswerden will.

Aufstoßen oder Rülpsen wird durch das Aufsteigen von Luft und anderen Gasen aus dem Magen verursacht. Auch wenn etwas Mageninhalt in die Speiseröhre gelangt, kann es dazu kommen. Einen Teil der aufsteigenden Luft hat man bereits vorher als Luftbläschen geschluckt, die in Nahrungsmitteln oder auch im Speichel enthalten sind. Bei kohlensäurehaltigen Getränken verlässt beim Rülpsen überschüssiges CO_2 unseren Magen. Derart bedingtes Aufstoßen kennt jeder; es ist völlig normal. Häufiges Auftreten dieser lästigen und in Gesellschaft auch oft peinlichen Beschwerden können jedoch nervös bedingt oder auch die Folge einer Magenkrankheit sein, die Sie vom Arzt behandeln lassen müssen.

Behandlung mit Apfelessig

- Die Volksmedizin empfiehlt, vorbeugend zu jeder Mahlzeit 1 Glas Apfelessigwasser zu trinken, jedoch nicht bei Aufstoßen infolge einer Magenerkrankung.

Wirkung Erleichtert das Verdauen von Eiweißen, Fetten und Kohlenhydraten

Was man noch tun kann

Langsames Essen, gründliches Kauen und Kauen mit geschlossenem Mund beugt Aufstoßen vor. Wer oft aufstoßen muss, sollte auch seinen Speiseplan überdenken. Es ist günstiger, häufiger kleine Mahlzeiten zu sich zu nehmen, als den Magen mit großen Portionen zu überlasten. Schwer verdauliche Speisen wie Hülsenfrüchte, frisch gebackenes Brot, Fettes, Öliges und Paniertes sollten weniger gegessen werden, da sie im oberen Verdauungssystem Gase bilden.
Außerdem sollte man »lufthaltige« Speisen und CO_2-haltige Getränke reduzieren. Empfehlenswert ist auch, gelegentlich einmal das

Abendessen ganz ausfallen zu lassen oder sich auf einen leichten Imbiss wie eine trockene Semmel und Kräutertee zu beschränken.

Blähungen

Blähungen sind nicht nur lästig und peinlich. Manchmal steigern sie sich bis zu schmerzhaften Druckempfindungen im Leib und stellen dann eine große Qual dar. Blähungen haben vor allem zwei Ursachen. Zum Ersten erzeugen bestimmte Speisen wie Bohnen, Kohl, Zwiebeln, Rettich und manchmal auch Milchprodukte verstärkt Gase im Verdauungstrakt. Zum Zweiten entstehen bei Menschen, die sich beispielsweise ständig überessen oder zu viel Alkohol trinken und deshalb unter einer Darmträgheit leiden, zu viele Verdauungsgase infolge von Fäulnis- und Gärungsprozessen im Darm, die dann den Bauch schmerzhaft auftreiben.

Apfelessig fördert die Speichelproduktion und hilft so, blähende Speisen zu verdauen. Manchmal sind Blähungen auch das Symptom einer Pilzinfektion des Darms.

Behandlung mit Apfelessig

- Bei Neigung zu Blähungen und insgesamt einer gestörten Verdauung können Sie etwa 5 Minuten vor jeder Mahlzeit 1 Esslöffel Wasser mit ein paar Tropfen Apfelessig einnehmen.
- Behalten Sie die Flüssigkeit einige Augenblicke im Mund, ehe Sie sie hinunterschlucken.
- Bei regelmäßigen Blähungen infolge einer Darmträgheit empfiehlt es sich, eine Apfelessigkur (siehe Seite 69ff.) über mehrere Monate hinweg durchzuführen.

Wirkung Aktiviert die Verdauungssäfte, bekämpft Fäulnisbakterien (siehe auch Wermutessig, Seite 144)

Was man noch tun kann

Meiden Sie weitgehend blähende Speisen. Bei Kindern sollten Sie darauf achten, dass sie nach dem Verzehr größerer Mengen Steinobst (Kirschen, Pflaumen) nicht viel trinken, was schlimmes Bauchweh verursachen kann. Vor allem bei Säuglingen und Kleinkindern, die besonders häufig unter schmerzhaften Blähungen leiden, haben sich heiße und feuchte Umschläge auf den Leib bewährt. Dazu tränken Sie ein Leinentuch mit Apfelessig und wechseln es halbstündlich.

Blasenentzündung

»Warme Unterwäsche und nicht auf kalten Steinen sitzen« hieß früher der Rat bei chronischen Blasenentzündungen. Sicher muss man sich vor Unterkühlung schützen, aber in einem überwärmten Kleinklima vermehren sich die Bakterien erst recht rasant.

Blasenentzündungen bekommen meist Frauen; man spricht von einer richtiggehenden Frauenkrankheit. Die Ursache sind meist eingedrungene Bakterien, die sich in der Blasenwand und den Schleimhäuten festsetzen. Die Volksmedizin empfiehlt die längere Einnahme von Apfelessig sowohl bei akuter Blasenentzündung als auch vorbeugend. Erwiesenermaßen bewirkt Apfelessig eine Ansäuerung des Harns, und viele Arten von Bakterien können sich in einem sauren Milieu nicht vermehren. Darüber hinaus regt der vitamin- und mineralstoffreiche Apfelessig die Harnausscheidung an. Die Bakterien Escherichia coli, die hauptsächlich Blasenentzündungen hervorrufen, verdoppeln sich in der Anzahl etwa alle 20 Minuten einmal. Viel trinken und die Bakterien aus der Blase herausspülen, ist bei Blasenentzündung daher oberstes Gebot.

Behandlung mit Apfelessig

- Trinken Sie 3- bis 5-mal täglich das Apfelessiggetränk.
- Wer häufig unter Blasenentzündung leidet, sollte vorbeugend über einen längeren Zeitraum täglich den Apfelessig-Honig-Mix einnehmen.
- Auch wenn man nachts oft von starkem Harndrang geweckt wird, ohne dass ein ärztlicher Befund vorliegt, kann man es mit einer solchen Apfelessigkur versuchen.

Wirkung Keimtötend, regt die Harnausscheidung an und fördert damit die Spülung der Blase

Was man noch tun kann

Trinken Sie mindestens 3 Liter pro Tag: ungesüßten Nieren-Blasen-Tee und andere Kräutertees, Mineralwasser, verdünnte Fruchtsäfte. Auch Petersilie regt die Harnausscheidung an. Trinken Sie deshalb über den Tag verteilt folgenden Petersilienaufguss:

Zubereitung 1 Esslöffel frische, zerkleinerte Petersilie mit 1/2 Liter kochendem Wasser übergießen und 10 Minuten ziehen lassen, dann abseihen. Für schwangere Frauen wird dieser Aufguss allerdings nicht empfohlen.

Durchfall

Wenn Durchfall nicht auf den Verzehr verdorbener Lebensmittel zurückgeht oder ihm ernste organische Ursachen wie eine Leberstörung zugrunde liegen, ist er meist die Folge einer allgemeinen Darmträgheit. Ein überforderter Verdauungstrakt ist nicht mehr in der Lage, die Nährstoffe richtig zu verwerten, und neigt dazu, sie halbverdaut wieder abzuleiten. In so einem Fall kann Apfelessig regulierend wirken. Dauert Durchfall länger als drei Tage, sollte der Arzt befragt werden, da sich auch eine ernsthafte Infektion hinter den Beschwerden verbergen kann.

Durchfall kann auch eine Selbsthilfe des Körpers sein, um sich von unbekömmlichen Stoffen so schnell wie möglich zu befreien. Die Verdauung sollte sich aber nach einem Tag wieder normalisieren.

Behandlung mit Apfelessig

- Bei Durchfall, der auf einen von übermäßiger Kost überforderten Darm zurückgeht, trinkt man 6-mal täglich 1 Glas Wasser mit 1 Teelöffel Apfelessig (zu den Essenszeiten, vormittags, nachmittags und vor dem Schlafengehen).
- Außerdem hilft Apfelessig, die hohen Mineralstoffverluste durch den Durchfall auszugleichen. Bitte berücksichtigen Sie dazu auch das unter »Magen-Darm-Beschwerden« infolge verdorbener Lebensmittel erwähnte Rezept (siehe Seite 100).

Wirkung Antiseptisch, reguliert die Darmflora, vernichtet Fäulnisbakterien im Darm (siehe auch Nelkenwurzessig, Seite 142)

Was man noch tun kann

Ein überforderter Darm braucht Schonung. Nehmen Sie einen Tag lang nur flüssige Nahrung (einschließlich Apfelessig) zu sich oder, besser noch, machen Sie die Sieben-Tage-Entschlackungskur mit Apfelessig.

Tip Testen Sie auch einmal, ob der Durchfall nicht die Folge einer Milchunverträglichkeit ist, die weitaus verbreiteter ist als allgemein bekannt: Etwa zehn Prozent der westeuropäischen Bevölkerung reagieren auf Milcheiweiß mit Durchfall, Bauchweh oder Übelkeit. Probieren Sie es aus: Nach zweiwöchigem Verzicht auf alle Milchprodukte (außer Joghurt und andere Sauermilchprodukte wie Kefir oder Buttermilch) sollten die Beschwerden verschwunden sein.

Erkältungen, Grippe

Da Erkältungen meistens mit Husten, Halsschmerzen und Heiserkeit einhergehen, schlagen Sie bitte auch unter diesen Stichworten nach.

Wer häufig verschnupft und hustend herumläuft, sollte über seine Lebensführung nachdenken: Offensichtlich ist seine Körperabwehr sehr geschwächt und schnappt jeden Infekt auf.

Behandlung mit Apfelessig

- Nach einem alten Hausrezept soll man bei den ersten Anzeichen für eine Erkältung 1 Glas heißes Wasser mit 1 bis 2 Teelöffeln Apfelessig trinken.
- Honigrettich ist ein Heilmittel aus der chinesischen Volksmedizin. Man nimmt davon 3-mal täglich jeweils bis zu 3 Teelöffel ein. 1 weißen oder roten Rettich putzen, waschen und fein raspeln. Ca. 2 Stunden ziehen lassen, das Rettichwasser abgießen. Die Rettichraspel mit 2 Tassen flüssigem Honig und 3 Esslöffeln Apfelessig gut verrühren. Den Honigrettich abdecken und gut gekühlt aufbewahren.

Wirkung Schleimlösend

Was man noch tun kann

Die kräftigende Wirkung einer Hühnerbrühe soll einer alten Rezeptur zufolge noch gesteigert werden können, wenn man pro Tasse 2 Teelöffel Apfelessig, 1/2 zerdrückte Knoblauchzehe und einige Tropfen Cayennepfeffersauce hinzugibt.

Gelenkschmerzen

Gelenkschmerzen beruhen auf Abnutzungserscheinungen (Arthrosen) oder auf entzündlichen Prozessen in den Gelenken (Arthritis). Besonders morgens beim Aufstehen oder auch nach längeren Ruhepausen am Tag fühlen die Betroffenen sich oft so steif, dass jede Bewegung zur Qual und möglichst vermieden wird, was die Schmerzen langfristig noch verschlimmert. Unter diesen Beschwerden leiden so viele Menschen, dass man schon von einer richtiggehenden Volkskrankheit sprechen kann.

Mit einer Apfelessigtherapie jedenfalls haben schon viele Betroffene beste Erfahrungen gemacht. D.C. Jarvis berichtete beispielsweise von einem Farmer, der »so steife Gelenke hatte, dass er kaum mehr ein Glied rühren konnte«. Dazu kamen ständige Schmerzen. Nachdem er regelmäßig Apfelessig eingenommen hatte, ließen »die Schmerzen in dem Maße nach wie die Beweglichkeit zunahm«.

Behandlung mit Apfelessig

Die Volksmedizin empfiehlt, bei Gelenkschmerzen kurmäßig über einen längeren Zeitraum 3-mal täglich 1 Glas Wasser mit 1 bis 2 Teelöffeln Apfelessig und 1 Teelöffel Honig zu den Mahlzeiten zu trinken. Sobald eine Besserung eintritt, kann die Dosis auf 1 Glas am Morgen reduziert werden.

- Bei akuten arthritischen Beschwerden wird empfohlen, bis zu 7 Stunden hintereinander 1-mal je Stunde 1 Teelöffel Apfelessig auf 1 Glas Wasser einzunehmen.
- Als Hausmittel bei Arthritis gilt auch der tägliche Genuss von 1 Glas Tomatensaft mit 1 bis 2 Teelöffeln Apfelessig.

Wirkung Entzündungshemmend, gleicht Mineralstoffmängel aus, schmerzlindernd (siehe auch Lavendelessig, Seite 141)

Die geschädigten Gelenke entlasten durch Gewichtsreduzierung – das ist die oberste Regel bei Bein- oder Hüftgelenksarthrosen, die sich nicht zurückbilden können.

Was man noch tun kann

Bewegung dient der Gesunderhaltung eines jeden Gelenks. Wird sie wegen der Schmerzhaftigkeit vermieden, führt das zur weiteren Rückbildung und schließlich zur Versteifung der betroffenen Gliedmaßen. Deshalb sollte man auch schmerzende Gelenke regelmäßig bewegen, dann werden die Schmerzen mit der Zeit nachlassen. Darüber hinaus ist eine Gewichtsreduzierung in jedem Fall hilfreich. Besonders häufig betroffen sind nämlich die Knöchel-, Knie- und Hüftgelenke, die bei Übergewicht zu sehr beansprucht werden. Hierbei kann die Sieben-Tage-Entschlackungskur mit Apfelessig gute Dienste leisten.

Halsschmerzen

Halsschmerzen kommen recht häufig bei Kindern vor, oft als Begleiterscheinung einer Erkältung. Der Rachen und die Umgebung der Mandeln sind geschwollen und gerötet; dazu kommen ein Engegefühl im Hals, Heiserkeit und Schluckbeschwerden. Solche Symptome werden von eingedrungenen Erregern verursacht. Manche dieser Erreger, wie die Streptokokken, können so heftige Schmerzen auslösen, dass leider nur noch Antibiotika helfen. Bei bis zu den Ohren ausstrahlenden Schmerzen, hohem Fieber (über 39 °C) und stark geschwollenen oder eitrigen Mandeln muss ein Arzt hinzugezogen werden. Halsschmerzen können auch auf schwere Infektionskrankheiten wie Scharlach oder Diphterie hindeuten, die in jedem Fall in ärztliche Hände gehören.

Es muss nicht ein getragener Socken sein: In jedem Fall hilft bei Halsschmerzen ein wärmender Halswickel für die Nacht.

Behandlung mit Apfelessig

- Geben Sie 1 Teelöffel Apfelessig auf 1/2 Glas lauwarmes Wasser. Nehmen Sie stündlich einen Mund voll, gurgeln Sie kräftig und spucken Sie aus.
- Dann einen 2. Mund voll nehmen, ausgiebig gurgeln, jetzt die Lösung aber hinunterschlucken. 1- bis 3-mal wiederholen. Durch das Hinunterschlucken kommen auch jene Stellen in Hals und Rachenraum mit der keimtötenden Flüssigkeit in Berührung, die man beim Gurgeln nicht erreicht.
- Die Prozedur kann man auch nachts durchführen, wenn man vor Unwohlsein aufwachen sollte. In den nächsten Tagen, wenn die Schmerzen nachgelassen haben, sollte nur noch nach jeder Mahlzeit gegurgelt werden, um Rückfälle zu vermeiden.
- Ergänzend zum Gurgeln empfehlen sich Halswickel: Man erhitzt etwas Wasser und fügt 2 Esslöffel Apfelessig hinzu. Dann taucht man ein Tuch hinein, wringt es leicht aus und legt es auf den schmerzenden Hals. Darüber kommt ein angewärmtes Frottiertuch. Wenn das Apfelessigtuch nicht mehr feucht ist, nehmen Sie es ab und erneuern eventuell den Umschlag.
- Bei Halsschmerzen hat häufig folgender Sirup geholfen. Davon soll alle 2 bis 3 Stunden 1 Teelöffel genommen werden: 1/4 Tasse Apfelessig, 1/4 Tasse Wasser, 2 Teelöffel Honig, 1/2 Teelöffel Cayennepfeffer gut miteinander verrühren.
- Wenn Halsweh in Verbindung mit einer fiebrigen Erkältung auftritt: Verrühren Sie 1/4 Tasse Honig mit 1/4 Tasse Apfelessig und nehmen alle 3 bis 4 Stunden 1 Teelöffel davon ein.

Behandlung mit Apfelessig

- Nach einem alten Hausmittel soll man bei leichten Halsschmerzen bis zu 3-mal täglich, besonders aber vor dem Einschlafen, Tee aus weißem Andorn mit 1 Teelöffel Honig, 1 Prise Cayennepfeffer und 1 Teelöffel Apfelessig trinken. Für den Andorntee übergießen Sie 1 Esslöffel Andornkraut mit 1/4 Liter kochendem Wasser. 4 Minuten ziehen lassen, dann abseihen.

Wirkung Desinfizierend, entzündungshemmend

Was man noch tun kann

In den ersten Tagen sollte man vorwiegend flüssige Nahrung in Form von Obst- und Gemüsesäften und Kräutertees aufnehmen. Entzündungshemmend wirken auch Halswickel mit Quark. 3 Esslöffel Magerquark mit etwas Milch glatt streichen und auf ein Leinentuch geben. Mit der Quarkseite zur Haut um den Hals wickeln; darüber kommt ein Wolltuch. 30 Minuten einwirken lassen.

Tip Gegen die Schluckbeschwerden hilft auch folgender Halswickel: 1 Esslöffel Apfelessig mit 3 Esslöffeln essigsaurer Tonerde mischen, die Paste auf ein Tuch streichen und um den Hals wickeln. Den Wickel erst abnehmen, wenn der Brei vollständig getrocknet ist.

Wiederkehrende Heiserkeit ist manchmal psychisch bedingt: Es verschlägt einem sozusagen die Sprache, wenn eigene Bedürfnisse dauerhaft zu kurz kommen.

Heiserkeit

Ein Kehlkopfkatarrh, bei dem die Schleimhaut des Kehlkopfs entzündet ist, äußert sich in Heiserkeit und belegter Stimme, Husten und Kratzen im Hals. Ursachen dafür sind Erkältungen, das Einatmen von rauchiger, kalter oder staubiger Luft, Schreien, Sprechen oder Singen und exzessiver Alkohol- oder Nikotingenuss.

Behandlung mit Apfelessig

- Die Volksmedizin empfiehlt, 1 Teelöffel Apfelessig und 1 bis 2 Teelöffel Honig mit 1/2 Glas Wasser zu mischen und jede Stunde, insgesamt bis zu 7-mal am Tag, diese Menge zu trinken.

Wirkung Abschwellend, entzündungshemmend, schleimlösend

Was man noch tun kann

Wenn Heiserkeit in Verbindung mit Fieber auftritt, sollte man sich die nötige Bettruhe gönnen. Außerdem muss die Stimme geschont werden. Auch der Aufenthalt in reiner, feuchter Luft trägt zur Genesung bei. Also sollten Sie am besten einen Luftbefeuchter installieren. Auch Spaziergänge bei Nieselregen bringen Erleichterung.

Heuschnupfen

Wer sich mit Heuschnupfen in die Stadt flüchtet, ist schlecht beraten: Durch Luftströmungen kann dort besonders in den Abendstunden die Pollenkonzentration höher sein als auf dem Land.

Heuschnupfen, auch Heufieber oder Heuasthma genannt, ist eine allergische Erkrankung, die auf einer Überempfindlichkeit gegenüber dem Blütenstaub mancher Gräser oder Bäume beruht. Sie tritt meist zur Blütezeit im Frühjahr und manchmal auch im Herbst auf. Heuschnupfen geht mit allen Anzeichen eines normalen Schnupfens einher, wie entzündeten Nasenschleimhäuten, wässrig laufender Nase, Niesen, entzündeten, brennenden und tränenden Augen, Kopfschmerzen, schlimmstenfalls auch mit Fieber und Anfällen von nächtlicher Atemnot.

Behandlung mit Apfelessig

- 2 Wochen vor Beginn der Heuschnupfenzeit sollte jeweils morgens und abends 1 Glas Wasser mit je 2 Teelöffeln Apfelessig und Honig getrunken werden. Diese Therapie soll so lange beibehalten werden, bis die Blütezeit jener Pflanzen vorüber ist, von deren Blütenpollen der Heuschnupfen ausgelöst wird. Der Honig ist hier besonders wichtig, da er eine stark antiallergene Wirkung hat.

Wirkung Abschwellend, antiallergisch, den Juckreiz lindernd

Was man noch tun kann

Zur Zeit der Gräser- und Baumblüte sollte man sich als Allergiker weniger im Freien bewegen. Die Installation einer Klimaanlage mit Luftfilter kann wenigstens den Aufenthalt in der Wohnung bzw. im Haus weitgehend beschwerdefrei machen. Bei schwerem Heuschnupfen sollte man rechtzeitig vor dem Pollenflug Desensibilisierungsmaßnahmen ins Auge fassen.

Husten

Husten ist in den meisten Fällen der Versuch des Körpers, störende Substanzen wie Schleim, Staub, Tabakrauch oder Krankheitserreger aus der Lunge oder den Atemwegen zu befördern. Er ist also keine Krankheit an sich, sondern Ausdruck eines selbsttätigen Heilungsprozesses. Husten sollte daher nicht durch Medikamente unterdrückt werden; besser sind Hustenmittel, die den Auswurf fördern. Wenn Husten länger andauert, muss die Ursache vom Arzt geklärt werden, vor allem, wenn es sich um einen trockenen Reizhusten handelt oder wenn der Auswurf mit Eiter oder Blut durchsetzt ist.

Bei einer Bronchitis haben sich die feinen Verästelungen der Atemwege, die Bronchien, infolge ständiger Überbeanspruchung stark entzündet und es kommt zu einer Art Dauerhusten. Fast 95 Prozent der Betroffenen sind Raucher. Ihre Bronchien sind nicht mehr in der Lage, mit Hilfe der Flimmerhärchen eingedrungene Schadstoffe, vor allem die Rauchpartikel, loszuwerden. Bei gesunden Nichtrauchern schaffen diese Flimmerhärchen normalerweise alle Schadstoffe aus den Atemwegen, ohne dass gehustet werden müsste. Nur bei Erkältungen bzw. intensivem Erregerbefall verschleimen auch bei ihnen die Bronchien so stark, dass Husten auftritt.

Wenn Hustenanfälle einem den Schlaf rauben: Trinken Sie warme Milch mit Honig in kleinen Schlucken, und lagern Sie den Kopf mit einem Zusatzkissen höher.

Behandlung mit Apfelessig

- Inhalationen mit Apfelessig lindern den Hustenreiz, erleichtern das Abhusten und bekämpfen Krankheitserreger.
- Wenn man nachts aufwacht, weil man husten muss, sollte man jeweils 1 Schluck Apfelessigwasser mit Honig trinken.
- Ein weiteres hervorragendes Hustenmittel der Volksmedizin: 2 Esslöffel pulverisierte Süßholzwurzel und 2 Esslöffel Apfelessig werden in einer Tasse verrührt, die man mit Honig auffüllt. Süßholzwurzel erhalten Sie im Kräuterladen oder Reformhaus. Die außerordentlich süße Wurzel enthält einen Wirkstoff, der auch in Hustenmitteln zur Auswurfförderung verwendet wird. Bei Hustenanfällen nimmt man jeweils 1 Teelöffel dieses Sirups, insgesamt tagsüber bis zu 6 Teelöffel.

Wirkung Krampflösend, entzündungswidrig, auswurffördernd

Heißer Dampf für freien Atem

So wird inhaliert: Man mischt in einem Topf Apfelessig und Wasser im Verhältnis 1 zu 1 und erhitzt die Flüssigkeit. Sobald sie dampft, beugt man den Kopf darüber und inhaliert die Essigdämpfe ungefähr 3 bis 5 Minuten lang. Auf jeden Fall sollte man dabei ein Handtuch über den Kopf breiten. Es verhindert, dass die Dämpfe zu schnell entweichen. Bei Kindern müssen Sie aufpassen, dass sie sich nicht an der heissen Flüssigkeit verbrennen. Nach dem Inhalieren sollte man eine Weile ruhen. In zahlreichen Naturheilkliniken werden mit Essigdämpfen sogar so schwer wiegende Atemwegserkrankungen wie hartnäckiger Raucherhusten, chronische Bronchitis und Lungenblähungen behandelt.

Was man noch tun kann

Süßholzwurzel war zu Großmutters Zeiten eine beliebte Nascherei für Kinder – probieren Sie es doch mal aus!

Um nächtlichen Husten zu lindern, kann man einige Tropfen Apfelessig auf dem Kopfkissen verteilen, deren Dämpfe beruhigend auf die gereizten Atemwege einwirken.

Bei Husten können Sie auch 3-mal täglich einen Tee aus Süßholzwurzel trinken. Übergießen Sie 2 Teelöffel fein geschnittene Süßholzwurzel mit 1/4 Liter kochendem Wasser. 15 Minuten ziehen lassen, dann abseihen. Wer mag, kann noch einen Teelöffel Apfelessig hinzufügen. Süßen ist nicht mehr nötig, da die Wurzel schon sehr süß ist. Übrigens sollte man bei jeder Art von Husten viel trinken, weil das die Schleimablösung begünstigt.

Kopfschmerzen

Die meisten Menschen kennen Kopfschmerzen. Es gibt verschiedene Ursachen dafür. Oft sind sie Zeichen einer übermäßigen geistigen Inanspruchnahme, einer Überlastung der Augen, einer gestörten Verdauung oder seelischer Probleme. Ein Abfall des Blutzuckers aufgrund eines leeren Magens kann ebenfalls Kopfschmerzen zur Folge haben. Wetterwechsel, Föhn oder die beginnende Regelblutung gehen oft mit Kopfschmerzen einher. Sie können auch von der Halswirbelsäule ausgehen, also die Folge eines Haltungsschadens oder

Schleudertraumas sein. Mit Kopfschmerzen künden sich fiebrige Erkrankungen, Nebenhöhlen- oder Stirnhöhlenentzündungen an. Schlimmstenfalls können Kopfschmerzen von einem Nieren-, Blasen- oder Leberleiden, einer Geschwulst im Gehirn oder einer Hirnhautentzündung herrühren. Dann sind sie äußerst ernst zu nehmende Warnsignale des Körpers und dürfen nicht mit volksmedizinischen Mitteln behandelt werden.

Auch übertriebener Kaffeegenuss kann Kopfschmerzen auslösen. Immer wenn man auf den geliebten Muntermacher verzichten muss, weist der Körper mit Kopfweh darauf hin, dass sich regelrechte Entzugserscheinungen eingestellt haben.

Behandlung mit Apfelessig

- Die Volksmedizin rät, bei häufig auftretenden Spannungskopfschmerzen oder Migräne über einen längeren Zeitraum vorbeugend den Apfelessigcocktail zu trinken.
- Bei den allerersten Anzeichen von Kopfschmerzen hat sich das Inhalieren von Essigdämpfen bewährt (siehe Seite 98). Nach dem Inhalieren sollte man eine Weile ruhen.
- Manche Menschen schwören auf Essigkompressen bei Kopfweh. Dazu tränkt man ein Tuch in Apfelessig, wringt es aus und legt es auf die Stirn oder in den Nacken.

Wirkung Entkrampfend, schmerzlindernd

Was man noch tun kann

Ein altbewährtes Hausmittel ist auch 1 Tasse heißer Bohnenkaffee mit dem Saft von 1/2 Zitrone, der in kleinen Schlucken getrunken wird. Das wirkt oft überraschend schnell, besonders wenn diese Mischung gleich bei den ersten Symptomen einer Migräneattacke eingenommen wird – sie kündigt sich oft durch Flimmern vor den Augen und leichte Übelkeit an. Vitamin C nämlich erweitert die Blutgefäße, und Koffein regt die Pumpleistung des Herzens an. So können spannungsbedingte und schmerzhafte Durchblutungsblockaden im Kopfbereich gelöst werden.

Magen-Darm-Beschwerden

Durchfall und Erbrechen werden meist von Erregern verursacht, die über verdorbene Lebensmittel oder verseuchtes Trinkwasser in den Körper gelangt sind.

Colagetränke und Salzstangen, die Geheimwaffe geplagter Mütter gegen Durchfall bei ihren Kindern, ist eine »Notfallmedizin« und hilft tatsächlich.

Wenn man etwas gegessen hat und einen danach der Verdacht beschleicht, die Speise könnte verdorben gewesen sein, rät die Volksmedizin, gleich anschließend ein Glas Apfelessigwasser in kleinen Schlucken zu trinken. Dadurch werden eingedrungene Bakterien eventuell vernichtet, so dass mit etwas Glück gar keine Beschwerden im Magen-Darm-Trakt auftreten. Wenn man sich beispielsweise im Ausland aufhält und Speisen und Getränke zu sich nehmen muss, über deren Reinheit man sich nicht im Klaren ist, empfiehlt die Volksmedizin, den Apfelessigcocktail noch vor der Mahlzeit einzunehmen – quasi als Aperitif und Vorsichtsmaßnahme.

Wenn Bauchschmerzen und Durchfälle allerdings mehr als zwei Tage anhalten, wenn Fieber hinzukommt oder wenn bei Durchfällen Blut im Stuhl auftritt, können ernsthafte Ursachen (Ruhr, Cholera, Paratyphus, Salmonellose) zugrunde liegen. Dann ist die diagnostische Abklärung durch einen Arzt unerlässlich.

Behandlung mit Apfelessig

- Ist es nach dem Verzehr verdorbener Lebensmittel oder von verseuchtem Wasser zu einer Darminfektion mit Erbrechen und Durchfall gekommen, sollte man 1 Teelöffel Apfelessig in 1 Glas Wasser verrühren und alle 5 Minuten 1 Teelöffel davon trinken. In diesem Zustand wird man ohnehin nicht mehr als winzige Mengen von dieser Mischung bei sich behalten können. Ist das Glas geleert, soll man auf die gleiche Weise ein 2. Glas trinken, allerdings kann man jetzt schon versuchen, 2 Teelöffel alle 5 Minuten zu löffeln. Vom 3. Glas an wird man dann alle 15 Minuten 1 Schluck trinken. Innerhalb von 12 Stunden sollten die Beschwerden so weit nachgelassen haben, dass man eine trockene Semmel, Zwieback, leicht gesalzenen Haferschleim oder etwas Gemüsebrühe zu sich nehmen kann.
- Während der folgenden 2 bis 3 Tage sollte man noch zu jeder Mahlzeit 1 Glas Apfelessigwasser trinken und natürlich nur leichte Diätkost essen.

Wirkung Vernichtet schädliche Bakterien, desinfiziert, gleicht Mineralstoffverluste aus

Was man noch tun kann

Am besten verordnen Sie sich Bettruhe. Durch die Einnahme von Heilerde oder medizinischer Kohle werden zusätzlich Darmbakterien und Giftstoffe gebunden und die Magen-Darm-Beschwerden günstig beeinflusst.

Wichtig bei allen Durchfallerkrankungen ist, dass Flüssigkeits-, Mineralstoff- und Salzverluste ersetzt werden müssen. Das Apfelessiggetränk leistet hierzu einen wichtigen Beitrag. Darüber hinaus sollte man viel trinken: gesüßte Tees (Zucker steigert die Flüssigkeitsaufnahme), zimmerwarme Colagetränke oder salzhaltige Gemüsebrühen. Verzichten Sie am ersten Krankheitstag ansonsten auf die Nahrungsaufnahme.

Tip Wer viel in Ländern unterwegs ist, in denen das Wasser oft ungewohnte oder krank machende Keime enthält, sollte immer ein Fläschchen Apfelessig im Reisegepäck mitführen. Das hat schon viele vor »Montezumas Rache« bewahrt. Ist es bereits zu spät, kann man es auch mit ausgekochten Apfelschalen oder geriebenen Äpfeln versuchen, einem uralten Hausmittel, das bereits den Ärzten des Mittelalters bekannt war. Ähnlich stopfend wirken auch Bananen, die in exotischen Ländern oft leichter erhältlich sind als Äpfel.

Beherzigen Sie das Gebot, in exotischen Ländern kein Leitungswasser zu trinken. Benutzen Sie es auch nicht zum Zähneputzen, und meiden Sie Getränke mit Eiswürfeln.

Menstruationsbeschwerden

Nicht wenige Frauen haben unter Menstruationsbeschwerden zu leiden. Die Blutungen sind dann ungewöhnlich stark oder von krampfartigen Schmerzen begleitet. In beiden Fällen kann Apfelessig hilfreich sein. Doktor Susan Lark vom PMS Self Help Center in Los Altos/USA empfiehlt, während der Menstruation verstärkt Kalium, Kalzium und Magnesium aufzunehmen, da diese Mineralien eine zentrale Rolle innerhalb der Schmerzbekämpfungsmechanismen des Körpers spielen.

Apfelessig ist reich an diesen Mineralstoffen. Außerdem sorgt das Würzen mit Apfelessig dafür, dass Kalium, Kalzium und Magnesium, die in anderen Lebensmitteln enthalten sind, besser vom Körper resorbiert werden können. Die blutstillende Wirkung des Essigs ist zudem seit der Antike bekannt, als vor allem Wunden mit der sauren Flüssigkeit zum Austrocknen gebracht wurden, weil andere Mittel sehr rar waren.

Wasserratten sollten sich nicht durch die Menstruation vom Schwimmen abhalten lassen – leichte Bewegung im Wasser entkrampft die Beckenmuskeln und nimmt den Schmerz.

Behandlung mit Apfelessig

- Starke Menstruationsblutungen werden durch die regelmäßige Einnahme des Apfelessigwassers 1-mal täglich normalisiert. Allerdings soll diese Therapie den Eintritt der Menstruation um einige Tage verzögern können. Daher sollte man 2 bis 3 Tage vor dem erwarteten Periodentermin mit dem Apfelessiggetränk aussetzen und erst nach dem Einsetzen der Blutung wieder damit beginnen. Schmerzen während der Monatsblutung lassen sich mit Apfelessig ebenfalls lindern.
- Zur akuten Schmerzbekämpfung empfiehlt die Volksmedizin, bis zu 5 Stunden hintereinander 1-mal pro Stunde 1 Glas Wasser mit 1 Teelöffel Apfelessig einzunehmen.

Wirkung Blutstillend, schmerzlindernd

Was man noch tun kann

Versuchen Sie es einmal mit Akupressur. Ertasten Sie die druckempfindlichen Grübchen links und rechts der Fersen, und massieren Sie diese. Ebenfalls schmerzlindernd und krampflösend wirkt ein lauwarmes Bad, das Sie zusätzlich mit Apfelessig versetzen können.

Nervöse Tics, Krämpfe

Nicht kontrollierbare Zuckungen der Augenlider und Mundwinkel oder nachts auftretende Muskelkrämpfe in Füßen und Beinen können auf Mineralstoffmängel, insbesondere von Kalzium und Magnesium, zurückzuführen sein. Auch allgemeine Durchblutungsstörungen sind häufig die Ursache von Tics und Wadenkrämpfen.

Behandlung mit Apfelessig

- Empfehlenswert ist das Apfelessig-Honig-Getränk 1- bis 3-mal täglich über einen längeren Zeitraum. Der Honig ist hier ein wichtiger Bestandteil der Therapie.

Wirkung Krampflösend, gleicht Mineralstoffmängel aus, durchblutungsfördernd

Hilfreich bei vielen gesundheitlichen Problemen. Honig kann mit seinen wertvollen Inhaltsstoffen wie Eiweißen, Mineralien, Spurenelementen, Vitaminen und natürlichen Antibiotika den Heileffekt des Apfelessigdrinks noch verstärken.

Nierensteine

Innerhalb der Nierenkelche oder der Nierenbecken kann es zu grieß- oder steinartigen Ablagerungen kommen, die in 92 Prozent der Fälle aus Kalziumverbindungen bestehen (Kalzium-Oxalat-Steine, Kalzium-Oxalat-Harnsäuresteine etc.). Als Hauptursachen dafür werden Stoffwechselstörungen und eine verminderte Urinausscheidung angenommen.

Sofern so eine Steinbildung noch nicht so weit fortgeschritten ist, dass wegen der großen Schmerzen nur noch der Arzt weiterhelfen kann, ist mit einer Apfelessigtherapie durchaus noch etwas zu erreichen. Nach Patientenberichten sollen sich Nierensteine wieder aufgelöst haben, nachdem über einen längeren Zeitraum hinweg das Apfelessig-Wasser-Getränk eingenommen wurde.

Blasen- und Nierensteine müssen nur noch selten operiert werden: Wenn innerliche Anwendungen die Steine nicht auflösen, kann sie der Arzt heute meist von außen zertrümmern.

Wenn Sie Obstsäfte mit Apfelessig mischen: Achten Sie auf naturreine Fruchtsäfte, lassen Sie »Nektare« und »Fruchtsaftgetränke« im Regal stehen!

Kalklösende Wirkung

Das lässt sich auch durchaus erklären: Höchstwahrscheinlich zersetzt der Apfelessig im Bereich der Nieren und der ableitenden Harnwege Kalziumverbindungen genauso, wie er es beispielsweise in einem verkalkten Wasserkocher tut. Zumindest weiß man, dass der Konsum von Apfelessig den Urin sauer macht und dass Kalziumverbindungen (Kalk) eben in saurem Milieu zerfallen.
Interessant ist auch eine schwedische Studie, die besagt, dass mit Magnesium und Vitamin B6 Nierensteinen, die Oxalat enthalten, erfolgreich vorgebeugt werden kann. Etwa 60 Prozent aller Nierensteine weisen Oxalat auf – und Apfelessig wiederum liefert dem Körper Magnesium und Vitamin B6. Die meisten Nieren- und Blasensteine kann man inzwischen auch mit Medikamenten zum Zerfallen bringen. Außerdem gibt es moderne Druckwellentherapien, mit denen die Steine ohne Operation so zerkleinert werden können, dass die Bruchstücke von selbst und auf natürlichem Wege abgehen.

Behandlung mit Apfelessig

- Trinken Sie morgens, vor dem oder zum Frühstück, 1 Glas Wasser mit 2 Teelöffeln Apfelessig. Sofern Sie mögen, auch noch 1 bis 2 weitere Male am Tag. Das sollten Sie beibehalten, bis sich die Steine aufgelöst haben.

Wirkung Kalzium auflösend, gleicht Magnesium- und Vitamin-B6-Mängel aus (siehe auch Löwenzahnessig, Schafgarbenessig, Seite 141 und 143).

Was man noch tun kann

Zusätzlich zu den Apfelessiggetränken sollten Sie täglich mindestens 2, besser 3 oder noch mehr Liter Flüssigkeit aufnehmen (Mineralwasser, Kräutertees, verdünnte Fruchtsäfte). Das hilft, die Nieren durchzuspülen. Möglicherweise nützt auch eine gewisse Einschränkung bei stark kalziumhaltigen Lebensmitteln wie Milch und Milchprodukten bzw. oxalathaltigen Lebensmitteln wie Schokolade, Schwarztee, Spinat, Bohnen und grünem Paprika. Ebenfalls abzuraten ist von dem stark oxalsäurehaltigen Rhabarber.

Das Apfelessig-Honig-Getränk sollten Sie möglichst gleich morgens nach dem Aufstehen zu sich nehmen – dann entfaltet es seine Wirkung am besten.

Rheumatische Beschwerden

Was allgemein rheumatische Erkrankungen genannt wird, sind genauer gesagt »fließende« Schmerzen im Bewegungsapparat (griech. rheuma = Fluss). Die Beschwerden treten meistens in den Gelenken (siehe Gelenkschmerzen, Seite 92f.) oder in der Muskulatur auf. Dem Muskelrheumatismus liegen die unterschiedlichsten Ursachen zugrunde, und oft weiß man überhaupt nicht, woher die äußerst lästigen und manchmal quälenden Schmerzen kommen. Stoffwechselstörungen, Unterkühlungen, Infektionen, allergische Reaktionen, Durchblutungsstörungen, Verschleißerscheinungen, Verschlackungen oder eine Überbeanspruchung werden aus medizinischer Sicht meist dafür verantwortlich gemacht.
Die Volksmedizin hat in diesem Anwendungsbereich mit den Apfelessiggetränken schon sehr gute Ergebnisse erzielt. Viele konnten ihre rheumatischen Beschwerden damit lindern oder sogar auch ganz beseitigen.

Rheumatismus ist eine sehr ungenaue Bezeichnung für alle Gelenk- und Wirbelsäulenerkrankungen. Häufig sind auch Muskeln, Knorpel, Bindegewebe oder Weichteile beteiligt. Die Ursachen sind nicht sicher geklärt.

Behandlung mit Apfelessig

- Nehmen Sie täglich ein Apfelessig-Honig-Getränk ein, am besten morgens und, wenn Sie wollen, auch mehrmals am Tag jeweils zu den Mahlzeiten. Führen Sie diese Maßnahme wenigstens 2 bis 3 Monate lang durch.

Wirkung Kurbelt den Stoffwechsel an, verbessert die Durchblutung, macht widerstandsfähiger gegenüber Infektionen und Allergenen, stärkt insgesamt die Konstitution, entschlackt (siehe auch Schachtelhalmessig, Thymianessig, Seite 143f.)

Der Prophet Mohammed soll gesagt haben: »Wenn jemand Honig isst, dann betreten tausend Heilmittel seinen Magen und eine Million Krankheiten verlässt ihn.«

Was man noch tun kann

Bei akuten rheumatischen Schmerzen kann man es mit einer Art Stoßtherapie versuchen. Die Volksmedizin empfiehlt in so einem Fall, wie übrigens bei allen anderen Schmerzzuständen auch, jede Stunde einen Apfelessig-Honig-Mix (mit je 1 Teelöffel Apfelessig) zu trinken, bis zu 7 Stunden hintereinander.

Schlafstörungen

Wie viel Schlaf jemand braucht, ist individuell verschieden. Manche fühlen sich schon nach sechs Stunden erfrischt, andere brauchen neun Stunden. Von einer Schlafstörung spricht man immer dann, wenn das persönliche Schlafbedürfnis nicht befriedigt werden kann. Entweder weil man lange Zeit nicht einschlafen kann (Einschlafstörung), oder weil man mitten in der Nacht wach wird und nicht weiterschlafen kann (Durchschlafstörung). Als Folge der Schlafstörung ist man tagsüber müde und abgespannt. Mögliche Ursachen von Schlafstörungen sind seelische Probleme, ein Mangel an körperlicher Aktivität und übermäßiger Konsum von Genussgiften wie Kaffee, Nikotin oder Alkohol.

So viel Schlaf muss sein

Im Durchschnitt braucht der Mensch folgende Schlafzeiten:

- Vom 7. bis zum 14. Lebensjahr etwa 10 Stunden pro Tag
- Vom 15. bis zum 50. Lebensjahr 7 bis 8 Stunden pro Tag
- Vom 50. bis zum 70. Lebensjahr 5 bis 8 Stunden pro Tag

Behandlung mit Apfelessig

Apfelessig mit Honig hat eine stark sedative, beruhigende Wirkung.

- Rühren Sie in 1 Tasse Honig 3 Teelöffel Apfelessig hinein, und stellen Sie die Mischung abgedeckt auf den Nachttisch. Um das Einschlafen zu erleichtern, nehmen Sie vor dem Zubettgehen 2 Teelöffel davon. Sollten Sie nachts aufwachen, nehmen Sie wiederum 2 Teelöffel ein.
- Oder Sie versuchen einmal folgenden Einschlafdrink: 1 Glas Wasser mit 2 Teelöffeln Apfelessig und 2 Teelöffeln Honig. Stellen Sie sich ein weiteres Glas bereit, um es zu trinken, falls Sie nachts aufwachen.

Wirkung Beruhigend

Häufig wird der Schlafmangel von den Betroffenen überschätzt, weil sie sich ständig ausgelaugt und schlapp fühlen. Erste Maßnahme: Verkneifen Sie sich jedes Nickerchen zwischendurch, auch wenn Sie noch so müde sind!

Was man noch tun kann

Günstig sind auch feste Einschlafrituale (z.B. kurzer Spaziergang, heißes Bad, Milch mit Honig und leichte Lektüre), mit denen man sich täglich auf die Schlafsituation einstimmt.

Schluckauf

Wenn sich das Zwerchfell stoßartig zusammenzieht, entsteht Schluckauf, den jeder kennt. Normalerweise ist er harmlos und vergeht nach wenigen Minuten wieder. In sehr seltenen Fällen kann sich der Schluckauf aber zu einer Art Dauerpein auswachsen.

Behandlung mit Apfelessig

- Bei Schluckauf empfiehlt die Volksmedizin, 1 Glas Wasser mit 1 bis 2 Teelöffeln Apfelessig zu trinken oder 1 Teelöffel reinen Apfelessig einzunehmen.
- Oder man träufelt einige Tropfen Apfelessig auf 1 Zuckerstückchen, das man auf der Zunge zergehen lässt.
- Nach anderen Hausmitteln sollen bei Schluckauf 2 Esslöffel saure Salatsauce oder 1 Zitronenscheibe gegessen werden.

Wirkung Krampflösend, verbessert die Verdauungsleistung

Was man noch tun kann

Gegen Schluckauf gibt es viele Geheimtips. Im Grunde hilft alles, was von der Atmung ablenkt und so die Verkrampfung löst.

Man trinkt 1 Glas warmes Wasser mit 1 Teelöffel Apfelessig ganz langsam und in kleinen Schlucken. Altbekannt ist auch die Methode, am geöffneten Fenster so lange Kniebeugen zu machen, bis der Schluckauf vorbei ist. Oder halten Sie die Luft an – das soll die Verkrampfung des Zwerchfells lösen.

Schwangerschaft

Man hört manchmal von schwangeren Frauen, die plötzlich Schneiderkreide oder Sand essen. Dies deutet auf einen Mineralstoffmangel hin. Solche Appetitausreißer sind ein Hinweis des Körpers, dass hier stoffwechselphysiologisch ein Mangel auszugleichen ist. Wenn Sie während der Schwangerschaft Ihrem Körper reichlich Mineralstoffe und Vitamine mittels Apfelessig zuführen, wird Ihr Baby kräftiger und gesünder zur Welt kommen, die Geburt leichter vonstatten gehen, Sie werden sich rascher von den Geburtsstrapazen erholen und reichlich Milch für Ihr Kind haben. Laut D.C. Jarvis wird das Neugeborene dann »dichtes, volles Kopfhaar haben. Außerdem kräftige, lange Fingernägel und so starke Muskeln, dass der Säugling bereits vor Ende seiner ersten Lebenswoche imstande ist, sein Köpfchen selbstständig vom Kissen zu heben. Im Verlauf seiner weiteren Entwicklung wird das Kind aufgeweckt und geistig rege sein.«

Behandlung mit Apfelessig

- Während der Schwangerschaft sollte man täglich 1 Glas des Apfelessig-Honig-Getränks einnehmen. Wenn man es morgens gleich nach dem Aufstehen trinkt, beugt dies der bekannten und manchmal auch quälenden Übelkeit vor, die zwischen der 8. und 13. Woche am stärksten ist.
- Wer mag, nimmt tagsüber zu einer der Hauptmahlzeiten zusätzlich ein 2. Glas. Der Honig in dem Mix liefert übrigens Traubenzucker (Glukose) in Reinform. Das brauchen Schwangere, da der Fötus Glukose aus dem Blut entnimmt.

Wirkung Liefert Vitamine, Mineralstoffe und Traubenzucker, fördert die Entwicklung der Plazenta

Das Wachstum des Mutterkuchens anregen

Schwangere mögen den sauren Apfelessigtrunk in der Regel sehr gerne, da sie ohnehin häufig ein Heißhunger auf Saures überkommt. Biochemiker glauben, die Erklärung für dieses Phänomen gefunden zu haben. Im Apfelessig und auch anderem Essig ist ein Stoff namens Pyrrolchinolinchinon enthalten, der bedeutsam ist für die Entwicklung der Plazenta, des Mutterkuchens. Wie ein Vitamin muss auch dieser Stoff mit der Nahrung zugeführt werden. Gegenwärtig wird spekuliert, ob es sich dabei möglicherweise um ein bisher unbekanntes Vitamin handelt. Weitere wissenschaftliche Forschungen zu diesem Thema stehen noch aus.

Was man noch tun kann

Regelmäßiges Abtupfen der Brustwarzen mit verdünntem Apfelessig während der Schwangerschaft macht deren empfindliche Haut widerstandsfähiger, und sie entzünden sich später beim Stillen des Säuglings nicht so leicht.

Auch eine regelmäßige Massage mit Apfelessig ist sehr sinnvoll, da sie die Haut und das darunter liegende Gewebe strafft und die Elastizität erhöht. So kann man auch wirksam den hässlichen Schwangerschaftsstreifen vorbeugen.

Häufig werden Schwangere von Verdauungsproblemen wie beispielsweise hartnäckiger Verstopfung geplagt. In diesem Fall hilft das Apfelessiggetränk, in starker Verdünnung nach den Mahlzeiten eingenommen. Die Flüssigkeit sollte bis zu 1/2 Liter betragen, um den Darm wieder in Schwung zu bringen. Zusätzlich die Bauch- und Nierenregion in sanft kreisenden Bewegungen massieren.

Bei zu rascher Gewichtszunahme während der Schwangerschaft durch Heißhungerattacken können kleine Portionen von Apfelessig mit Wasser und etwas Honig in langsamen Schlucken den ärgsten Hunger betäuben, ohne den Appetit zu nehmen.

Tip Gegen Übelkeit hilft auch folgendes Hausmittel: ein Leinentuch in warmen Apfelessig tauchen, auswringen und auf den Magen legen. Wenn das Tuch abkühlt, den Umschlag erneuern.

Schwangerschaftsstreifen kann man mit Apfelessigmassagen vorbeugen. Dazu streicht man mit den Fingerspitzen leicht vom Schambein zum Rippenbogen und von den Oberschenkeln bis zur Taille. Zusätzlich knetet man die Haut sanft.

Schwindelgefühle

Schwindelgefühle (Vertigo) können viele ernsthafte Ursachen haben, z.B. von der Halswirbelsäule herrühren, die Folge einer Vergiftung mit Alkohol oder Medikamenten sein, auf Erkrankungen der Ohren oder des Gehirns zurückgehen. Daher sollten Sie die Ursache stets durch einen Arzt abklären lassen, wenn Sie plötzlich auftretende, sich wiederholende Schwindelanfälle haben. Andererseits sind Schwindelgefühle in Verbindung mit Schwäche in den Beinen manchmal auch nur durch eine leichte Kreislaufstörung veranlasst.

Behandlung mit Apfelessig

- Wenn sich nach eingehender ärztlicher Untersuchung kein medizinischer Befund ergibt, kann man es mit einer Apfelessigkur (siehe Seite 69ff.) versuchen, die mindestens 2 bis 3 Monate lang durchgehalten werden sollte.

Was man noch tun kann

Auch Qi-Gong-Übungen helfen, den Gleichgewichtssinn zu stabilisieren und Schwindelgefühle zu beseitigen. Wenn keine krankhafte Ursache vorliegt, hilft es oft, den Kreislauf zu trainieren durch mehr Bewegung, viel frische Luft oder Wechselduschen.

Sodbrennen

Gegen Sodbrennen hilft auch eine Messerspitze Natron, das die überschüssige Säure im Magen rasch neutralisiert.

Sodbrennen entsteht immer, wenn Magensaft in die Speiseröhre gelangt. In ihm ist Salzsäure enthalten, die aggressiv auf die Speiseröhrenwände einwirkt und dort brennende Schmerzen verursacht. Warum der Magensaft nach oben steigt, wo er absolut nichts zu suchen hat, ist von Fall zu Fall verschieden. Doch Betroffene wissen in der Regel, woran es bei ihnen liegt. Meist handelt es sich dabei um ein »Zu«: zu fett, zu eiweißreich, zu süß, zu kalt, zu heiß oder insgesamt zu viel essen lösen oft die Beschwerden aus. Auch zu viel Kaffee, Alkohol oder Nikotin gehören dazu. Doch Vorsicht: Heftiges Sodbrennen, das über einen längeren Zeitraum mehrmals die Woche auftritt, deutet auf eine ernsthafte Magenerkrankung oder ein Geschwür hin, wogegen Apfelessig nichts mehr ausrichten kann.

Behandlung mit Apfelessig

- Trinken Sie zum Essen 1/2 Glas Wasser mit 1 Teelöffel Apfelessig und Honig.

Wirkung Unterstützt die Eiweiß-, Fett- und Kohlenhydrataufspaltung bei der Verdauung

Was man noch tun kann

Wenn Sie Sodbrennen haben, nehmen Sie eine aufrechte Körperhaltung ein oder gehen am besten spazieren. Das erschwert es dem Magensaft, nach oben zu steigen. Bei nächtlichem Sodbrennen legen Sie sich auf die linke Körperseite, da der obere Magenausgang leicht nach rechts weist, und betten den Oberkörper möglichst hoch.

Übergewicht

Wenn die Volksmedizin sagt, dass »Apfelessig überschüssiges Fett zum Verschwinden bringt«, ist das natürlich nicht wörtlich zu nehmen. Denn wer sich weiterhin einseitig ernährt, zu viel isst und sich zu wenig bewegt, wird auch durch das Apfelessiggetränk nicht dünner werden. Wenn man aber die Ernährung vernünftig umstellt und regelmäßig leichten Sport treibt, dann kann Apfelessig den Abnehmprozess durchaus unterstützen und sogar beschleunigen. Da er den Stoffwechsel anregt, erhöht sich dadurch im Körper der so genannte Grundumsatz, das ist die Energie, die der Organismus in völliger Ruhe benötigt, z.B. für Atmung, Kreislauf oder Stoffwechsel. Läuft der Stoffwechsel aber auf Hochtouren, wird auch Körperfett schneller verbrannt. Noch rascher geht es, wenn man sich täglich bewegt; ideal ist beispielsweise schnelles Gehen, auch Walking genannt.

Es hat sich außerdem gezeigt, dass Apfelessig die Naschlust dämpft. Und wer während des Essens den Magen mit dem Apfelessigmix füllt, isst automatisch weniger. Obwohl einerseits die appetitsteigernde Wirkung des Apfelessigs eine Tatsache ist, zeigt die Erfahrung andererseits auch, dass ein Gläschen Apfelessigwasser zwischen den Mahlzeiten den Magen angenehm füllt und den Appetit dämpft. Man kann damit gut die Zeit bis zur nächsten Mahlzeit überbrücken, ohne Heißhunger zu entwickeln, der die Diät gefährdet.

In bester Gesellschaft: Schon der englische Dichter und Volksheld Lord Byron ernährte sich eine Zeit lang nur von Essigwasser und Zwieback, um schlank zu werden.

Behandlung mit Apfelessig

- Nach der Volksmedizin soll während einer Diät 3-mal täglich zu jeder Hauptmahlzeit 1 Glas Wasser mit 2 Teelöffeln Apfelessig und 1/2 Teelöffel Honig schluckweise getrunken werden. Ist das Wunschgewicht erreicht, sollte man den Apfelessigdrink am Morgen noch eine Zeit lang beibehalten.

Wirkung Kurbelt den Stoffwechsel an, erhöht den Grundumsatz, unterstützt den Fettabbau, nimmt Appetit auf Süßes, versorgt den Körper mit Mineralstoffen, verdauungsfördernd

Was man noch tun kann

Einer der wichtigsten Punkte beim Abnehmen ist es, die Fettaufnahme zu verringern. Dabei sollten Sie auch an die versteckten Fette denken, die beispielsweise in den meisten Knabberprodukten wie Salzgebäck und Nüssen stecken. Denken Sie täglich an einen zügigen, längeren Spaziergang.

Verstopfung

Vorsicht vor der Dauereinnahme von Abführmitteln: Sie nehmen dem Darm seine Arbeit ab, der dann ohne diese Mittel erst recht verstopft.

Verstopfung ist eine Volkskrankheit, unter der besonders Frauen leiden. Die wohl veraltete Ansicht mancher Tiefenpsychologen, dass es sich dabei um den unterdrückten Wunsch handelt, »nichts hergeben zu wollen«, ist aus Sicht der modernen Ernährungswissenschaft kaum mehr haltbar. Denn Verstopfung entsteht regelmäßig, wenn man zu ballaststoffarm isst, wenn man zu wenig Getreideprodukte, Obst und Gemüse verzehrt. Aus medizinischer Sicht ist Verstopfung zudem das klassische Symptom einer Darmträgheit, bei der die Peristaltik, die Muskelbewegungen des Darms, infolge ständiger Überbeanspruchung verkrampft (spastische Form) oder, schlimmer noch, erlahmt ist (atonische Form).

Unangenehme Begleiterscheinungen

Derart bedingte Verstopfungen zeichnen sich in der Regel durch einige Begleitsymptome aus. Dazu zählen Appetitlosigkeit, ständiges Völlegefühl, Kopfschmerzen, Antriebsschwäche, häufiges Schwitzen, depressive Verstimmungen und eine belegte Zunge. In solchen

Fällen kann Apfelessig in zweifacher Weise hilfreich eingreifen. Grundsätzlich aktiviert er die Verdauungstätigkeit und bekämpft die lästigen Begleitsymptome einer chronischen Verstopfung, die auf Selbstvergiftungen aus dem Darm heraus beruhen. Die antiseptische Wirkung des Essigs lässt die verstopfungsbedingte Giftstoffproduktion im Darm zurückgehen, was auch rasch die unangenehmen Begleitsymptome mildert.

Behandlung mit Apfelessig

Ein altes Hausmittel bei Verstopfung:

- Man erhitzt 2 Tassen Wasser und rührt 2 Esslöffel Leinsamen hinein. Das Ganze 1/4 Stunde lang kochen lassen, dann die Leinsamen abseihen.
- Fügen Sie dem Sirup, der so entstanden ist, 1 Teelöffel Apfelessig hinzu, und trinken Sie jeweils abends gegen 21 Uhr langsam und in kleinen Schlucken 1 Tasse davon.
- Zudem sollte morgens über einen längeren Zeitraum hinweg die Apfelessig-Wasser-Mixtur eingenommen werden, wobei man sehr viel, am besten lauwarmes Wasser verwenden sollte.

Wirkung Verdauungsanregend, keimtötend

Was man noch tun kann

Essen Sie reichlich Ballaststoffe in Form von Äpfeln, Birnen, Pflaumen, Feigen, Haferflocken, Vollkornbrot etc. Gut hilft viel Gemüse, möglichst als Rohkost zubereitet. Leicht abführend wirkt auch 1 Esslöffel Honig pur nach den Mahlzeiten. Meiden Sie stopfende Lebensmittel wie Schokolade und in Öl Eingelegtes. Auch Bewegung und Bauchmassagen aktivieren den Darm.

Der Münchner Föhn ist berüchtigt für die gesundheitlichen Beschwerden, die er auslöst. Laut Wetteramt wird er aber weitaus öfter beklagt als er überhaupt auftritt.

Wetterfühligkeit

Im US-Staat Vermont, der an der kanadischen Grenze liegt, herrscht ein besonders rauhes und wechselhaftes Klima. Unter dem Einfluss der Witterung treten bei den Bewohnern oft Beschwerden wie Kopfdruck, Schwindel, Schlappheit, Narbenschmerzen etc. auf. Seit jeher behandeln sie diese Beschwerden erfolgreich mit Apfelessig.

Behandlung mit Apfelessig

- Die Folgen eines Wetterwechsels machen sich weniger stark bemerkbar, wenn man regelmäßig 1- bis 2-mal täglich über längere Zeit das Apfelessiggetränk einnimmt.

Wirkung Stoffwechselanregend, macht widerstandsfähiger, stärkt das Immunsystem

Was man noch tun kann

Auch wenn man bei jedem Wetter täglich wenigstens für 30 Minuten an die frische Luft geht, stärkt man die Abwehrkräfte und wird widerstandsfähiger gegenüber Witterungseinflüssen.
Abhärtend und immunstärkend wirken auch stark wechselnde Kalt-Warm-Reize, wie Kneippgüsse, Saunagänge und Dampfbäder. Allerdings kommen diese Anwendungen nicht in Frage bei einer beginnenden oder bestehenden Infektion.

Wundheilung

Das Apfelessiggetränk hilft auch, einem Eisenmangel vorzubeugen, der bei Frauen durch die monatliche Blutung häufig vorkommt. Eisen ist unverzichtbar für die Blutgerinnung.

Wenn Apfelessig über längere Zeit hinweg regelmäßig eingenommen wird, soll sich als Folge der Stoffwechselanregung auch die Blutgerinnung verbessern. Das bedeutet, das Blut, das aus einer Wunde austritt, erstarrt rascher zum so genannten Blutkuchen, der die Wunde verklebt und die Blutung zum Stillstand bringt. Vertreter der Apfelessigheilkunde führen die kürzere Blutgerinnungszeit auf die im Apfelessig enthaltenen Mineralstoffe und Vitamine zurück. Die berüchtigte Bluterkrankheit, bei der auch kleine Blutungen nicht mehr von selbst zum Stillstand kommen, ist ein genetischer Defekt, der die Blutgerinnungsfähigkeit extrem herabsetzt. Von dieser Krankheit Betroffene müssen sich vor den kleinsten Verletzungen sorgfältig hüten.
Apfelessig erleichtert dem Organismus auch die Aufnahme von Stoffen aus anderen Lebensmitteln, beispielsweise aus dem Honig, dessen wertvolle Inhaltsstoffe man ja gleich mit dem Essiggetränk zu sich nimmt. Insbesondere Kalium, Kalzium, Eisenphosphat, Natriumchlorid und Vitamin K sollen die Gerinnungsfähigkeit des Bluts enorm steigern.

Behandlung mit Apfelessig

- Wer feststellt, dass seine Wunden bei kleineren und größeren Verletzungen immer stark und lange bluten, sollte zur Verbesserung der Blutgerinnung täglich 1 bis 3 Gläser Apfelessigwasser mit jeweils 1 bis 2 Teelöffeln Honig trinken.

Wirkung Verbesserte Blutgerinnung und Wundheilung

Was man noch tun kann

Der Heilungsprozess nach Operationen soll wesentlich beschleunigt werden, wenn man schon 4 Wochen vor der Operation damit beginnt, täglich zu jeder Mahlzeit 1 Glas Apfelessigwasser zu trinken. Man sollte dies aber immer mit dem operierenden Arzt absprechen.

Äußerliche Anwendungen von A bis Z

Ausschläge

Rote, juckende Bläschen auf der Haut, oft auch auf größeren Hautflächen (Nesselsucht, Ekzeme), sind in den meisten Fällen Ausdruck einer Überempfindlichkeit gegenüber bestimmten Stoffen. Die Bläschen stellen eine allergische Reaktion der Haut dar, die im Prinzip von jedem Stoff ausgelöst werden kann. Häufig reagieren Betroffene auf eine der folgenden Substanzen: Nickel, Tierhaare, Hausstaub, bestimmte Textilbestandteile wie Kunstfasern, Insektengifte, Medikamente, Blütenstaub oder einzelne Nahrungsinhaltsstoffe.

Das Auftragen von verdünntem Apfelessig regeneriert den Säureschutzmantel der Haut, fördert die Hautdurchblutung und macht die Haut insgesamt widerstandsfähiger. Neben den äußerlichen Anwendungen empfiehlt sich bei Allergien immer, die körpereigenen Abwehrkräfte zu stärken. Dazu kann die tägliche Einnahme des Getränks aus Apfelessig, Wasser und Honig beitragen.

Tragen Sie Apfelessig auf gereizte Haut niemals unverdünnt auf: Seine Säure könnte sonst den Ausschlag verstärken.

Wie schnell jemand blaue Flecken bekommt, hängt auch von der ererbten Festigkeit des Bindegewebes ab. Frauen sind hier meist benachteiligt, da ihr Bindegewebe oft schwächer ist.

Behandlung mit Apfelessig

- Waschen Sie die betroffenen Stellen mehrmals täglich mit kaltem Wasser ab, dem Sie 2 Esslöffel Apfelessig beifügen.
- Machen Sie anschließend eine Massage mit Apfelessig (siehe Seite 125 unter »Juckreiz«).
- Zur Beruhigung der Haut können Sie auch ein heißes Vollbad, dem Sie 1/2 Liter Apfelessig zufügen, nehmen.
- Stellen Sie folgendes Einreibemittel her, und tragen Sie es mehrmals täglich auf die juckenden Ausschläge auf, insbesondere morgens und auch abends vor dem Schlafengehen. Geben Sie Eierschalen in ein Schraubglas, gießen Sie Apfelessig darüber, bis die Schalen bedeckt sind, und verschließen das Glas. Warten Sie 2 bis 3 Tage, bis die Essigsäure die aus Kalk bestehenden Eierschalen aufgelöst hat.

Wirkung Schmerzlindernd, juckreizstillend, abschwellend, antiallergen, desinfizierend

Bluterguss

Bei einem Bluterguss (Hämatom) kommt es nach einem Stoß oder Schlag oder infolge einer Verstauchung und ähnlichen Verletzungen zu einer Ansammlung von Blut im Bindegewebe. Die Stelle verfärbt sich bläulich, schwillt an und schmerzt. Im Verlauf der Heilung zeigt sie einen Farbwechsel von Rot zu Gelb, bevor sie völlig verblasst.

Behandlung mit Apfelessig

- Als Behandlung empfiehlt die Volksmedizin kalte Umschläge mit Apfelessig oder essigsaurer Tonerde. Ein Leinentuch wird in sehr kaltes Wasser (am besten Eiswürfel hineingeben) mit 1 guten Schuss Apfelessig getaucht. Leicht auswringen und auf den Bluterguss legen. Darüber ein trockenes Handtuch und ein Wolltuch wickeln. Sobald sich das Handtuch erwärmt, den Wickel erneuern.

Wirkung Kühlend, schmerzlindernd, abschwellend

Was man noch tun kann

Darüber hinaus sollte das verletzte Körperteil ruhig gestellt und möglichst hochgelegt werden.

Tip Kleine blaue Flecken verschwinden rascher, wenn man 2 Esslöffel Apfelessig erhitzt und 1/2 Teelöffel Salz hineinrührt. Die Flüssigkeit auf ein sauberes Stofftuch geben und auf den blauen Fleck legen. Mehrmals täglich wiederholen.

Brandwunden

Lange Zeit ging der Streit zwischen den Gelehrten hin und her, ob man auf Brandwunden als Soforthilfe kaltes Wasser geben soll oder nicht. Mittlerweile ist entschieden, was eigentlich jeder sofort spürt: Kaltes Wasser hilft enorm. Doch leider kommt es beim Abheilen der mit Wasser behandelten Brandwunden manchmal zu Narben. Deswegen ist als Sofortbehandlung Essig noch besser als Wasser.

Auf Brandwunden niemals fettige Salben oder Puder geben: Bei größerer Ausdehnung nur mit einem keimfreien Tuch abdecken und sofort zum Arzt!

Behandlung mit Apfelessig

- Bei Brandwunden empfehlen die Volksmedizin und anerkannte Heilpraktiker, so schnell wie möglich unverdünnten Essig oder in Essig getränkte Tücher auf die Wunde zu geben. Das stillt den Schmerz umgehend, und es hat sich gezeigt, dass nach dem Abheilen normalerweise keine Narben zurückbleiben. Die Volksmedizin gibt zwar Apfelessig den Vorzug, man kann aber auch Weinessig verwenden.

Wirkung Desinfiziert, kühlt, lindert den Schmerz, entkrampft, fördert die Wundheilung

Was man noch tun kann

Ist kein Essig oder kaltes Wasser zur Sofortbehandlung von Brandwunden vorhanden, versuchen Sie es mit Honig. Er wird umgehend auf die Brandwunde aufgetragen, wirkt desinfizierend und schmerzstillend, weil er antibiotische Stoffe enthält und damit die gereizte Haut beruhigt. Beachten Sie aber bitte, den Honig nur bei leichteren Verbrühungen als Notfallmedizin zu verwenden, da bei schlimmeren Brandwunden das Infektionsrisiko zu groß ist.

Erschöpfungszustände

Bei chronischer Müdigkeit kann auch die Sieben-Tage-Entschlackungskur mit Apfelessig eine wirksame Hilfe sein.

Wenn man ständig müde ist, ohne Schwung und Lebenskraft, kann dies die Folge eines Nährstoffmangels sein. Man ernährt sich vielleicht ziemlich gedankenlos und vergisst, wie wichtig Leben spendende Vitamine und Mineralstoffe sind. Tagsüber greift man dann viel zu oft zu koffeinhaltigen Anregungsmitteln oder Medikamenten mit dem Resultat, dass man nachts lange wach liegt und am Morgen »wie gerädert« ist. Menschen, die unter so einem chronischen Erschöpfungssyndrom leiden, »leben nicht, sie existieren nur«, beschreibt Dr. Paul C. Bragg diese Patienten. »Viele leiden auch an Depressionen und seelischer Erschöpfung.«

Behandlung mit Apfelessig

Trinken Sie täglich das Apfelessig-Honig-Wasser, und versuchen Sie es als Soforthilfe mit folgender Massage:

- Füllen Sie ein Glas zur Hälfte mit Wasser und geben 1 Teelöffel Apfelessig hinzu.
- Schütten Sie ein bisschen davon in eine Hand und reiben nach und nach den ganzen Körper damit ein, selbst die Unterseite der Füße, wo zahlreiche Nervenbahnen zusammentreffen.
- Massieren Sie immer zum Herzen hin. Trocknen Sie sich anschließend nicht mit einem Handtuch ab, sondern reiben Sie Ihren Körper mit beiden Händen trocken, bis die Flüssigkeit vollständig eingezogen ist. Das fördert die Durchblutung.

Wirkung Vitalisiert und erfrischt den ganzen Körper

Was man noch tun kann

Vielleicht denken Sie einmal über folgende Aussage von D.C. Jarvis nach: »Unser menschliches Haus wird aus der Nahrung, die wir essen, den Flüssigkeiten, die wir trinken, der Luft, die wir atmen, erbaut und erneuert.«

Tip Bei schmerzenden, müden Augen und erschlafften Lidern tränken Sie einen Wattepad mit Apfelessig und legen ihn auf die geschlossenen Lider. Bevor Sie die Augen öffnen, die Lider erst gut mit lauwarmem Wasser abspülen.

Fieber

Fieber, also eine Körpertemperatur über 37,5 °C, ist keine eigentliche Krankheit, sondern die Reaktion des Körpers auf eine Störung, meist auf Ansteckungen und entzündliche Prozesse, aber auch auf nichtinfektiöse Krankheiten wie eine Überfunktion der Schilddrüse, Geschwülste oder Allergien. Bei hohem Fieber muss immer der Arzt zugezogen werden. Begleitend zur ärztlichen Therapie und bei leichtem Fieber kann man es jedoch auch mit der Volksmedizin versuchen.

Behandlung mit Apfelessig

- Für kalte Wadenwickel tauchen Sie 2 Leinentücher in Apfelessigwasser (1 Teil Wasser, 2 Teile Apfelessig), wringen sie aus und wickeln sie fest um beide Waden. Darüber kommen 2 trockene Frottiertücher; zum Schluss noch mit einer Wolldecke zudecken. Nach 1/2 Stunde sollten Sie die Wickel wieder abnehmen. Anschließend mindestens 30 Minuten lang ruhen.
- Wenn sich eine fiebrige Erkrankung ankündigt, kann man versuchen, sie mit einem Apfelessigschwitzbad zu stoppen. In einem fortgeschrittenen Krankheitsstadium sollten Sie allerdings darauf verzichten. Lassen Sie die Wanne mit Wasser voll laufen, das so warm ist wie Ihre Körpertemperatur. Gießen Sie 1/2 Liter Apfelessig dazu. Entspannen Sie sich 15 Minuten lang in dem wohl tuenden Apfelessigbad, und atmen Sie bewusst die aufsteigenden Dämpfe ein. Dann steigen Sie rasch hinaus, schlüpfen, ohne sich vorher abzutrocknen, in einen Frotteemantel und legen sich damit ins Bett. Nachdem Sie 1/2 Stunde geschwitzt haben, ziehen Sie den Bademantel aus und trocknen sich gut ab. Dieses kreislaufbelastende Schwitzbad sollte man nicht häufiger als höchstens alle 3 Tage machen.
- Fiebersenkend wirken auch Essigsocken. Dazu taucht man Baumwollsocken in Apfelessigwasser (Mischung 1:1), wringt sie aus und streift sie über. Darüber kommen Wollsocken und eine Decke. Sind die Socken trocken, den Vorgang wiederholen.

Wirkung Fiebersenkend, entschlackend, fördert die Durchblutung und den erholsamen Schlaf

Nicht gleich das Fieber senken: Es ist eine sinnvolle Abwehrreaktion des Körpers, die durch Überhitzung Krankheitserreger abtötet. Nur bei länger anhaltendem Fieber und hohen Temperaturen müssen Sie Gegenmaßnahmen ergreifen.

Was man noch tun kann

Bei Fieber sollte man immer viel trinken, was auch den meist recht angeschlagenen Kreislauf stabilisiert. Nehmen Sie am besten Apfelessiggetränke, naturreine Fruchtsäfte, Mineralwasser und Tees zu sich. Schwarzer Holundertee ist außerordentlich fiebersenkend. Auch ein Tee aus Lindenblüten ist bei Fieber geeignet, da er stark schweißtreibend wirkt – man kann mit seiner Hilfe das Fieber richtiggehend ausschwitzen.

Filzläuse

Weitaus häufiger als Filzläuse kommen ihre Verwandten, die Kopfläuse, vor: Besonders auf Kinderköpfen tauchen sie immer wieder auf und verbreiten sich dann sprunghaft in Kindergärten und Schulen.

Filzläuse (Phtirus pubis) sind heutzutage relativ selten. Sie können im Schambereich, manchmal auch an Brust-, Achsel- oder Barthaaren vorkommen, sehr selten allerdings am Kopfhaar. Man erkennt sie an bläulichen, geschwollenen Stichstellen, oder, wenn man gute Augen hat, kann man die winzigen Plagegeister auch direkt entdecken. Die Einstiche der etwa einen Millimeter kleinen Blutsauger können heftig jucken. Die weiblichen Tiere heften ihre Eier (Nissen) an die Haarschäfte. Filzläuse werden in der Regel beim Geschlechtsverkehr oder durch Berühren von verlauster Kleidung übertragen.

Behandlung mit Apfelessig

- Spülungen mit Apfelessig sind ein altbewährtes Mittel gegen Läuse. Man nimmt am besten reinen Apfelessig und spült damit die betroffenen Stellen mehrmals täglich, besonders auch abends vor dem Zubettgehen. Sollte der reine Apfelessig zu stark auf die Schleimhäute einwirken, mit Wasser verdünnen. Auch wenn man nicht mehr befallen ist, muss man wegen der Nissen noch 1 bis 2 Wochen weiterbehandeln.

Wirkung Tötet oder vertreibt die Läuse, juckreizstillend

Was man noch tun kann

Man sollte unbedingt die Unterwäsche täglich wechseln und auskochen. Dasselbe gilt auch für benutzte Bettwäsche und Handtücher. Geben Sie zur zusätzlichen Desinfektion 1/4 Liter Apfelessig in die Waschmaschine.

Frauenbeschwerden

Sicherlich wird jede Frau, wenn sie mit infektiösen Problemen im Intimbereich zu kämpfen hat, ihren Arzt aufsuchen. Unterstützend zu der ärztlichen Therapie haben sich aber durchaus Spülungen mit Apfelessig bewährt. Es kann sich beispielsweise nach einer medikamentösen Behandlung das Problem ergeben, dass die normale Genitalflora empfindlich gestört ist, da krank machende Mikroorganismen genauso wie schützende vernichtet wurden.

Apfelessigspülungen können da regulierend eingreifen. Denn eine ein- bis zweiprozentige Essiglösung hat in etwa denselben Säuregehalt (pH-Wert) wie der weibliche Intimbereich. Daher empfehlen auch Frauenärzte gelegentliche Spülungen mit Apfelessigwasser vorbeugend, damit die Vaginalflora ihr natürliches Gleichgewicht bewahrt, oder zur Nachbehandlung nach Medikamenteneinnahme. Auch bei Brennen oder Juckreiz kann man es damit versuchen.

Slipeinlagen sind außer während der Menstruation völlig überflüssig und können durch Luftabschluss und Wärmestau Unterleibsinfektionen begünstigen.

Behandlung mit Apfelessig

- Führen Sie bei Beschwerden 1- bis 2-mal täglich eine Vaginalspülung durch. Beginnen Sie mit einer Mischung aus 3 Teilen warmem Wasser und 1 Teil Apfelessig. Wenn Sie die Lösung gut vertragen, können Sie das Mischungsverhältnis auf 1:1 steigern, aber spülen Sie trotzdem nicht häufiger.

Wirkung Desinfizierend, geruchsbindend, regeneriert die Scheidenflora

Was man noch tun kann

Zur Vorbeugung genügt es, die Spülung ein- bis zweimal wöchentlich durchzuführen.

Fußpilz

Fußpilz ist sehr hartnäckig und muss in jedem Fall behandelt werden, da er nicht von allein verschwindet. Besonders die warmen, feuchten Zehenzwischenräume werden gerne davon befallen. Deshalb sollte man immer darauf achten, dass sie nach dem Waschen gut abgetrocknet werden. Verwenden Sie zusätzlich einen Fußpuder.

Fußpilz kann man nur mit großer Ausdauer loswerden: Er gilt auch deshalb als hartnäckig, weil die meisten Patienten die Behandlung viel zu früh abbrechen.

Behandlung mit Apfelessig

- Baden Sie die Füße mindestens 2-mal täglich für 5 bis 10 Minuten in 1 Liter warmem Wasser, dem Sie 1 Tasse Apfelessig bzw. Thymianessig (siehe Seite 144) und 1/2 Tasse Salz hinzufügen. Die aufweichende Wirkung des Salzes erleichtert es der Essigsäure, gegen den Fußpilz aktiv zu werden.
- Betupfen Sie die betroffenen Stellen zudem mehrmals täglich mit einem Wattepad, der mit purem Apfelessig getränkt ist.
- Der Juckreiz lässt auch nach, wenn Sie Baumwollsocken in Apfelessigwasser tauchen, auswringen und sofort anziehen. Darüber kommen dicke Socken. Erst ausziehen, wenn die Essigsocken trocken sind.

Wirkung Desinfiziert, lindert den Juckreiz

Was man noch tun kann

Bei Fußpilz sollte man generell die getragenen Socken 30 Minuten lang in Apfelessigwasser einweichen, ehe man sie wie gewohnt in der Maschine wäscht.

Hämorrhoiden

Hämorrhoiden sind Ausweitungen und Wucherungen im Gefäßnetz, das die Schleimhaut des Enddarms umhüllt. Sie sind innerlich oder äußerlich als Knötchen fühlbar, erzeugen mitunter unangenehme Schmerzen und können auch stark bluten, wenn das empfindliche Gewebe verletzt wird.

Hämorrhoiden haben verschiedene Ursachen. Dazu zählen: eine überwiegend sitzende Lebensweise, einseitige Ernährung mit zu wenig Ballaststoffen und häufige Verstopfungen mit Pressen und Drücken beim Stuhlgang. Wenn eine erbliche Bindegewebsschwäche vorliegt, ist es besonders wichtig, zumindest die anderen Ursachen zu minimieren. Tägliche Apfelessiggetränke und Waschungen mit Apfelessigwasser haben sich als hilfreich erwiesen. Der von außen aufgetragene Apfelessig kann bewirken, dass sich die aufgeblähten Venenknötchen zusammenziehen (adstringierende Wirkung), und verhindert, dass sie sich entzünden.

Behandlung mit Apfelessig

- Empfehlenswert sind regelmäßige Waschungen mit kaltem Wasser, dem einige Esslöffel Apfelessig beigefügt wurden.
- Wenn die Knötchen schmerzen, tränken Sie einen Pad mit purem, gekühltem Apfelessig und legen ihn auf.

Wirkung Stillt die Schmerzen, lindert den Juckreiz

Was man noch tun kann

Darüber hinaus sollte man für einen weichen Stuhl sorgen, indem man viel Obst (eingeweichte Backpflaumen, Feigen) und Gemüse (rohes Sauerkraut) sowie ballaststoffreiche Vollkornprodukte isst. Tägliche Bewegung festigt darüber hinaus das Bindegewebe. Auch Bäder in lauwarmem Wasser, dem ein Sud aus Kamillenblüten zugesetzt wird, wirken schmerzlindernd und entzündungshemmend.

Bei vermeintlichen Hämorrhoiden handelt es sich oft um ein anales Ekzem, das u.a. durch Nahrungsmittelallergien oder Pilzinfektionen entstehen kann.

Insektenstiche

Die Stiche von Mücken und Bremsen sind »nur« unangenehm, während Wespen-, Bienen- und Hornissenstiche überaus schmerzhaft und im Falle einer Allergie mitunter sogar lebensgefährlich sein können. Wenn Sie von einem dieser Insekten gestochen wurden, sollten Sie sofort den Stachel mit einer Pinzette entfernen. Im Falle einer Kreislaufschwäche oder wenn Ihnen übel wird, sollten Sie schleunigst den Arzt rufen. Aber auch die harmloseren Mückenstiche verursachen in den letzten Jahren oft größere Schwellungen oder entzünden sich sogar. Man weiß noch nicht, ob sie giftiger geworden sind oder dies an einer höheren Allergiebereitschaft der Menschen liegt.

Behandlung mit Apfelessig

- Gießen Sie unmittelbar nach dem Stich unverdünnten Apfelessig auf die Schwellung. Wer eine Allergie gegen Insektenstiche hat, muss aber trotzdem unverzüglich den nächsten Arzt aufsuchen.

Wirkung Schmerzlindernd, abschwellend, juckreizstillend

Reichlich Knoblauch im Essen soll auch helfen, sich Mücken vom Leib zu halten – nur leider können auch manche Mitmenschen uns dann nicht mehr riechen.

Was man noch tun kann

Durch Duftstoffe im menschlichen Schweiß, aber auch in Sonnenölen und Hautcremes, werden die Insekten angelockt. Wenn Sie sich mit Apfelessigwasser einreiben, können Sie die Plagegeister eine Zeit lang von sich fernhalten.

Tip Wenn man im Urlaub am Mittelmeer die schmerzhafte Bekanntschaft mit einer nesselnden Qualle gemacht hat, spült man die betroffene Stelle mit Meerwasser ab und gießt anschließend reinen Apfelessig darüber – das hilft. Bei mitunter sehr gefährlichen tropischen Quallen ist das jedoch nur als Erste-Hilfe-Maßnahme gedacht, bis der Notarzt eintrifft.

Das Mittel der Kolonialherren

Wenn man seinen Urlaub in einem Land plant, wo einem bissige Mücken so manch schönen Abend verleiden, kann man es einmal mit folgendem alten englischen Rezept versuchen. Es stammt noch aus einer Zeit, als die Engländer die Kolonialherren in tropischen Regionen waren und sich gegen Schwärme von Malaria übertragenden Moskitos zur Wehr setzen mussten.

Zutaten *Dillkörner • Lavendelblüten • Rosmarin • Raute*
Salbei • Wermut • grüne Minze • 1/2 l Apfelessig
1 TL Kampferpulver oder 3 Tropfen Kampferöl

Zubereitung

- Geben Sie einige Dillkörner, einige Lavendelblüten sowie einige Blättchen von Rosmarin, Raute, Salbei, Wermut und grüner Minze in einen Krug.
- Übergießen Sie die Heilkräuter mit dem Apfelessig, und lassen Sie sie bedeckt 5 Tage lang an einem mäßig warmen Ort ausziehen.
- Danach die Kräuter abseihen, 1 Teelöffel Kampferpulver oder 3 Tropfen Kampferöl dazumischen und den Essig in Flaschen füllen.
- Betupfen Sie damit die Einstichstellen. Das lindert den Juckreiz. Diesen Essig bitte nur äußerlich anwenden!

Juckreiz

Anhaltender Juckreiz auf der Haut, der nicht von Insektenstichen herrührt, beruht meist auf einer Überempfindlichkeit gegenüber be-

stimmten Stoffen und ist somit eine allergische Reaktion. Hautjucken kann aber auch ein Symptom nervöser Erschöpfungszustände sein oder auf den Befall der Haut mit Mikroorganismen wie Pilzen zurückgehen. Bei älteren Menschen gibt es auch den so genannten »Altersjuckreiz«, der von trockener, schuppender Haut begleitet ist und besonders an den Schienbeinen und Ellenbogen auftritt.
Gegen das lästige Jucken helfen Waschungen mit Apfelessig. Sie regenerieren den Säureschutzmantel der Haut, was die Haut kräftigt und von unerwünschten Mikroben befreit. Viele Menschen sind regelrecht »dünnhäutig« geworden, weil sie mit Salben und Medikamenten, aggressiven Waschsubstanzen und Badezusätzen den natürlichen Schutzfilm ihrer Haut zerstört haben.

Behandlung mit Apfelessig

- Verdünnen Sie 1 Teil Apfelessig mit 3 Teilen Wasser. Tragen Sie das Apfelessigwasser direkt mit der Hand auf die juckenden Stellen, am besten jedoch am ganzen Körper auf. Beginnen Sie bei den Händen oder Füßen, und massieren Sie immer in Richtung auf das Herz zu. Diese Apfelessigmassage bringt auch den Kreislauf auf Trab, was zusätzlich nützt. Trocknen Sie sich anschließend nicht ab, sondern lassen Sie die Flüssigkeit in die Haut einziehen. Auch der Verdunstungseffekt dabei kühlt, beruhigt und lindert.
- Keine Angst, Sie riechen dann nicht säuerlich. Sobald diese Biolotion in die Haut eingedrungen ist, verfliegt auch der Geruch – zumindest für menschliche Nasen (bissige Insekten lassen sich davon wesentlich länger beeindrucken).
- Sehr gut bewährt hat sich auch das Einreibemittel gegen Ausschläge (siehe Seite 116).
- Sollten Sie unter Juckreiz leiden und gerade ein Bad nehmen wollen, fügen Sie ihm 2 bis 3 Tassen Apfelessig hinzu. Das lindert nicht nur das lästige Jucken, sondern beruhigt auch die Haut und strafft das Gewebe.

Wirkung Dämpft den Juckreiz, regeneriert den Säureschutzmantel der Haut, desinfiziert und vitalisiert

In seltenen Fällen kann auch eine Stoffwechselstörung Juckreiz auslösen – lassen Sie bei anhaltenden Symptomen die Ursache durch einen Arzt abklären.

Was man noch tun kann

Es empfiehlt sich, Reizstoffe wie Alkohol und Kaffee einzuschränken. Bei durch trockene Haut bedingtem Juckreiz hilft eine tägliche Einreibung mit Weizenkeimöl oder Sesamöl mit etwas Apfelessig vermischt. Besonders vor dem Waschen sollten Sie diese Mischung einmassieren, um die Haut zu schützen. Auch ein Thymianbad wirkt desinfizierend und lindert den Juckreiz. Übergießen Sie 100 Gramm Thymiankraut mit 1 Liter kochendem Wasser, 20 Minuten ziehen lassen, dann abseihen. Den Sud ins Badewasser gießen.

Kopfflechte

Oft sind Kinder im Babyalter von Kopfflechten betroffen: Dann handelt es sich nicht um eine Infektion der Kopfhaut, sondern um ein vermutlich hormonell bedingtes »seborrhoisches Ekzem«, das durch übermäßige Talgabsonderungen der Kopfhaut entsteht.

Die Kopfflechte wird durch Mikroorganismen übertragen, die an Mützen und Hüten oder auf Haustieren sitzen. Auch an Rückenlehnen im Kino oder Theater kann man sich damit anstecken. Meistens leiden Kinder unter diesen schuppigen, schmerzenden Stellen auf der Kopfhaut und lassen sich nur schwer vom Kratzen abhalten.

Behandlung mit Apfelessig

- Tragen Sie mit dem Finger täglich unverdünnten Apfelessig auf die entzündete Stelle der Kopfhaut auf, und zwar bis zu 6-mal täglich, auf jeden Fall jedoch morgens und abends.
- Trinken Sie zusätzlich 1-mal täglich das Apfelessiggetränk.

Wirkung Antiseptisch, lindert den Juckreiz, gleicht Mineralstoffmängel aus

Was man noch tun kann

Wenn man sich die Haare wäscht, sollte man sie anschließend mit 1 Liter warmem Wasser, dem 1/2 Tasse Apfelessig beigegeben wurde, spülen. Der Essig wird nicht mehr ausgewaschen.

Krampfadern

Von Krampfadern (Varizen) sind meist Frauen betroffen, obwohl auch eine Reihe von Männern damit Schwierigkeiten hat. Die krankhaften Veränderungen an den Venen sind meist auf eine ererbte Bindegewebsschwäche zurückzuführen. Die Venen an den Unterschenkeln treten dann deutlich hervor, sind erweitert und geschwollen. Die Beine werden schwer und schmerzen, Füße und Gelenke schwellen leicht an, und gelegentlich kommt es zu Wadenkrämpfen.

Behandlung mit Apfelessig

- Waschen Sie die Unterschenkel abends vor dem Schlafengehen sowie morgens gleich nach dem Aufstehen und nach jedem Baden und Duschen mit unverdünntem Apfelessig ab; warten Sie jeweils, bis die Flüssigkeit von selbst getrocknet ist. Die Behandlung wirkt schmerzlindernd und beugt einer Verschlimmerung vor.
- Machen Sie ab und zu ein kaltes Fußbad. Füllen Sie Wasser in eine kleine Badewanne; es soll etwa bis zum Knie reichen. Gießen Sie 1/4 Liter Apfelessig hinein. Treten Sie 1 bis 2 Minuten in der Badewanne auf der Stelle. Anschließend die Füße nicht abtrocknen, sondern sofort in Baumwollsocken und dann in dicke Wollsocken schlüpfen. Die Füße hochlegen.
- Tauchen Sie 2 Leinentücher in reinen Apfelessig, wringen Sie sie aus und umwickeln Sie damit die Unterschenkel. Darüber kommen trockene Frottiertücher. Die Beine hochlegen und 30 Minuten einwirken lassen, dann werden die Wickel entfernt.
- Nehmen Sie zusätzlich täglich über längere Zeit das Apfelessiggetränk ein. Seine stoffwechselanregende Wirkung stärkt auch das Bindegewebe.

Wirkung Schmerzlindernd, abschwellend

Selbst Fußballer trifft es häufig: Krampfadern entstehen auch durch Leistungssport; mäßige Bewegung dagegen verhindert Venenstauungen.

Was man noch tun kann

Man sollte die Beine so oft wie möglich hochlegen. Auch das Tragen von Stützstrümpfen bringt Erleichterung. Vermeiden Sie das Sitzen mit übereinander geschlagenen Beinen sowie langes Stehen. Empfehlenswert ist regelmäßige Bewegung, die aber nicht in Leistungssport ausarten sollte. Sehr günstig sind beispielsweise Gymnastik, Radfahren oder Schwimmen. Rauchen und die Antibabypille können das Leiden übrigens verschlimmern; in manchen Fällen führen sie sogar zu Thrombosen.

Eine Massage mit Apfelessig vitalisiert überanstrengte Muskeln nach dem Sport und hilft besonders auch bei geschwollenen, schmerzenden Beinen.

Muskelkater

Gegen Muskelkater hilft am besten Bewegung, weil dadurch die überschüssige Milchsäure in den Muskeln schneller abgebaut wird.

Die typischen Muskelschmerzen werden wahrscheinlich durch feinste Einrisse in den Muskelzellen verursacht, die sich schmerzhaft entzünden, wenn die Muskulatur durch ungewohnte sportliche Anstrengungen überlastet wurde. Hinzu kommt eine Überschwemmung der Gewebe mit Stoffwechselschlacken, insbesondere Milchsäure, die nicht schnell genug abtransportiert werden können.

Behandlung mit Apfelessig

- Nehmen Sie ein warmes Bad, dem Sie 2 Tassen Apfelessig beifügen. Machen Sie während des Badens eine Selbstmassage an Füßen und Beinen, dem Rumpf, Armen und Hals. Drücken Sie sanft jeden Körperteil und lassen gleich wieder los. Zum Schluss Gesicht, Kopf und Kopfhaut massieren.
- Reiben Sie die schmerzenden Stellen mit Apfelessig ein.

Wirkung Durchblutungsfördernd, schmerzstillend, entschlackend (siehe auch Ringelblumenessig, Seite 142)

Was man noch tun kann

Wenn Sie nach langer Pause wieder Sport treiben, sollte die Aufwärmphase länger als gewöhnlich dauern. Ein Saunagang oder ein heißes Bad direkt nach dem Sport mit eventuell anschließender Massage lässt den Muskelkater möglicherweise überhaupt nicht entstehen.

Tip Schmerzlindernd wirkt ein Wickel mit einem in Apfelessig getauchten und mit Cayennepfeffer bestreuten Leinentuch. 10 Minuten einwirken lassen. Ein starkes Einreibemittel ist auch dieser Kräuteressig: Einige Kräuterstängel von Majoran, Oreganum, Gartenraute, Salbei, Wermut oder Schafgarbe, etwas Weidenrinde und Myrrhentinktur in 1 Liter Apfelessig ansetzen und 2 Wochen darin ziehen lassen. Die Kräuter abseihen und den Essig in Flaschen füllen.

Nasenbluten

Jeder weiß, ein Schlag oder Stoß auf die Nase kann Nasenbluten auslösen. Weniger bekannt ist, dass auch eine Austrocknung der Nasenscheidewand oder Polypen als Ursache in Frage kommen. Dann kann schon starkes Schnäuzen bewirken, dass Äderchen in der Nase platzen und Blut austritt. Manchmal ist Nasenbluten auch Ausdruck einer Allgemeinerkrankung. Dann muss ein Arzt befragt werden.

Nasentropfen haben es in sich: Die Nasenschleimhaut wird sehr schnell »süchtig« nach ihnen und reagiert auf Entzug mit Krustenbildung und häufigem Nasenbluten. Daher Nasentropfen immer sparsam und nur für kurze Zeit verwenden!

Behandlung mit Apfelessig

- Für eine Nasentamponade rollen Sie ein mit Apfelessig getränktes Papiertaschentuch zusammen und führen es vorsichtig in die Nase ein. Lassen Sie es dort, bis die Blutung gestillt ist, und ziehen Sie es dann vorsichtig wieder heraus.
- Wer öfter Nasenbluten hat, sollte regelmäßig das Apfelessiggetränk einnehmen, da es die Blutgerinnungsfähigkeit fördert.

Wirkung Blutstillend, desinfizierend, schmerzlindernd

Was man noch tun kann

Bleiben Sie in aufrechter Lage, den Kopf leicht nach vorne gebeugt. Legen Sie sich nicht hin, da sonst das Blut in den Rachenraum fließt. Hilfreich bei Nasenbluten ist auch, sich ein feuchtes Tuch in den Nacken zu pressen. Das verengt die Blutgefäße.

Nervöse Störungen

Nervöse Störungen bauen sich langsam auf. Rechnen Sie nicht damit, sie schnell loszuwerden. Oft sind grundsätzliche Umstellungen der Lebensweise dazu nötig.

Symptome wie Herzrasen, Schlafstörungen, Schweißausbrüche, feuchte Hände oder Füße, Appetitlosigkeit, Verdauungsstörungen oder eine allgemeine innere Unruhe bis hin zu Angstzuständen können Ausdruck einer Störung im Nervensystem sein. Das kann verschiedene Ursachen haben. Wer über einen längeren Zeitraum Hochleistungen erbringen musste, hat möglicherweise sein Nervensystem überfordert. Nervosität kann auch Ausdruck eines Mineralstoffdefizits sein, auf mangelnde körperliche Bewegung, Alkohol-, Tabletten- oder Nikotinmissbrauch hindeuten oder die Folge ständiger Lärmbelästigungen sowie persönlicher Überlastungen sein.

Behandlung mit Apfelessig

- Um Mineralstoffmängel auszugleichen und die allgemeine Widerstandskraft zu erhöhen, empfiehlt sich grundsätzlich das tägliche Apfelessig-Honig-Getränk.
- Entspannend sind Wechselfußbäder am Abend. Stellen Sie Ihre Füße etwa 5 Minuten in ein Gefäß mit warmem Wasser (38 bis 40 °C), dann für 5 bis 20 Sekunden in kaltes Wasser, dem Sie 1/4 Liter Apfelessig beigemischt haben. Wechseln Sie ab, solange es Ihnen angenehm ist. Bitte mit kaltem Wasser abschließen. Die Füße nicht abtrocknen, sondern an der Luft trocknen lassen. Oder Sie schlüpfen mit nicht abgetrockneten Füßen erst in Baumwollsocken, dann in dicke Socken. Jetzt sollten Sie eine Weile ruhen.
- Auch morgendliche Massagen mit Apfelessig sind hilfreich.

Wirkung Vitalisierend, durchblutungsfördernd, beruhigend (siehe auch Rosmarinessig, Thymianessig, Seite 143f.)

Was man noch tun kann

Wer ständig überlastet und überdreht ist, sollte sich mit Entspannungstechniken wie Qi-Gong, Yoga oder Meditationsübungen vertraut machen und regelmäßige Pausen in den Tagesablauf einplanen. Eine ausgewogene Ernährung und vor allem viel Bewegung helfen ebenfalls dabei, das Nervenkostüm zu entlasten.

Ohrenschmerzen

Beim so genannten Schwimmerohr gelangen, hervorgerufen durch das häufige Eindringen von Wasser, Bakterien in den Gehörkanal. Eine schmerzhafte Ohrentzündung ist die Folge. Apfelessig, der Keime abtötet, ist ein altes Hausmittel gegen das Schwimmerohr. Doch nicht immer treten Ohrenschmerzen nach dem Baden auf. Wer bei der Reinigung feststellt, dass viel Ohrenschmalz vorhanden ist, hat vielleicht einen Pfropf im Ohr. Saugt sich dieser voll Wasser, kann er aufquellen und schmerzen. Ohrenschmerzen können aber Folgen von Entzündungen im Mittelohr oder der Stirn- und Nasennebenhöhlen sein. Dies bedarf dann der Untersuchung durch einen Arzt.

Behandlung mit Apfelessig

- Wer häufig über Ohrenschmerzen klagt, sollte Apfelessig mit abgekochtem Wasser im Verhältnis 1:1 mischen und die Ohren gründlich mit dieser Lösung auswaschen. Anschließend die Ohren gut abtrocknen.
- Man kann das Ohr auch vorsichtig mehrmals am Tag für einige Minuten mit Apfelessigwasser bedampfen. Dazu erhitzt man Apfelessigwasser (Mischung 1:1), füllt es in eine Kaffee- oder Teekanne, stülpt am besten einen Trichter über den Kannenschnabel und hält sich den Trichterstutzen ans Ohr. Man muss dabei aber vorsichtig vorgehen, damit man sich nicht verbrüht.
- Eine anderes Hausmittelrezept empfiehlt, den Kopf zur Seite zu beugen, so dass das entzündete Ohr nach oben weist. Man träufelt einige Tropfen Apfelessig in das Ohr und zieht ein wenig am Ohrläppchen, damit die Flüssigkeit tief in den Gehörkanal eindringen kann. Dann den Kopf zur anderen Seite neigen, damit der Apfelessig wieder herausläuft. Bei einem Pfropf sollte man dies 1- bis 2-mal täglich einige Tage lang tun. Dann eine Mischung aus Apfelessig und abgekochtem Wasser (1:1) in eine Einlaufspritze geben und mit einem sanften Strahl vorsichtig versuchen, den Pfropf auszuspülen. Man darf mit der Spritze keinesfalls in den Gehörgang eindringen.

Wirkung Antibakteriell, schmerzlindernd, pfropflösend

Seien Sie vorsichtig beim Reinigen der Ohren, besonders mit den beliebten Wattestäbchen. Sie können Schmutz noch tiefer in den Gehörgang drücken oder sogar das Trommelfell verletzen.

Ein bewährtes Schmerzmittel

Meerrettichessig ist ein Einreibemittel, das man bei Schmerzen aller Art verwendet. Bei Kopf-, Glieder-, Zahnfleisch- oder Nervenschmerzen gibt man Meerrettichessig auf einen Wattebausch und reibt die betroffenen Partien damit ein. Solange wie möglich dort einwirken lassen.

Füllen Sie in ein verschließbares Glas 1/2 Liter Apfelessig, und mischen Sie 500 Gramm frisch geriebenen Meerrettich dazu. Gut durchrühren, das Gefäß verschließen und 2 Wochen ziehen lassen. Den Meerrettich abseihen, den Essig in eine Flasche füllen.

Meerrettich nie kochen lassen: Er verliert dabei wertvolle Inhaltsstoffe. Daher benützt man bei Heilanwendungen die frisch geriebene Wurzel.

Was man noch tun kann

Nach dem Schwimmen, Duschen, Baden oder Haarewaschen müssen die Ohren stets gut abgetrocknet werden. Bakterien und Pilzen wird so der Nährboden entzogen.

Schnupfen, verstopfte Nase

Auch für die Allerweltskrankheit Schnupfen hat die Volksmedizin ein Heilrezept parat. Allerdings kann auch sie nur die Symptome behandeln und damit Erleichterung verschaffen.

Behandlung mit Apfelessig

- Ein wirksames Hausmittel bei einer chronisch verstopften Nase und bei Verschleimung der Nebenhöhlen ist das Inhalieren mit Apfelessig, wie auf Seite 98 unter »Husten« beschrieben.
- Wer als Begleiterscheinung des Schnupfens eine gerötete Nase hat, kann folgendes Hausmittel versuchen: Verdünnen Sie 3 bis 4 Esslöffel Apfelessig mit 1/4 Liter Wasser, tränken Sie einen Wattebausch mit der Flüssigkeit und legen ihn für etwa 5 Minuten auf die Nase.
- Ist die Nase nach einmaligem Inhalieren noch nicht frei, wartet man 30 Minuten und wiederholt den Vorgang. Der Essiganteil kann auch erhöht werden (2 Teile Essig, 1 Teil Wasser). Manche inhalieren auch reine Apfelessigdämpfe.

Wirkung Keimtötend, entzündungshemmend, abschwellend

Was man noch tun kann

Bei chronisch verstopfter Nase sollte zusätzlich täglich der Apfelessigcocktail getrunken werden.
Seit jeher sind auch Salzlösungen gut zur Schnupfenbekämpfung. Man fügt 1 Glas Wasser 1/2 Teelöffel Salz zu und versucht, die Flüssigkeit durch die Nase hochzuziehen.

Heftig ins Taschentuch zu schnäuzen, kann Schnupfen eventuell verschlimmern, weil die Erreger durch den Druck in die Nebenhöhlen gepresst werden.

Schweißausbrüche

Schweißausbrüche können entweder Symptom einer Krankheit sein oder mit großen Belastungen wie Dauerstress oder Wechseljahrebeschwerden in Zusammenhang stehen. Bei hohem seelischem Druck versucht die Psyche manchmal, sich über nächtliches Schwitzen ein Ventil zu schaffen. Versuchen Sie, einem eventuellen inneren Konflikt auf die Spur zu kommen. Wenn die Schweißausbrüche auf falscher Ernährung, Alkohol- oder Tablettenmissbrauch beruhen, empfiehlt sich eine Sieben-Tage-Entschlackungskur mit Apfelessig. Zur Sofortbehandlung ist eine Massage mit Apfelessig hilfreich. Widerkehrende nächtliche Schweißausbrüche können allerdings auch auf eine ernsthafte organische Krankheit hinweisen. Dann müssen Sie die Ursache von einem Arzt abklären lassen.

Behandlung mit Apfelessig

- Reiben Sie den ganzen Körper mit purem oder verdünntem Apfelessig ein, wie schon unter »Juckreiz« (siehe Seite 125) beschrieben.

Wirkung Geruchsbindend, entschlackend, die Haut regenerierend, normalisiert den pH-Wert der Haut, kühlend, beruhigend (siehe auch Salbeiessig, Seite 143)

Was man noch tun kann

Wenn Sie eine Ganzkörpermassage mit Apfelessig vor dem Schlafengehen machen, beugen Sie nächtlichen Schweißausbrüchen vor. Bedenken Sie: Wenn das selbst bei häufiger Anwendung nicht hilft, sollte ein Arzt, eventuell kommt auch ein Lungenfacharzt in Frage, zur Klärung der Ursache aufgesucht werden.

Sonnenbrand

Wenn Sie regelmäßig Medikamente einnehmen müssen: Manche Präparate erhöhen die Lichtempfindlichkeit der Haut. Dann reicht schon ein kurzes Sonnenbad für einen Sonnenbrand.

Sonnenbrand kann man nicht nur in der prallen Sonne bekommen, sondern auch im Schatten, beim Ballspielen, Schwimmen im Meer oder beim Wandern im Gebirge. Wann immer die Haut zu vielen UV-Strahlen ausgesetzt ist, beginnt sie sich zu röten, spannt und juckt. Das sind die ersten Anzeichen für einen Sonnenbrand. Spätestens jetzt sollte man rasch aus der Sonne gehen oder sich etwas überziehen, um schwerere Verbrennungen zu vermeiden. Besser ist es natürlich, den Sonnenbrand von vornherein zu vermeiden, da er gefährliche Spätfolgen haben und z. B. auch zu Hautkrebs (Melanom) führen kann. Inzwischen ist die Sonneneinstrahlung selbst über Westeuropa so aggressiv, dass es sich in jedem Fall empfiehlt, ein Sonnenschutzmittel mit hohem Lichtschutzfaktor zu wählen. Besonders bei Kindern muss man darauf achten, rechtzeitig nachzucremen, da sie sich beim Plantschen im Schwimmbad oder am Meer die schützende Schicht schnell wieder abgewaschen haben.

Behandlung mit Apfelessig

- Tupfen Sie sofort eine Mischung aus Apfelessig und Buttermilch auf die verbrannten Hautstellen.
- Füllen Sie Apfelessigwasser in eine Sprühflasche, wie man sie für Blumen verwendet, und sprühen Sie die gereizte Haut von Zeit zu Zeit damit ein.
- Angenehm ist auch, ein lauwarmes Bad zu nehmen, dem 2 Tassen Apfelessig zugegeben wurden.

Wirkung Schmerzlindernd, kühlend, beschleunigt die Heilung

Was man noch tun kann

Auch der Saft einer Zitrone oder Quark kühlen und helfen der Haut, sich zu regenerieren. Bei schwerem Sonnenbrand schlagen Sie bitte auch unter »Brandwunden« (siehe Seite 117) nach.

Tip Aus Olivenöl (2 Teile), das mit Apfelessig (1 Teil) verrührt wird, kann man ein mildes Hautpflegemittel mit leichter Sonnenschutzwirkung selbst herstellen. Allerdings sollte man auch eingecremt nicht zu lange in der Sonne braten.

Unreine Haut

Unreine Haut oder Akne tritt meistens bei Jugendlichen während der Hormonumstellung in der Pubertät auf. Sie stellt meist eine erhebliche seelische Belastung dar, was viele oft zu wahllosem Herumprobieren mit oft stark hautreizenden »Pickelwässern« verführt.

Raten Sie Ihren Kindern bei Pickelproblemen zu sanften Naturheilmitteln, damit sie auch nach den Hormonschwankungen der Pubertät eine schöne Haut ohne Aknenarben haben.

Behandlung mit Apfelessig

- Machen Sie 1- bis 2-mal die Woche ein Gesichtsdampfbad mit Apfelessig. Das funktioniert wie das Inhalieren mit Apfelessigdämpfen (siehe Seite 98). Allerdings kommt es hier darauf an, die Gesichtshaut den Dämpfen auszusetzen. Tupfen Sie anschließend das Gesicht mit einer Lösung aus 2 Teelöffeln Apfelessig und 1 Tasse Wasser ab, um die Poren zu schließen.

Wirkung Reinigt porentief, desinfiziert, beruhigt die Haut

Was man noch tun kann

Bei entzündeten Akneerscheinungen betupfen Sie die betroffenen Hautstellen zusätzlich mehrmals täglich vorsichtig mit verdünntem oder purem Apfelessig.

Verstauchungen

Bei Verstauchungen sind Umschläge mit Apfelessig wirksam. Wichtig ist allerdings, vom Arzt abklären zu lassen, ob es sich wirklich um eine Verstauchung handelt: Sehnenverletzungen oder Knochenbrüche können ähnliche Symptome haben und gehören unbedingt in orthopädische Behandlung.

Kühlende Gelpackungen, die man im Kühlschrank aufbewahrt, lindern den Schmerz und verhindern die Ausdehnung von Blutergüssen.

Behandlung mit Apfelessig

- Tränken Sie ein Tuch mit Apfelessig, dem man etwas Jodsalz beigefügt hat. Die Verstauchung damit umwickeln. Den Umschlag erneuern, sobald das Tuch trocken ist.

Wirkung Antiseptisch, adstringierend (zusammenziehend), schmerzlindernd (siehe auch Ringelblumenessig, Seite 142)

Was man noch tun kann

Man legt ein Tuch in essigsaure Tonerde, wringt es aus und legt es auf die Verletzung. Ist der Umschlag trocken, den Vorgang wiederholen. Essigsaure Tonerde erhalten Sie in Reformhäusern und Drogerien.

Warzen und Hühneraugen

Der Saft von Schöllkraut, das im Volksmund auch Warzenkraut heißt, wurde früher häufig zur Warzenentfernung benutzt. Von Experimenten ist abzuraten: Der Saft wirkt stark hautreizend, und die Pflanze ist hochgiftig.

Kinder und Jugendliche haben manchmal Warzen, die von Viren verursacht werden. Inwieweit man da mit Essigauflagen etwas erreichen kann, ist unbekannt, obwohl man durchaus annehmen darf, dass die Viren – sowie auch viele Arten von Bakterien – in essigsaurem Milieu zugrunde gehen. Anders verhält es sich mit den so genannten »Alterswarzen«, die erst nach dem 40. oder 50. Lebensjahr auftreten. Da weiß auch die Schulmedizin, dass Essigsäure oder auch Milchsäure eine Rückbildung bewirken können. Bei intensiven Essigbehandlungen sollte man jedoch darauf achten, die umgebende Haut zu schützen, beispielsweise mit Vaseline oder Melkfett.

Behandlung mit Apfelessig

- Weichen Sie die entsprechende Stelle, an der sich eine Warze befindet, zunächst in Wasser auf (Hand- oder Fußbad), dem Sie etwas Schmierseife oder Spülmittel zugefügt haben. Etwa 5 bis 10 Minuten lang einweichen, dann sanft abtrocknen.
- Tränken Sie nun einen Pad mit purem Apfelessig, und legen Sie ihn auf die Warze. Wenn der Pad trocken ist, können Sie die Prozedur wiederholen. Sie können die Essigkompresse auch mit einem Pflaster festkleben und über Nacht einwirken lassen. Davor die Umgebung der betroffenen Stelle mit etwas Vaseline einreiben. Insgesamt sollte so eine Essigbehandlung über einen längeren Zeitraum durchgeführt werden.
- Nach einem anderen Rezept mischt man 4 Esslöffel Apfelessig mit 1 Esslöffel Salz in einem Schraubglas. Verschließen und gut durchschütteln. Diese Flüssigkeit mehrmals täglich auf die Warzen träufeln. Das Salz macht wie Schmierseife die betroffenen Hautstellen aufnahmefähiger für die Essigsäure.

Wirkung Aufweichend und zersetzend

Was man noch tun kann

Auch bei Hühneraugen haben diese Maßnahmen in vielen Fällen gewirkt. Bei Hühneraugen ist allerdings eines äußerst wichtig: bequemes Schuhwerk, denn ständiger Druck und Reibung auf die empfindlichen Zehen lassen die Verhornung rasch nachwachsen.

Wundversorgung

Sieht man einmal von Kindern ab, die mit ihrer Umgebung naturgemäß noch Schwierigkeiten haben, stellt sich bei häufig verletzten Erwachsenen die Frage, ob sich dahinter nicht psychologische Gründe verbergen. Nicht selten handelt es sich bei Verletzungen nämlich um eine Art Selbstbestrafung. Um das herauszufinden, empfiehlt sich folgende Frage: »Wofür habe ich mich jetzt bestraft?« Doch wenn es nun einmal passiert ist, kann Apfelessig hilfreich eingesetzt werden. Es soll dabei nicht verschwiegen werden, dass Apfelessig, wie alle wirksamen Desinfektionsmittel, auf verletzten Hautstellen kurz heftig brennt. Bei tieferen oder stark blutenden Wunden sollte man für deren Versorgung zum Arzt gehen.

Obwohl Schürfwunden nur oberflächlich sind, haben sie doch ein gewisses Infektionsrisiko. Zur gründlichen Reinigung sollte man ein mildes Desinfektionsmittel verwenden.

Behandlung mit Apfelessig

- Nachdem man die Wunde ausgewaschen hat, tupft man sie mit einem sauberen Tuch ab, z. B. einer sterilen Mullkompresse, die man in verdünnten Apfelessig getaucht hat.
- Man kann die Wunde auch direkt mit Apfelessig oder verdünntem Apfelessig auswaschen. Schnittwunden und Schürfwunden verheilen dadurch schneller.
- Es empfiehlt sich zusätzlich, regelmäßig Apfelessigwasser zu trinken, um die Wundheilung zu beschleunigen.

Wirkung Desinfiziert, verbessert die Blutgerinnung, fördert den Heilungsprozess (siehe auch Ringelblumenessig, Schachtelhalmessig, Schafgarbenessig, Seite 142f.)

Was man noch tun kann

Um einem Wundliegen vorzubeugen, sollte man dem Waschwasser regelmäßig 2 bis 3 Esslöffel Apfelessig hinzufügen.

Zähne und Zahnfleisch

Zahnbürsten mit weichen Borsten reinigen ebenso gründlich und weitaus schonender als solche mit harten. Zusätzlich sollte man Zahnseide oder eine elektrische Munddusche für die Zwischenräume benutzen.

Bakterielle Beläge auf den Zahnoberflächen, auch Plaque genannt, sind die Ursache für die meisten Erkrankungen der Zähne und des Zahnfleischs. Diese Bakterien setzen schädliche Stoffe frei, die Karies oder Zahnfleischentzündung (Gingivitis) und in der Folge auch Parodontitis (Entzündung des Zahnbettes) verursachen.
Da Essig Bakterien bekämpft, kann er auch im Mundbereich wirksam eingesetzt werden. Allerdings ergibt sich hierbei ein gewisser Konflikt. Auf der einen Seite bekämpft Essigsäure zwar erfolgreich Bakterien und aktiviert auch die Speichelproduktion, was zusätzlich gegen eingedrungene Erreger hilft und die Zähne mit wichtigen Nährstoffen versorgt. Auf der anderen Seite ist ein Übermaß an Essigsäure schädlich für die Zähne, da sie die Kalzium- und Phosphatverbindungen im Zahnschmelz angreift.
Die Essigexpertin Emily Thaker rät daher, das Essig-Wasser-Gemisch eventuell mit einem Strohhalm aufzunehmen und auf diese Weise den dauernden Kontakt der Zähne mit der Säure zu umgehen. Ebenso wirkungsvoll ist es natürlich, wenn man sich nach dem Genuss eines Apfelessiggetränks jeweils die Zähne putzt.

Behandlung mit Apfelessig

- Für die Mundhygiene sollte man morgens und abends Apfelessigspülungen (1 Teelöffel Apfelessig auf 1 Glas warmes Wasser) durchführen. Bitte danach die Zähne putzen, um den Zahnschmelz zu schonen.

Wirkung Desinfizierend, antibakteriell, geruchsbindend (siehe auch Nelkenwurzessig, Ringelblumenessig, Salbeiessig, Schachtelhalmessig, Seite 142f.)

Was man noch tun kann

Von allen Säuren ist Milchsäure der größte Feind der Zähne. Das hat nichts mit dem Konsum von Milch zu tun, sondern mit den in den Mundraum eingedrungenen Bakterien. Sie stellen bei der Verstoffwechselung von Zucker Milchsäure her. Deshalb: für gesunde Zähne den Zuckerverzehr so gering wie möglich halten. Nach ausführli-

chem abendlichem Zähneputzen sollten weder Obst noch Saft noch Apfelessig an die Zähne gelangen, damit der Speichel nachts die Zähne mineralisieren kann.
Es wirkt schmerzlindernd, wenn man schmerzende Zähne und umgebendes Zahnfleisch mit Ringelblumenessig betupft.
Tip Bei Erwachsenen reduziert sich mit zunehmendem Alter die Menge des Speichels. Das verstärkt sich noch, wenn beispielsweise Medikamente wie Blutdrucksenker, Psychopharmaka, Antihistaminika (für Allergiker) oder onkologische Medikamente eingenommen werden. Insgesamt sind an die 400 Medikamente bekannt, die als Nebenwirkung die Speichelproduktion in ungesundem Ausmaß verringern. Besonders dieser Personenkreis sollte regelmäßig Apfelessig einnehmen, der dagegen wirksam hilft.

Auch wichtige Vitamin-C-Lieferanten wie Zitrusfrüchte greifen durch ihre Säuren den empfindlichen Zahnschmelz stark an: daher nach dem Genuss möglichst bald die Zähne gründlich putzen.

Neben regelmäßigem und gründlichem Zähneputzen leisten Spülungen mit Apfelessig einen wertvollen Beitrag zur Mundhygiene.

Apfelessig und Heilkräuter

Leider findet man kaum noch eine Wiese, die nicht gedüngt oder durch Abgase belastet ist und die sich zum Kräutersammeln eignet. Daher ist es meist besser, stattdessen auf gewerbsmäßig angebaute Pflanzen zurückzugreifen.

Schon vor Jahrhunderten begann man damit, die heilenden Eigenschaften bestimmter Wurzeln, Blätter und Blüten mit der gesundheitsfördernden Kraft des Apfelessigs zu kombinieren. Dazu legt man die Heilpflanzen, wie unter »Apfelessig aromatisieren« (Seite 187ff.) beschrieben, für zwei bis drei Wochen in einen guten Apfelessig und lässt so die wertvollen Wirkstoffe der Heilpflanzen in den Essig übergehen. Normalerweise nimmt man von den im Schatten getrockneten Kräutern etwa zwei Hand voll auf einen halben Liter Apfelessig. Welche Kräuter man wählt, hängt von der gewünschten Heilwirkung ab. Die meisten Heilpflanzen bekommt man im Reformhaus oder in Kräuterläden. Kräuterkundige finden sie in freier Natur und können sie selbst aufbereiten.

Zubereitung und Anwendung

Wenn Sie Heilkräuteressig innerlich anwenden wollen, geben Sie 1 bis 2 Teelöffel auf 1 Glas Wasser und trinken es in kleinen Schlucken. In dieser Verdünnung kann man damit auch gurgeln. Zum Inhalieren von Dämpfen der Heilkräuteressige empfiehlt sich das Mischungsverhältnis 1:1. Für einen Badezusatz gibt man 1 bis 2 Tassen des Heilkräuteressigs ins Badewasser. Zur Ganzkörpermassage mischt man 2 Esslöffel des Essigs mit 1/4 Liter lauwarmem Wasser und reibt den Körper immer in Richtung zum Herzen damit ab. Vergessen Sie auch nicht die Fußsohlen, wo viele Nervenbahnen zusammentreffen. Im Anschluss sollten Sie sich nicht abtrocknen, sondern den Essig vollständig in die Haut einziehen lassen.

Die Heilkräuteressige und ihre Wirkung

Die große Vielfalt an Heilkräutern, die sich dazu eignen, in Apfelessig auszuziehen, erlaubt es Ihnen, sich eine ganz individuell auf die Bedürfnisse Ihrer Familie zugeschnittene »Essighausapotheke« zusammenzustellen. Gegen fast alle kleinen und großen Alltagsbeschwerden ist ein Kraut gewachsen!

Eukalyptusessig

Durch das Einlegen von Eukalyptusblättern in Apfelessig gewinnt man ein überaus wirkungsvolles Inhalationsmittel. Durch das gleichzeitige Einatmen der Essigdämpfe und der Eukalyptusdämpfe werden Husten, Bronchitis oder Atembeschwerden, eine verstopfte Nase oder andere Erkältungserscheinungen wirksam bekämpft. Eukalyptusöl oder Eukalyptustee finden ja schon an sich bei solchen Beschwerden und Krankheiten Verwendung und sind in vielen Präparaten enthalten.

Huflattichessig

Dieses Heilmittel bereitet man aus den Blättern von Huflattich, der (für den Kenner!) auf fast jeder Wiese zu finden ist. Er ist ein althergebrachtes Hustenmittel und wird zum Inhalieren bei Reizhusten, chronischer Bronchitis und Verschleimungen eingesetzt. Das wirkt schleimlösend und erleichtert das Abhusten. Äußerlich behandelt man damit Wunden, Schnitte, Abschürfungen, Hautausschläge und Entzündungen.

Achtung, Heuschnupfenpatienten: Oft reagieren sie leider auch auf Kräuter als Tee oder in anderen Zubereitungen mit den typischen Allergiesymptomen.

Lavendelessig

Dieser Essig aus den Blüten des Lavendelkrauts wirkt ausgleichend und beruhigend auf strapazierte Nerven und begünstigt das Einschlafen. Lavendel fördert auch den Gallenfluss und wirkt harntreibend. Geben Sie abends 1 bis 2 Tassen Lavendelessig ins Badewasser, oder gönnen Sie sich eine Ganzkörpermassage mit verdünntem Lavendelessig. Um Kopfschmerzen zu lindern, inhaliert man mit Lavendelessig oder gibt einige Tropfen auf die Schläfen. Feuchte Kompressen mit Lavendelessig werden auch zur Linderung von Gelenkschmerzen empfohlen. Am besten lassen Sie in diesem Fall die Kompressen über Nacht einwirken.

Löwenzahnessig

Für Löwenzahnessig legt man das Kraut und die klein geschnittene Wurzel etwa 14 Tage in Apfelessig ein. In der Volksmedizin schreibt man dem Löwenzahn ganz allgemein eine stärkende Wirkung zu. Löwenzahnessig strafft, äußerlich angewendet, das Bindegewebe und fördert die Durchblutung.

Innerlich eingenommen, wirkt er entwässernd und ausscheidungsfördernd, weil Niere, Leber und Bauchspeicheldrüse durch die Heilpflanze angeregt werden. Löwenzahnessig eignet sich gut zum Einnehmen während der Sieben-Tage-Entschlackungskur mit Apfelessig. Eine tief greifende entschlackende Wirkung macht sich jedoch erst nach längerer Einnahme, etwa sechs bis acht Wochen, bemerkbar. Auch ein Salat aus jungen Löwenzahnblättern wirkt entwässernd und schmeckt sehr fein.

Nelkenwurzessig

Er wird aus getrockneten und zerkleinerten Nelkenwurzwurzeln hergestellt. Nelkenwurz ist eine eigene Pflanze und hat nichts mit Gewürznelken oder den Wurzeln von Nelken zu tun. Innerlich angewendet, behandelt man mit Nelkenwurzessig Magen- und Darmverstimmungen; er wirkt auch insgesamt kräftigend. Zur äußerlichen Anwendung (Umschläge) empfiehlt er sich seiner adstringierenden Wirkung wegen bei Hämorrhoiden und offenen Beinen. Wenn man damit gurgelt, heilen Zahnfleischentzündungen meist rascher ab.

Pfefferminzessig

Unter ihrem botanischen Namen »Calendula« erscheint die anspruchslose Ringelblume als Zutat in zahlreichen pflegenden Cremes.

Für Pfefferminzessig werden Pfefferminzblätter in Apfelessig ausgezogen. 1 bis 2 Teelöffel davon auf 1 Glas Wasser lindern Übelkeit und Brechreiz, Magen- und Darmverstimmungen. Das ätherische Öl der Minze wirkt auch krampflösend und blähungstreibend und wird bei Gallensteinen und Gastritis empfohlen. Auf der Haut kühlt das enthaltene Menthol, lindert Schmerzen und desinfiziert. Der Geschmack wird durch 1 Teelöffel Honig noch verbessert. Ein Getränk mit Pfefferminzessig ist besonders erfrischend im Sommer.

Ringelblumenessig

Dafür werden die Blüten 14 Tage lang in Apfelessig angesetzt, dann abgeseiht. Zumeist wird dieser Heilkräuteressig äußerlich zur Wundbehandlung angewendet, ebenso bei Verstauchungen und Verrenkungen, bei Muskelzerrungen und schmerzenden Gelenken. Umschläge mit Ringelblumenessig lassen Geschwüre schneller abheilen. Einige Tropfen dieses Essigs wirken auch schmerzlindernd bei Zahnschmerzen und Zahnfleischentzündungen.

Rosmarinessig

Rosmarinessig wird durch Ausziehen der Blätter gewonnen. Er wirkt ausgleichend auf das Nervensystem, stärkt den Kreislauf bei Schwäche und Schwindelgefühlen, die auf einem niedrigen Blutdruck beruhen. Durch das Einreiben des Körpers mit verdünntem Rosmarinessig wird die Durchblutung angekurbelt. Ein Bad mit Rosmarinessig hat eine belebende Wirkung und sollte deshalb besser nicht abends genommen werden.
Rosmarinessig ist auch zum Würzen von vielen Fleischgerichten, insbesondere Lamm und Hammel, geeignet, dem es einen Hauch von Mittelmeerküche verleiht.

Salbeiessig

Um Salbeiessig zu gewinnen, lässt man die Blätter in Apfelessig mazerieren (der Fachausdruck für ausziehen). Durch Gurgeln mit verdünntem Salbeiessig heilen Entzündungen am Zahnfleisch rascher ab. Körpereinreibungen mit Salbeiessig reduzieren wirksam eine übermäßige Schweißabsonderung. Durch Inhalieren mit Salbeiessig wird Reizhusten gelindert. Salbeiessig verleiht Fleischgerichten, Suppen und Saucen eine feine Würze und passt auch gut zu sommerlichen Gemüseeintöpfen.

Schachtelhalmessig

Dieser Essig aus dem Kraut vom Ackerschachtelhalm wirkt, äußerlich angewendet, desinfizierend bei kleineren Wunden und Abschürfungen. Innerlich wirkt er entwässernd und dient der Blutreinigung.
Er ist zum Inhalieren bei chronischem Husten, Bronchial- und Lungenleiden geeignet. Als Badezusatz regt er den Hautstoffwechsel an und ist durchblutungsfördernd, außerdem wirkt er schmerzlindernd bei rheumatischen Erkrankungen. Als Gurgellösung lässt Schachtelhalmessig Zahnfleischentzündungen rasch abheilen.

Den Ackerschachtelhalm, auch Zinnkraut genannt, muss man unterscheiden von seinem für Heilzwecke untauglichen Verwandten, dem Sumpfschachtelhalm: Sie sehen ähnlich aus.

Schafgarbenessig

Dafür wird das ganze blühende Kraut (ohne die Wurzeln) in Essig ausgezogen. Schafgarbe regt die Nierentätigkeit an, weshalb sie gerne für Entschlackungs- und Blutreinigungskuren verwendet wird. Sie wirkt appetitanregend und kommt bei Magen-, Darm- und

Gallenbeschwerden zum Einsatz. Wegen der desinfizierenden Eigenschaften ist Schafgarbenessig äußerlich zur Wundreinigung geeignet. Ein Bad mit 1 bis 2 Tassen Schafgarbenessig wirkt entspannend bei schmerzhaften Monatsblutungen.
Achtung: Manche Menschen reagieren auf Schafgarbe mit Ausschlägen oder anderen allergischen Reaktionen. Dann sofort alle Anwendungen aussetzen.

Wermut gehört zu den ältesten bekannten Heilpflanzen und wird schon in einer Papyrushandschrift um 1550 v. Chr. erwähnt. Ein Zweig von dem Kraut vertreibt auch Motten aus dem Kleiderschrank.

Thymianessig

Hierfür wird das ganze blühende Kraut (ohne die Wurzeln) in Apfelessig eingelegt. Thymian ist bekannt für seine krampflösenden und desinfizierenden Eigenschaften. Durch Inhalieren mit verdünntem Thymianessig lindert man Bronchitis, asthmatische Erscheinungen und Husten. Thymian hat bei Blähungen krampflösende und bei Durchfällen durch seinen Gerbstoffgehalt zusammenziehende Wirkung; durch den Gehalt an Bitterstoffen wird der Appetit angeregt. Bei Zahnfleisch- oder Halsentzündungen hilft etwas Thymianessig mit Wasser verdünnt als Gurgel- oder Mundwasser. Bei Haut- und Pilzerkrankungen fügt man dem Badewasser 1 bis 2 Tassen Thymianessig zu. Dadurch werden auch angegriffene Nerven gekräftigt.
Einen Schuss Thymianessig vertragen Speisen, die man mit »Herbes de Provence« würzt, wie Gemüsegerichte mit Zucchini und Auberginen oder Fleischeintöpfe wie Boeuf Bourgignon oder das griechische »Stifado«.

Wermutessig

Für Wermutessig werden die Inhaltsstoffe des bitteren Wermutkrauts ausgezogen. Dieser Essig ist, innerlich angewendet, wirkungsvoll bei Magenbeschwerden sowie bei Blähungen, Völlegefühl, Verdauungsschwäche und Appetitmangel, der auf eine gestörte Verdauungsfunktion zurückzuführen ist. Man nimmt dann jeweils 1 bis 2 Teelöffel in 1 Glas Wasser ein.
Sie ist zwar in dieser geringen Dosierung eigentlich ungefährlich, aber vorsichtshalber sollten Schwangere generell auf diese Heilpflanze verzichten, die in früheren Zeiten zur Geburtseinleitung verwendet wurde. Durch äußerliche Einreibungen mit Wermutessig kann man sich bissige Insekten eine Weile vom Leib halten.

Apfelessig in der Tierpflege

Die Prinzipien der Volksmedizin sind der Natur abgeschaut und für alle Lebewesen gleichermaßen gültig, also auch für Tiere.
Bei der Viehzucht und in der Veterinärmedizin ist Apfelessig bis heute ein gern und häufig verwendetes Therapeutikum. Es ist auch für Haustiere geeignet. »Das praktische Lexikon der Naturheilkunde« führt unter dem Stichwort »Apfelessig« aus: »Der Zusatz von Apfelessig zum Trinkwasser von Mensch und Tier macht die Gewebe geschmeidig, schafft gesunde, abwehrbereite Säfte und schützt die Körpersäfte davor, dick und trübe zu werden.«
Übrigens wurde Apfelessigspezialist Cyrill Scott häufig darauf angesprochen, ob die Wirkung des Apfelessigs nicht eigentlich eine Glaubensangelegenheit wäre. In diesen Fällen hatte er eine schlagfertige Antwort bereit: »Wenn es wirklich eine Sache des Glaubens wäre, wie könnte sie dann bei Tieren helfen?«

Erprobt auf der Weide

Auch D.C. Jarvis hat die Apfelessigtherapie zuerst »erprobt und bewiesen durch die Erfolge bei Tieren«. Er hat an ihnen »Wesen und Methoden unserer Volksmedizin studiert, um die Erkenntnisse dann auf Menschen zu übertragen«.
So beobachtete er beispielsweise, dass die Geburten bei Kühen rascher und ohne Komplikationen verliefen, wenn dem Tierfutter trächtiger Tiere über einen längeren Zeitraum hinweg regelmäßig zweimal täglich ein Fünftelliter Apfelessig beigemischt wurde. Die neugeborenen Kälbchen hatten die richtige Größe, konnten schon wenige Minuten nach der Geburt auf ihren strammen Beinen stehen und schon bald ihren ersten Durst stillen; schneller jedenfalls, als es bei schwächlichen Kälbchen der Fall ist. Außerdem hatten sie ein dichtes, glänzendes Fell.

Den guten Instinkt der Rinder kann man auch am giftigen Eisenhut sehen, der üppig auf den sonst abgegrasten Wiesen gedeiht, weil er vom Vieh gemieden wird.

Macht müde Stiere munter

Und wenn es mit der Fortpflanzung nicht so klappte, wie es wünschenswert gewesen wäre, mengte man den Widerkäuern für einige Monate zweimal täglich Apfelessig unters Futter. Die regelmäßige

Zufuhr von Mineralstoffen kurbelte die Lust zur Fortpflanzung wieder an; sie sorgte außerdem beim Nachwuchs für eine kräftige Konstitution und starke Nerven.
Schon der österreichische Arzt F. X. Mayr (1875–1964), ein Zeitgenosse von D.C. Jarvis, hatte in seiner Jugend erlebt, dass erfahrene Bauern ihren Kühen und Stieren, die keine Lust hatten, sich fortzupflanzen, Abführmittel verabreichten. Nun ist Apfelessig zwar kein Abführmittel, aber die darin enthaltene Säure kann Rückstände im Darm neutralisieren und eine gestörte Verdauung wieder ins Lot bringen, was sich dann wiederum positiv auf die Geschlechtsdrüsen auswirkt.

Die Wirkung bei Rindern

Kühe scheint es instinktiv dazu zu treiben, nach Saurem zu suchen, auch auf der Weide, wo sie bevorzugt saure Gräser und Kräuter fressen. Wenn an der Tränke ein Gefäß mit Apfelessig steht, werden sie wie magisch davon angezogen.
Jarvis berichtete, dass die Rinder ein so starkes Bedürfnis nach dem sauren Nass entwickelten, dass sie sich schubsten und drängten, um von dem Wasser, mit dem ein Apfelessigfass ausgespült wurde, etwas abzubekommen. »Nachdem sie es aufgeschleckt hatten, fraßen sie nicht nur das begossene Gras, sondern auch noch die Erde, in die es eingesickert war.« Aus diesen Beobachtungen zog die Volksmedizin ihre Schlüsse auch für die Behandlung der Nutztiere.

Für Pferde stellen Äpfel eine gesunde Alternative zum belohnenden Zuckerstück dar. Die Huftiere sind ganz wild auf die Früchte und brechen gern in Obstwiesen aus, um sich selbst als Erntehelfer zu betätigen.

Gegen Kaliummangel und Parasiten

Triefende Augen, nasse Nasen und Husten bei Kühen können auf einen Kaliummangel hindeuten, der durch Apfelessig zu beheben ist. Die Symptome sind ein Hinweis dafür, dass im Körper der Tiere überschüssige Flüssigkeit vorhanden ist.
Kalium hat die Eigenschaft, diesen Überschuss aus dem Körper zu ziehen, damit er über die Nieren ausgeschieden werden kann. Durch die tägliche Zugabe von einem Zehntelliter Apfelessig zum Futter über einen längeren Zeitraum hinweg kann der Flüssigkeitshaushalt wieder harmonisiert werden.

Diese ländliche Idylle ist leider nicht die Regel. Für Kühe, die viel im Stall stehen müssen, kann Apfelessig eine wirkungsvolle Ergänzung des Futters sein.

Jarvis analysierte über viele Jahre die Auswirkungen von Apfelessigbeigaben (täglich ein Zehntelliter) an größere Kuhherden und kam dabei zu folgenden Ergebnissen:

- Durch regelmäßige Apfelessigbeigaben waren die Kühe weniger anfällig für Viren, Bakterien, Pilze und andere schädliche Mikroorganismen.
- Die Tiere wurden weniger von Läusen, Insekten und anderen Parasiten befallen, wenn sie täglich Apfelessig ins Futter bekamen. Sie schienen auch weniger von Blut saugenden und lästigen Insekten heimgesucht zu werden.
- Je mehr »saure« Blätter und Kräuter die Rinder auf der Weide gefressen hatten, umso gesünder waren sie. Eine vergleichbare Wirkung erzielt man durch die Zugabe von Apfelessig zweimal täglich zum Futter. Die Kühe waren weniger krankheitsanfällig, hatten seltener Euterentzündungen, Verstopfungen oder Durchfälle. Fehlgeburten oder schwere Geburten waren die Ausnahme.

Apfelessig kann auch die sauren Wiesenkräuter ersetzen, da viele Rinder nur noch im Stall gehalten werden oder nur eine kurze Zeit des Jahres auf die Weide dürfen.

Gesunde Tiere in Haus und Hof

- Wenn Pferde oder Kälber an Holzwänden oder -zäunen nagen, deutet dies darauf hin, dass ihnen Mineralstoffe, insbesondere Kalium, fehlen. Wenn man regelmäßig Apfelessig ins Trinkwasser gießt, werden sie schon bald damit aufhören.
- Wenn man Hühnern und anderem Federvieh regelmäßig Apfelessig ins Trinkwasser gibt, werden sie größer, bekommen ein prachtvolles Federkleid und sind widerstandsfähiger gegen Krankheiten. Die Tiere setzen mehr Muskelfleisch und dafür weniger Fett an. Außerdem gibt es keine Fortpflanzungsprobleme.
- Auch Mangelerscheinungen bei Ziegen beugt man durch Apfelessig vor.
- Pelztiere wie Meerschweinchen, Hasen, Kaninchen, Hamster oder Katzen bekommen ein schönes, glänzendes Fell, wenn sie regelmäßig Apfelessig erhalten.

Tip Geben Sie Ihrer Katze öfter 1 Teelöffel Apfelessig ins Futter. Das lässt das Fell wunderbar glänzen und hält die Katze insgesamt gesund.

Apfelessig für alle Haustiere

Wählerische Katzen: Lassen Sie sich von Ihrer Mieze nicht dazu abrichten, sie einseitig mit ihrer Lieblingsspeise zu füttern.

Der Amerikaner Paul C. Bragg berichtete, dass Apfelessig bei krankem Vieh »wie ein Zaubermittel wirkte. Er schien über magische Kräfte zu verfügen, die das Vieh wieder gesund machten«.
In besonderem Maß gilt dies für Erkrankungen des Verdauungssystems, von denen zahlreiche Nutztiere in der Landwirtschaft besonders häufig betroffen sind.

- Kühe, die unter Verdauungsproblemen wie Durchfall oder Verstopfung leiden, erhalten mehrere Tage lang (solange die Symptome anhalten) über den Tag verteilt 150 Milliliter Apfelessig, der mit reichlich Wasser verdünnt wird.
- Ziegen mit Verdauungsproblemen mischt man 2 Esslöffel Apfelessig, die mit der gleichen Menge Wasser verdünnt werden, pro Tag ins Futter.

APFELESSIG FÜR DIE SCHÖNHEIT

Neben Milch, Honig, Kräuterauszügen und Kleie zählt Essig zu den ältesten Schönheitsmitteln, die die Menschheit kennt. Schon die alten Ägypter stellten eine Zahnpasta aus Weinessig und gemahlenem Bimsstein her. Nofretete (ägyptisch für »Die Schöne ist gekommen«), Gemahlin des Königs Amenophis IV., die im 14. Jahrhundert v. Chr. lebte, soll häufig eine pflegende Gesichtspackung aus Honig, Milch, Kleie und Essig aufgetragen haben. Von der ägyptischen Herrscherin Kleopatra (69–30 v. Chr.) ist überliefert, dass sie nicht nur gerne in Eselsmilch badete, sondern sich auch von Zeit zu Zeit ein Essigbad gönnte. Zu Beginn des 16. Jahrhunderts empfahl auch Lukretia Borgia (1480–1519), eine der attraktivsten Frauen ihrer Epoche, ihren Hofdamen ein Schönheitsbad mit Essig.

Die »Kosmeten« im antiken Griechenland waren ein eigener Berufsstand, der sich ganz der Schönheits- und Körperpflege widmete. Von ihnen rührt unser heutiger Ausdruck Kosmetik her.

Pflegende Naturkosmetik

Viele haben schlechte Erfahrungen mit synthetischen Kosmetikartikeln gemacht, weil sie Allergien auslösten oder bei weitem nicht das halten konnten, was sie versprachen – und das für sündhaft teures Geld. Auch ein gesteigertes Umweltbewusstsein und ein wachsameres Auge gegenüber zweifelhaften Tierversuchen, in denen die Verträglichkeit von synthetischen Kosmetika getestet wird, haben neue Wege in der Schönheitspflege interessant gemacht. Da kommt die Renaissance des Apfelessigs gerade recht. Seine positiven Wirkungen sind praktisch seit Jahrhunderten bestätigt und bedürfen keiner aufwändigen Versuchsreihen mehr. Er hat, soweit bekannt, keinerlei schädliche Nebenwirkungen und ist zudem auch noch sehr preiswert. Selbst hergestellte Apfelessigpräparate enthalten weder austrocknenden Alkohol noch bedenkliche Konservierungsstoffe, durch die die

Haut Schaden nehmen könnte. Alle Pflegemittel mit Apfelessig sind reine Naturprodukte und daher risikolos anzuwenden. Natürlich sollten Sie auch für die Schönheitspflege einen hochwertigen Apfelessig verwenden und bei den weiteren Zutaten auf gute Qualität, möglichst aus biologischem Anbau, achten.

Die sanfte Alternative

Apfelessig als Kosmetikum hat eine erfrischende, schützende und desinfizierende Wirkung. Und so manches, was Apfelessiganwendungen bewirken können, ist so erstaunlich, dass man es erst glaubt, wenn man es selbst ausprobiert hat. Machen Sie mit! Testen Sie einmal, was schon vor unserer Zeit zahllosen Menschen dienlich war und für die Zukunft in vielen Bereichen eine echte Alternative zu teuren kosmetischen Produkten darstellen kann, die mit viel Werbeaufwand Wünsche wecken und doch nicht erfüllen können.

Schönheit kommt von innen

Häufig sind die Konservierungsstoffe in Cremes schuld an allergischen Reaktionen. Leider werden ihre Inhaltsstoffe immer noch unzureichend deklariert.

Man kann es sich nicht oft genug bewusst machen: Schönheit kommt im wahrsten Sinn des Wortes von innen und ist zu einem großen Teil Ergebnis organischer Vorgänge in unserem Innern. Unser Aussehen und unsere Ausstrahlung, der Zustand von Haut, Haaren und Nägeln, die Haltung, die Leuchtkraft der Augen und anderes mehr sind vor allem von einem gesunden Stoffwechselgeschehen abhängig.

Wenn man zu wenig Vitamine und Mineralstoffe aufnimmt, erscheint die Haut schlaff und fahl, Haare und Nägel werden brüchig und der Blick trübe. Wenn die Darmflora gestört ist, können Fäulnisgifte in den Blutkreislauf gelangen und Ekzeme, Pickel, Mitesser, Blässe, Falten, unnatürliche Rötungen und andere unschöne Hautveränderungen auslösen.

Deshalb ist für eine umfassende Schönheitspflege anzuraten, täglich, am besten morgens, ein Apfelessiggetränk mit Wasser und Honig einzunehmen. Das bringt das gesamte Stoffwechselgeschehen auf Trab, versorgt uns mit wichtigen Vitalstoffen und beugt ungesunden Darmverhältnissen vor. Davon profitiert der gesamte Organismus. Er gewinnt an Frische, und das Aussehen strahlt auch von innen heraus.

Apfelessig reinigt die Haut gründlich, aber schonend. Je nach individuellem Hauttyp kann man ihm auch pflegende Kräuter und Zitronensaft zusetzen.

Die Haut muss sauer bleiben

Unsere Haut ist von einem Schutzfilm, dem so genannten Säuremantel, umgeben. Er bildet sich aus Absonderungen und Verdunstungen der Schweißdrüsen und hat die Aufgabe, Krankheitskeime von der Hautoberfläche fernzuhalten. Dieser Säuremantel zeigt, wie der Name schon sagt, eine leicht saure Reaktion (pH-Wert 5,5), und bekannterweise mögen viele Arten von Bakterien kein saures Milieu. Häufiges Waschen mit Seife kann den natürlichen Schutzmantel der Haut schädigen. Denn Seife und seifenähnliche Substanzen zeigen eine alkalische Reaktion, was Säuren neutralisiert. Auch natürliche hauteigene Fette und der schützende Schweißfilm werden mit Seife von der Hautoberfläche entfernt. Die Haut trocknet dann aus, wird rissig und spröde. Dann können sich Hautbakterien und andere schädigende Mikroorganismen leicht auf der Haut ansiedeln.

Übertriebene Hygiene kann auch schaden. Eine Seifenwäsche pro Tag reicht völlig aus und greift den pH-Wert gesunder Haut nicht an.

Den Säuremantel regenerieren

Um dies zu verhindern, sollten einerseits möglichst schonende, alkalifreie Waschsubstanzen verwendet werden. Und andererseits sollte man die Haut, wenn man schon Seife verwenden muss, mit reichlich warmem Wasser abspülen. Darüber hinaus ist eine anschließende

Massage mit verdünntem Apfelessig optimal. Denn verdünnter Apfelessig hat nahezu den gleichen pH-Wert wie gesunde Haut. Durch die Apfelessigmassage wird der Säuremantel wieder normalisiert und stabilisiert. Die Reaktion der Haut liegt dann wieder im leicht sauren Bereich. Das unterstützt die Barrierefunktion der Haut gegen schädigende äußere Einflüsse. Die Massage strafft zusätzlich die Haut und festigt das Bindegewebe.

Massage mit Apfelessig

Trockenbürsten unterstützt den Effekt einer Massage. Bei Neigung zu geplatzten Äderchen (Besenreisern) oder Krampfadern ist es jedoch auf den betroffenen Körperzonen nicht empfehlenswert.

Das A und O der Apfelessigkosmetik ist die morgendliche Massage mit Apfelessig. Sie entfernt Seifenreste, erneuert den Säureschutz, wirkt desodorierend, kurbelt die Blutzirkulation an, strafft und erfrischt die Haut. Die Massage sollte jeweils nach dem Duschen erfolgen, also nachdem man Seife oder andere Waschsubstanzen verwendet hat. Wer nicht täglich dazu kommt, sollte sich nach Meinung von D. C. Jarvis zumindest einmal in der Woche Zeit dafür nehmen.
Man mischt 1 Esslöffel Apfelessig auf 1 Glas Wasser (nach Belieben lauwarm oder kühl). Dann gießt man nach und nach ein wenig davon in die hohle Hand und reibt den Körper damit ab. Nun massiert man in kreisenden Bewegungen immer in Richtung auf das Herz zu, wie übrigens bei allen Ganzkörpermassagen. Hinterher nicht abtrocknen, sondern den Körper mit beiden Händen so lange abreiben, bis die Flüssigkeit ganz eingezogen ist. Sie brauchen keine Angst zu haben, dass Sie jetzt säuerlich riechen; Sie duften nach wenigen Minuten wieder frisch und gepflegt.

Lukretia Borgias Schönheitsbad

Das Rezept, das Lukretia Borgia zur allgemeinen Schönheits- und Hautpflege empfahl, ist einfach. Man gießt etwa 1/4 Liter Essig ins Badewasser (ohne sonstige Schaumzusätze) und massiert sich während des Badens sanft Gesicht und Körper. Welchen Essig Signora Borgia verwendete, ist allerdings nicht überliefert. Doch die positiven Erfahrungen mit naturtrübem Apfelessig, seinem fruchtigen Aroma und den vielfältigen Inhaltsstoffen lassen Apfelessig als den besten Essig für so ein Schönheitsbad erscheinen. Moderne Hautpflegemittel bauen beispielsweise auf die Vitamine A und E, die in Apfelessig auch enthalten sind.

Juckreiz »wegbaden«

Wenn Haut und Kopfhaut jucken, kann so ein Schönheitsbad ebenfalls sehr hilfreich sein. Das Jucken geht oft auf einen angegriffenen Säureschutzmantel, mangelnde Durchblutung, Verschlackungen oder einen Befall der Haut mit Bakterien und Pilzen zurück, was mit Apfelessig in vielen Fällen wirksam bekämpft werden kann. Bei trockener, juckender Haut hilft es nicht allein, viel Fett in Form von Cremes zuzuführen. Besser wirkt ein hautfreundliches Öl, wie Sesam- oder Mandelöl, mit etwas Apfelessig zur Lotion vermengt.

Schönheitsessige mit Kräutern

Sie können den Apfelessig auch mit verschiedenen Heilkräutern ansetzen und so für jedes Hautproblem ein spezielles Pflegeprodukt herstellen. Den so gewonnenen Kräuteressig kann man dann, verdünnt mit Wasser, zur Gesichtsreinigung oder zur Ganzkörpermassage verwenden. Wenn Sie einen Badezusatz wünschen, geben Sie für ein Vollbad zwei Tassen Kräuteressig in die Badewanne, für ein Fuß- oder Armbad entsprechend weniger.

So stellt man Schönheitsessige her

Besorgen Sie sich im Reformhaus oder Kräuterladen die entsprechenden getrockneten Pflanzenteile. Das Sammeln von Kräutern und die fachgerechte Trocknung sind eine Wissenschaft für sich und nur echten Kennern zu empfehlen.

Geben Sie 2 Hand voll der Blätter, Blüten, Kräuter oder zerkleinerten Wurzeln (je nachdem, was man verwendet) in ein größeres Gefäß aus Glas oder Steingut. Gießen Sie 1/2 Liter Apfelessig darüber. Decken Sie das Gefäß ab, und lassen Sie die Pflanzen bei etwa 18 bis 20 °C ziehen. Man sollte das Gefäß von Zeit zu Zeit leicht hin- und herbewegen, damit sich alle Ingredienzen gut miteinander vermischen. Nach etwa 2 bis 3 Wochen die festen Stoffe mit einem feinen Sieb oder durch ein sauberes Küchentuch abseihen und den fertigen Schönheitsessig in eine hübsche Karaffe füllen.

Tip Sie können auch verschiedene Kräuter je nach Ihrer Hautbeschaffenheit miteinander kombinieren.

Baden Sie nicht zu heiß und nicht zu lange: Mehr als eine Viertelstunde sollte es nicht sein, sonst laugt die Haut sehr stark aus.

Wenn es schnell gehen soll

Wenn Sie sofort einen Schönheitsessig als Badezusatz, zur Massage oder zur Gesichtsreinigung wünschen, mischen Sie Essig zu gleichen Teilen mit Wasser, geben die Blüten, Kräuter, Blätter oder Wurzeln hinein und lassen das Ganze kurz aufkochen. 15 Minuten im geschlossenen Topf ziehen lassen, dann abseihen. Zur Verwendung als Tonikum oder zur Massage den Essig erst abkühlen lassen.

Gegen jedes Problem ist ein Kraut gewachsen

Frauenmantel wird im Volksmund auch Marienkraut oder Herrgottsmäntelein genannt. Wegen der eigenartigen Taubildung an den Blättern wurden der Pflanze früher wundertätige Eigenschaften zugeschrieben.

- Eukalyptusessig aus den Blättern des Myrtengewächses klärt und desinfiziert unreine Haut.
- Für Frauenmantelessig nimmt man das Kraut ohne die Wurzeln. Wegen seiner klärenden Wirkung ist dieser Essig für trockene, zu Hautunreinheiten neigende Haut geeignet.
- Für Holunderblütenessig setzt man sowohl Blüten als auch Blätter in Essig an. Er lässt trockene Haut weich und geschmeidig werden. Verwendet man ihn zur Ganzkörpermassage oder als Badezusatz, wirkt er Körpergeruch entgegen.
- Für Kamillenessig zieht man die Kamillenblüten in Essig aus. Wegen der entzündungswidrigen Eigenschaften der Kamille ist dieser Essig für normale bis unreine Haut geeignet. Durch Spülungen (1/4 Tasse Kamillenessig auf 1 Liter Wasser) werden auch Reizungen im Anal- und Vaginalbereich günstig beeinflusst.
- Lavendelessig aus Lavendelblüten hat eine beruhigende Wirkung. Er ist speziell zur Reinigung von fettiger Haut geeignet. Ein Bad mit Lavendelessig fördert zudem das Einschlafen, wirkt ausgleichend und entspannend.
- Liebstöckelessig aus dem Liebstöckelkraut und der Wurzel reinigt die Haut auf schonende Weise und unterbindet Gerüche.
- Lindenblütenessig aus Lindenblüten und -blättern glättet und beruhigt strapazierte Haut, wirkt durchblutungsfördernd und lässt die Haut frischer aussehen.
- Lorbeeressig aus Lorbeerblättern hat eine durchblutungsfördernde und antiseptische Wirkung. Er belebt erschöpfte und klärt unreine und fettige Haut.
- Melissenessig aus den Blättchen der Zitronenmelisse erfrischt und belebt die Haut und wirkt außerdem durchblutungsfördernd.

- Für Petersilienessig setzt man die Petersilienblättchen in Essig an. Er dient zur Reinigung fettiger Haut und soll eine aufhellende Wirkung bei Sommersprossen und Pigmentstörungen haben.
- Für Rosenessig nimmt man Rosenblütenblätter. Rosenblüten wirken gefäßverengend. Rosenessig klärt und glättet daher normale und trockene Haut. Er empfiehlt sich auch bei erweiterten und geröteten Äderchen (Couperose) im Gesicht.
- Rosmarinessig aus den Blättern der Rosmarinpflanze wirkt adstringierend (zusammenziehend) bei zu erweiterten Äderchen neigender Haut.
- Salbeiessig aus Salbeiblättchen ist wegen seiner entzündungshemmenden Eigenschaften zur Reinigung von fettiger und unreiner Haut geeignet. Ein Salbeiessigbad eignet sich besonders für Personen, die übermäßig stark schwitzen.
- Sauerampferessig erhält man durch Einlegen des Krauts in Essig. Er reinigt, klärt und desinfiziert fettige und unreine Haut.
- Thymianessig aus Thymianblättchen wirkt anregend und geruchsbindend. Er ist als Gesichtswasser für fahle, schlecht durchblutete Haut und als belebender Badezusatz geeignet.
- Veilchenessig aus Veilchenblüten dient von alters her zur Beruhigung von gereizter Haut. Man legt bei Ausschlägen, Unreinheiten und Spannungen Umschläge mit Veilchenessig an und verwendet ihn als Gesichtswasser und Badezusatz.
- Für Zitronenessig wird Apfelessig mit dem Saft einer ungespritzten Zitrone versetzt. Man kann ihn sofort zur Reinigung von fettiger und zu Unreinheiten neigender Haut verwenden, ohne ihn erst zwei Wochen lang ziehen lassen zu müssen.

Zitronenmelisse soll auch bei Nervenschmerzen und rheumatischen Erkrankungen helfen. Sie wurde im 10. Jahrhundert von den Arabern in Spanien eingeführt und breitete sich von dort in ganz Europa aus.

Rezeptur für ein Riechfläschchen

Dieses Rezept eignet sich auch gut als Geschenk:
1/2 Liter guten Essig mit insgesamt 2 Hand voll Minzblättchen, Rosmarinblättchen, Lavendelblüten sowie etwas Zimtrinde ansetzen. 2 bis 3 Wochen ziehen lassen und anschließend durch einen Kaffeefilter oder ein sauberes Küchentuch abfiltern. In dekorative Fläschchen mit kleiner Öffnung füllen.

Seien Sie erfinderisch

Dies soll nur eine kleine Anregung zur Herstellung von Schönheitsessigen sein. Es gibt darüber hinaus noch eine Vielzahl von Heilpflanzen, die man in Essig ausziehen kann und die der Schönheits- und Körperpflege dienlich sind. Die Heilwirkung weiterer Pflanzen sowie deren Inhaltsstoffe, ihre Anwendung als Hausmittel und in der Volksheilkunde entnehmen Sie bitte einem ausführlichen Buch über Heilpflanzen.

Natürliche Gesichtspflege

Peeling zur intensiven Gesichtsreinigung

Die fertig zubereiteten Peelings der Kosmetikindustrie enthalten oft viel zu grobe und scharfkantige Körnchen, die empfindliche Haut reizen können.

Die oberste Hautschicht besteht aus winzig kleinen Schuppen, die unter dem Einfluss von Sonne, Wind oder Reinigungssubstanzen nach einer Weile austrocknen und abblättern, um die darunter liegende Schicht freizulegen. Durch ein Gesichtspeeling wird dieser Abschuppungsvorgang beschleunigt, die Haut ist danach wieder frisch und rosig. Ein sanftes Gesichtspeeling mit Apfelessig sollte etwa einmal in der Woche durchgeführt werden.

Zunächst wäscht man die Gesichtshaut gründlich mit einer Reinigungsmilch und viel warmem Wasser. Dann tränkt man ein kleines Gästehandtuch mit warmem Wasser. Das Handtuch leicht auswringen und etwa 3 Minuten lang leicht auf das Gesicht pressen. Das öffnet die Poren und macht die Haut aufnahmefähig. Nun legt man ein Leinentuch in etwa 1/2 Liter lauwarmes Wasser, dem man 1/4 Tasse Apfelessig beigefügt hat. Leicht auswringen und auf das Gesicht legen. Darüber kommt ein Frottiertuch. Entspannen Sie so 5 Minuten lang. Die Tücher entfernen und die Haut mit warmem Wasser gründlich abwaschen. Dabei das ganze Gesicht mit einem feuchten Frottiertuch kräftig abreiben. Das entfernt die alten Schüppchen, die der Apfelessig gelöst hat. Zum Schluss die Haut mit einem Tonikum erfrischen und gut eincremen.

Tonikum für das Gesicht

Ein einfaches, aber sehr wirkungsvolles Gesichtswasser besteht lediglich aus mit Wasser verdünntem Apfelessig (Mischungsverhältnis 1:1) ohne jeden weiteren Zusatz. Am besten füllen Sie die Mixtur in eine kleine verschließbare Flasche. So haben Sie Ihr Tonikum stets gebrauchsfertig zur Hand und können es auch auf Reisen mitnehmen. Tränken Sie einen Wattebausch mit Apfelessigwasser, und reiben Sie das Gesicht damit ab. Die Haut wird porentief gereinigt. Anschließend nicht mehr mit Wasser nachspülen. Oder Sie geben einige Tropfen Apfelessig auf die Handflächen, gießen Wasser dazu und waschen das Gesicht gründlich damit ab.

Neben der bekannten Pfefferminze gibt es noch viele andere Minzarten, wie Krauseminze, Apfelminze, sogar Ananasminze, die alle ihr spezielles Aroma haben und für Tees oder Dampfbäder etc. geeignet sind.

Erfrischende Gesichtsdusche

Füllen Sie gekühltes Apfelessigwasser in eine Sprühflasche, und sprühen Sie morgens und abends Ihr Gesicht damit ein. Anschließend nicht abtrocknen, sondern an der Luft trocknen lassen. Hinterher gut eincremen. Das strafft und durchfeuchtet die Haut.

Reinigendes Gesichtsdampfbad

Nehmen Sie gelegentlich ein Gesichtsdampfbad mit 1/4 Tasse Apfelessig und 1 Liter kochendem Wasser, dem Sie einige Pfefferminzblätter, Kamillen- oder Lavendelkraut oder auch andere Kräuter beifügen. Das klärt die Gesichtshaut und reinigt sie porentief. Außerdem hat es auch eine wohl tuende Wirkung auf die Bronchien und Nebenhöhlen (siehe auch »Unreine Haut« auf Seite 135). Nach dem Gesichtsdampfbad sollten Sie das Gesicht mit kühlem Wasser nachspülen, damit die Poren sich wieder schließen. Nehmen Sie nicht zu kaltes Wasser bei erweiterten Äderchen!

Gesichtspackung für reife Haut

Diese Packung strafft und erfrischt reife Haut. 1 Eigelb mit dem Mixer schaumig rühren und 1 Teelöffel Apfelessig und 2 Esslöffel Distelöl tröpfchenweise unterrühren. 1 Esslöffel Fruchtfleisch von einer Papaya oder einer Avocado zerdrücken und untermischen. Zum Schluss alles nochmal gut durchrühren. Dann die Masse auf das zuvor gründlich gereinigte Gesicht, Hals und Dekolletee auftragen. Die Partie um die Augen herum dabei aussparen. Etwa 30 Minuten einwirken lassen. Mit warmem Wasser abspülen und danach die Haut mit einem Gesichtswasser abtupfen. Anschließend nur eincremen, wenn sie spannt.

Papayas sind stark enzymhaltig und häufig in den für reifere Haut zur kurmäßigen Anwendung empfohlenen Fruchtsäurelotionen enthalten.

Gurkenpackung für unreine Haut

Diese Gesichtspackung ist besonders für die fette, zu Unreinheiten neigende Haut geeignet. 1/4 Gurke schälen und pürieren und mit 1 Eigelb, 3 Esslöffeln Olivenöl und 1 Teelöffel Apfelessig gut vermischen. Den Brei auf Gesicht und Hals auftragen, 1/2 Stunde einziehen lassen, dann mit lauwarmem Wasser abwaschen.

Essigsaure-Tonerde-Packung

Die Packung klärt und beruhigt die zu Hautunreinheiten neigende und fettige Haut. Sie ist auch ausgezeichnet für Dekolletee, die Schultern und den Rücken geeignet. Dann entsprechend mehr anrühren. Dieses Rezept ist weniger für Sie geeignet, wenn Sie unter erweiterten Äderchen leiden. Die stark zusammenziehende Wirkung der Tonerde ist dann ungünstig.

Erwärmen Sie 1 Esslöffel Distel- oder Sonnenblumenöl, es darf jedoch nicht kochen. Rühren Sie 1 bis 2 Esslöffel essigsaure Tonerde (aus Reformhaus oder Apotheke) darunter. Tragen Sie das Öl auf Gesicht oder die anderen Hautstellen auf. 30 Minuten einwirken lassen und mit warmem Wasser abspülen.

Tips für die Haare

Oft rieseln Schuppen durch zu großzügige Anwendung von Haarshampoo – ein zuvor in den Händen verteilter haselnussgroßer Klecks genügt auch für längere Haarpracht.

- Kopfjucken kann darauf hindeuten, dass man Kopfhaut und Haaren zu häufig aggressive Reinigungssubstanzen zugemutet hat. Apfelessig schafft da einen Ausgleich. Man gibt 1 bis 2 Teelöffel Apfelessig auf 1 Glas Wasser, taucht einen Kamm hinein und kämmt so lange, bis die Haare mit dem Apfelessigwasser getränkt sind.
- Wer unter Schuppen leidet, erwärmt reinen Apfelessig und trägt ihn auf die Kopfhaut auf. Darüber stülpt man eine Plastikhaube und ein Frottiertuch. 1 Stunde einwirken lassen, dann die Haare mit einem milden Shampoo waschen.
- Bei stärkerem Haarausfall sollte man die Kopfhaut jeden Abend mit Apfelessigwasser (Mischung 1:1) massieren.
- Haarbürsten und Kämme werden wieder hygienisch sauber, wenn man sie 1 bis 2 Stunden in 1/2 Liter heißes Wasser mit 2 Teelöffeln Schmierseife und 1/2 Tasse Apfelessig legt.

Das Haar mit Apfelessig spülen

Essigspülungen beseitigen Rückstände von Seife und Kalk aus den Haaren, vitalisieren Haar und Kopfhaut, machen die Haare weich und leichter kämmbar, bewahren das Haar vor dem Austrocknen und bringen Glanz und Fülle. Das wussten schon unsere Urgroßmütter, die oft und gern zu diesem bewährten Hausmittel griffen, um ihre damals meist noch lange Haarpracht (die leider meist aufgesteckt und geflochten im Verborgenen blieb) zu pflegen.

Es gibt zwei verschiedene Möglichkeiten, eine Spülung durchzuführen, die Sie für jeweils unterschiedliche Zwecke einsetzen können. Der hauptsächliche Unterschied besteht darin, dass die Spülung im Haar verbleibt oder anschließend wieder ausgewaschen wird.

- Um Shampoorückstände gänzlich aus dem Haar zu entfernen, mischt man 2 bis 3 Esslöffel Apfelessig auf 1 Tasse warmes Wasser und gießt die Mischung über das Haar. Man wartet einige Minuten und spült dann den Essig samt den Seifenrückständen aus dem Haar. Regelmäßige Spülungen mit Apfelessigwasser sollen auch das Grauwerden der Haare verzögern.
- Verdünnen Sie 1/3 Tasse Apfelessig mit 3 Tassen warmem Wasser, und spülen Sie damit zum Abschluss der Haarwäsche die Haare. Anschließend nicht mehr nachspülen.

Klettenwurzel ist seit langem als Haarpflegemittel bekannt – es gibt auch Klettenwurzelöl fertig zu kaufen, das den Haarwuchs fördern soll.

Welche Spülung für welches Haar?

- Eine Spülung mit Rosmarinessig (aus Rosmarinblättern) verstärkt einen dunklen Haarton und verleiht dem Haar Glanz.
- Zur Pflege und Aufhellung von blondem oder hellbraunem Haar macht man seit jeher Spülungen mit Kamillenessig (aus Kamillenblüten).
- Bei Schuppen und zur Festigung der Haare spült man mit Brennnesselessig (aus Brennnesselkraut).
- Durch Petersilienessig (aus den Petersilienblättern) wird das Haar besonders glänzend.
- Salbeiessig (aus Salbeiblättern) wirkt festigend.
- Klettenwurzelessig (aus zerkleinerten Klettenwurzeln) macht das Haar leicht frisierbar und glänzend.

Eine Spülung mit Apfelessig belebt auch müdes Haar, gibt ihm Fülle, Spannkraft und gesunden Glanz.

Haarfestiger mit Honig

Gegen frühzeitiges Ergrauen wurden früher Spülungen mit naturreinem Apfelsaft empfohlen. Saure Äpfel sollten dabei besonders gut helfen.

Wenn Sie einmal keinen Festiger zu Hause haben, können Sie sich mit einem alten Hausmittel behelfen.

Mischen Sie dazu 1/4 Liter Mineralwasser mit 1 Esslöffel Apfelessig, und erhitzen Sie das Essigwasser. Es soll jedoch nicht kochen. 1 Teelöffel Honig einrühren, bis er ganz gelöst ist. Den Festiger in das gewaschene und gespülte Haar einkneten und nicht mehr ausspülen. Nach diesem Grundrezept kann man auch durch kleine Abwandlungen seine Haarfarbe auffrischen oder eine leichte Tönung erzielen.

- Wer seinem Blondton mehr Glanz verleihen möchte, nimmt statt des Wassers einen Sud aus Kamillenblüten. Essig und Honig erst unter den erkalteten Sud geben.
- Für eine Rottönung löst man 1 Esslöffel rot färbendes Henna in destilliertem Wasser auf, lässt es 10 Minuten leicht kochen und gibt dann Essig und Honig dazu.
- Kastanienbraunes Haar erhält einen schönen Schimmer, wenn man das Wasser durch starken schwarzen Tee ersetzt.

Pflegendes für die Hände

Apfelessig allein kommt gegen Nagelpilz nicht an: Sie müssen einen speziellen Lack bzw. Medikamente so lange geduldig anwenden, bis der letzte Rest des infizierten Nagels herausgewachsen ist.

- Altersflecken an den Händen und im Gesicht sollen blasser werden, wenn man sie konsequent jeden Abend vor dem Schlafengehen mit einer Mischung aus 1 Teil Zwiebelsaft (Entsafter) und 2 Teilen Apfelessig einreibt.
- Rissige Hände werden wieder glatt und schön, wenn man sie nach jedem Händewaschen mit einer Mischung aus Apfelessig und hautfreundlicher Handcreme im Verhältnis 1:1 eincremt.
- Auf ein entzündetes Nagelbett legt man mit Apfelessig getränkte Kompressen und lässt sie einwirken. Tägliches Einreiben der Nägel mit Apfelessig hat sich auch bei Nagelpilz bewährt.
- Die Nägel werden fettfrei, und Nagellack hält länger, wenn man vor dem Auftragen des Lacks die Nägel für etwa 60 Sekunden in eine Lösung aus 2 Teelöffeln Essig und 1/2 Tasse warmem Wasser hält.

Tip Wenn man beim Händewaschen ein paar Tropfen Apfelessig ins Waschwasser gibt, trocknet die Seife die Haut nicht so aus.

Erfrischendes für die Füße

- Wenn Sie viel gelaufen sind, und die Füße schmerzen und brennen: Füllen Sie eine kleine Wanne knöcheltief mit warmem Wasser, geben Sie 1 Tasse Apfelessig hinein, und machen Sie 5 Minuten lang kräftiges Wassertreten.
- Auch Fußgeruch bekämpft man wirksam mit einem täglichen Essigfußbad. Sie sollten anschließend die Füße nicht abtrocknen, sondern die Feuchtigkeit an der Luft verdunsten lassen.
- Bei schweren Beinen soll man in Apfelessig getauchte Tücher um die Beine wickeln, darüber kommt ein Frottiertuch. Die Beine hochlegen. Den Wickel erneuern, sobald er zu trocknen beginnt.
- Um Hühneraugen oder Hornhaut an den Füßen aufzuweichen, nimmt man zuerst ein Fußbad, in das man auf 1 Liter recht warmes Wasser 1/2 Tasse Apfelessig und 1 Esslöffel Salz gibt. Das Fußbad sollte etwa 10 Minuten dauern. Anschließend die verhornten Stellen mit Bimsstein abreiben. Diese Prozedur sollte man jede Woche durchführen, bis die Hornhaut verschwunden ist.

SO WIRD ESSIG HERGESTELLT

Wenn man Apfelessig herstellt, muss man den Presssaft von Äpfeln zuerst einmal einer alkoholischen Gärung unterziehen. Hat sich Alkohol in der Flüssigkeit gebildet, so ist aus dem Presssaft Most geworden, und der weiteren Essigbereitung steht nichts mehr im Weg.

Ob Federweißer oder Sauser: Der junge Wein hat viele Namen je nach Landschaft, wo er getrunken wird – mit dem Apfelmost hat er das Prickeln und den fruchtigen Geschmack gemeinsam.

Der Apfelmost

Das Wort Most geht auf die lateinische Bezeichnung »vinum mustum« für »jungen Wein« zurück. Apfelmost ist somit ein Apfelwein, der noch nicht ganz ausgereift ist, der noch verschiedene Bearbeitungsschritte durchlaufen müsste, bevor er als klarer, haltbarer Wein serviert werden könnte. Was den Most als Ausgangsmaterial für die Essigherstellung jedoch geeignet macht, ist, dass er im Gegensatz zum reinen Süßmost (Fruchtsaft) Alkohol enthält. Ohne Alkohol gibt es keine Essiggärung.

Der Apfelmost, der zur Essigbereitung verwendet wird, muss auch keineswegs ein genussfertiges Getränk, eben ein klarer Apfelwein, sein. Apfelwein und vor allem auch Apfelsaft werden von den gewerblichen Herstellern in einer Weise verarbeitet, die für die Essigherstellung nicht vonnöten ist.

Wein muss konserviert werden

Diese Flüssigkeiten haben wesentlich größere Haltbarkeitsprobleme als Apfelessig, da sie ohne die konservierende und keimtötende Wirkung der Essigsäure auskommen müssen. Und außerdem soll beim Apfelwein ja gerade verhindert werden, dass er sauer wird, also Essigsäure in ihm entsteht. Bei der professionellen Herstellung von Apfelwein werden normalerweise Enzyme eingesetzt, die die regelmäßig auftretenden Schleimbildungen im Most reduzieren, was seine Filtration erleichtert. Darüber hinaus wird der Most bei zu geringem Säuregehalt mit Zitronensäure angereichert oder mit Kohle, Gelatine, Bentonit oder Kieselsol geschönt, damit sich sein Gehalt an Eiweißkörpern und Trübbestandteilen verringert. Diese und eine Reihe anderer Maßnahmen machen einen Apfelwein erst zu dem Getränk, das wir in den Regalen der Weinhändler finden.

Schöner ist nicht gleich gesünder

Auch für Apfelsaft gilt, dass er viel wertvoller ist, wenn die Trübstoffe nicht abgefiltert wurden – obwohl das klare Getränk vielleicht appetitlicher aussieht.

Für die Herstellung von naturtrübem Apfelessig ist das alles nicht nötig. Im Gegenteil: Wird der Most beispielsweise zu stark geschwefelt oder auf andere Weise konserviert, kann daraus kein Essig werden, da die Essigbakterien darin nicht mehr leben können. Trotzdem bemühen sich natürlich viele Essighersteller, dem Wunsch der Verbraucher nach einer klaren, appetitlich anzusehenden Ware nachzukommen und »schönen« auch den Essig. Das bedeutet, sie filtern viele der wertvollen Inhaltsstoffe heraus. Was dann zwar schön anzuschauen ist, ist leider auch weniger gesund.
Alles, was im Folgenden über die Mostbereitung ausgeführt wird, bezieht sich grundsätzlich nur auf solchen Most, der zu Essig weiterverarbeitet werden soll.

Welche Äpfel eignen sich für Most?

Die wichtigste Voraussetzung für die Essiggärung ist, dass der Most ausreichend Alkohol enthält. Den Alkohol vergären die Essigbakterien dann zu Essigsäure. Für die Entstehung von Alkohol im Presssaft sind zwei Faktoren verantwortlich: Hefe und Zucker (Glukose, Fruktose, Saccharose). Die Hefepilze zerlegen den Zucker in Alkohol, Kohlendioxid und Wasser. Der Alkoholgehalt des Mosts ist somit vom Zuckergehalt der Äpfel abhängig, sofern man von einem künstlichen »Aufzuckern« des Mosts absehen will.
Nur vollreifes, süßes Obst, in dem sich viel Zucker bilden konnte, ist für einen guten Most geeignet. Besonders der Gehalt an Saccharose steigt mit zunehmender Reife. Die Ernte von Mostäpfeln sollte deshalb möglichst spät erfolgen – allerdings unbedingt, bevor die Äpfel Faulstellen aufweisen. Schadhaftes Obst schadet auch dem Most. Neben dem Reifegrad hat auch die Apfelsorte Einfluss auf die

Qualität bzw. den Alkoholgehalt des Mosts. Nicht alle Sorten sind nämlich gleich süß.

Die Zuckerwerte schwanken

Bei den unten aufgelisteten Zuckerwerten sollte man jedoch nicht vergessen, dass sie sich in der Regel auf die Analyse bestimmter Jahrgänge und Anbaugebiete beziehen. Immer wieder können auch Apfelsorten, die hier nicht aufgeführt sind, sehr gut zur Mostbereitung verwendet werden, sofern sie nur süß genug sind. Im Einzelfall lässt sich das durch eine Geschmackskontrolle ohne weiteres ermitteln. Inhaltsreiche Moste lassen sich beispielsweise auch aus den Sorten McIntosh und Alkmene oder durch das Zusammenmischen mehrerer Sorten gewinnen, wobei durch die Zugabe einiger Holzäpfel das Aroma oft sogar noch besser wird. Gut geeignet als Zusatz für Most sind die zahlreichen Sorten von Zieräpfeln, die im Herbst überreich Früchte tragen. Zwar sind die Miniäpfel nur kirsch- bis aprikosengroß, haben aber einen besonders intensiven Geschmack.

Holzäpfel sind die Früchte des wilden, nicht veredelten Apfelbaums. Im Rohzustand sind sie sehr hart und sauer.

Die besten Sorten für guten Essig

Folgende Apfelsorten eignen sich gut für die Most- und Essigbereitung. Die Zahlen in Klammern geben den durchschnittlichen Zuckergehalt als Refraktometerwerte in Prozent an. Je höher diese Werte sind, desto süßer sind die Äpfel.

- Boskoop (13 – 14)
- Hauxapfel (12 – 14)
- Mutsu (11 – 14)
- Granny Smith (11 – 14)
- Cox Orange (12 – 14)
- Kanada Rtte (11 – 14)
- Huberscher Mostapfel (12 – 14)
- Bohnapfel (12 – 15)
- Golden Delicious (12 – 14)
- Gloster (12 – 15)
- Starking (12 – 14)
- Goldparmäne (11 – 14)
- Passamaner (13 – 15)
- Wintertaffet (13 – 15)
- Damason Rtte (13 – 16)

(Quelle: Bavensdorfer Analysen, aus: Josef Bötsch, Obstsäfte, Leopold Stocker Verlag, Graz 1995)

Nur gesundes Obst verwenden

Gesundes Obst – das bedeutet dreierlei:

- Zum einen sollten Äpfel, aus denen ein gesunder, naturtrüber Apfelessig gemacht werden soll, möglichst nur aus biologischem Anbau stammen. Das garantiert, dass der Essig frei ist von Schädlingsbekämpfungsmitteln und Wachstumschemikalien und dass er, soweit das heutzutage noch möglich ist, von allgemeinen Umweltgiften wie Schwermetallen nach bestem Wissen und Gewissen frei gehalten worden ist. Nur so wird der Apfelessig zu einem richtigen Gesundheitselixier.

Greifen Sie nicht zu Billigangeboten aus Massenanbaugebieten für Ihre eigene Mostherstellung. Diese Äpfel sind in der Regel reichlich mit Chemikalien behandelt.

- Zum anderen sollten alle angefaulten Äpfel aussortiert werden. Einzelne Faulstellen deuten schon darauf hin, dass die ganze Frucht nicht mehr in Ordnung ist. Die weit verbreitete Meinung und leider auch oft anzutreffende Praxis, für Most und Essig könne man ruhig schadhaftes Obst verwenden, ist falsch. Faulstellen rühren von schädlichen Fäulnisbakterien her – und die können ohne weiteres in sehr kurzer Zeit den ganzen Most verderben und so die ganze mit seiner Herstellung verbundene Arbeit zunichte machen.
- Und drittens sollten nur ganze Früchte versaftet werden. Manche Hersteller verwenden für die Most- und Essigproduktion Apfelabfälle wie Schalen, Stängel und Kerngehäuse. Ein solcher nur aus Abfällen gewonnener Essig hat natürlich wesentlich weniger an wertvollen Inhaltsstoffen zu bieten als einer, der aus einwandfreien Vollfrüchten hergestellt wurde.

Der Nitratgehalt zeigt Verwässerung an

Für die kleinen Mengen Apfelessig, die täglich konsumiert werden, sollte wirklich nur das allerbeste Rohmaterial verwendet werden. Wenn hier nicht sorgfältig genug vorgegangen oder andere Stoffe beigemengt wurden, entlarvt sich diese Nachlässigkeit oft von selbst. Eine Verdünnung des Mosts mit Wasser beispielsweise, die absolut unnötig ist, erkennen Lebensmittelchemiker häufig daran, dass der Essig dann plötzlich zu viel Nitrat enthält. Dieser giftige Umweltstoff zeigt sich in naturtrüben Produkten aus reinen Äpfeln nur in äußerst geringen Mengen. Da aber so manches Wasser stark mit Nitrat belastet ist, stellt der Nitratgehalt ein Indiz dar, mit dessen Hilfe man einer Verwässerung leicht auf die Spur kommen kann.

Die Mostverarbeitung

Wie notwendig es ist, bei der Mostbereitung auf Reinlichkeit zu achten, merkt man spätestens dann, wenn der Most einmal verdorben ist. Bakterien, Schimmel und schädliche Schleimhefen können schon den Saft befallen, wenn nicht alles einwandfrei sauber ist. Das fängt bei den Äpfeln an, gilt aber auch für alle Geräte, Gefäße und Räumlichkeiten, und nicht zuletzt für Arbeitskleidung und Hände. Schädliche Mikroben können sich nahezu überall verbreiten.

Zuerst müssen die Äpfel gründlichst gereinigt werden. Im Haushalt, wo man nur kleine Mengen Most und Essig ansetzt, sollte man die Äpfel mehrfach hintereinander unter fließendem Wasser waschen. Der Einsatz einer weichen Bürste wäre darüber hinaus sehr zu empfehlen. Bei größeren Mengen gibt man die Äpfel in einen wassergefüllten Trog und siebt sie mit einem grobmaschigen Plastikkorb mehrmals durch. Das Wasser im Trog sollte zwei- bis dreimal abgelassen und wieder erneuert werden. Auch bei diesem Verfahren ist es sehr wichtig, die Schalen gründlich sauber zu reiben.

Entsaften Sie Äpfel für Most schonend, ohne sie zu erhitzen: Dabei gehen zu viele Vitamine verloren, und die Gärfähigkeit nimmt ab.

Großhersteller bedienen sich automatischer Waschanlagen, in denen ein Rührwerk oder ähnliche Mechanismen die Reinigung der Äpfel besorgen.

Das Versaften

Im Haushalt ist das Versaften relativ einfach. Man verwendet beispielsweise einen elektrischen Entsafter und stellt damit Apfelsaft her. Bei den früher häufiger in Haushalten zu findenden Dampfentsaftern wird das Obst auf 80 °C erhitzt, bevor der Saft austritt. Das stellt eine gleichzeitige Pasteurisierung des Apfelsafts dar und erhöht damit seine Haltbarkeit.

Das ist für die reine Saftherstellung von Nutzen, für die Most- und Essigbereitung jedoch kaum nötig, da Alkohol und Essigsäure, die sich später im Saft bilden sollen, eine konservierende Wirkung haben. Zudem gehen bei der Pasteurisierung einige Inhaltsstoffe wie Enzyme und Aromaträger verloren. Fällt die Pasteurisierung darüber hinaus zu stark aus, kann der Saft unter Umständen überhaupt nicht mehr vergoren werden. Zwei Dinge sind noch von Bedeutung: Der Saft muss rasch weiterverarbeitet werden, damit er keinem Schädlingsbefall ausgesetzt ist. Und der Saft darf nicht mit Eisen in Berührung kommen, es sei denn, es ist mit lebensmittelechter Farbe behandelt. Die Fruchtsäure könnte sonst Partikel aus dem Eisen herauslösen, die sich dann mit Gerbstoffen verbinden und den Most grau oder gar schwarz färben (»schwarzer Bruch«).

Das Maischen

Auch für Marmeladen und Gelees ist das Pektin unentbehrlich: Einmachhilfen wie z. B. Gelierzucker bestehen in erster Linie aus Apfelpektinen, die den niedrigen Pektingehalt mancher Früchte ausgleichen.

Hobbybrauer, bäuerliche Kleinbetriebe und gewerbliche Hersteller vollziehen das Versaften in zwei Arbeitsschritten: Erst kommt das Maischen, dann das Pressen. Beim Maischen werden die Äpfel mit speziellen Mühlen wie Schleuder- oder Schabermühlen zu Brei zerquetscht. Die Mühlen sollten dabei so eingestellt werden, dass die Apfelkerne unversehrt bleiben und weniger ausgereiftes Obst feiner als vollreifes Obst zermahlen wird.
Sinn des Maischens ist nicht nur die mechanische Zersetzung des Fruchtfleischs, sondern auch die Aktivierung von Pektinasen. Das sind in geringen Mengen vorkommende, fruchteigene Enzyme, die den Saft etwas fließfähiger machen. Manche Hersteller setzen der Maische noch künstlich solche Enzyme zu, um die Saftausbeute zu erhöhen und die Verflüssigung des Fruchtfleischs zu beschleunigen. Das macht insofern Sinn, als lange Standzeiten der Maische das Risiko erhöhen, dass sie verdirbt.

Das Pektinproblem

Auf der anderen Seite bauen die künstlich zugesetzten Pektinasen, wie der Name schon sagt, verstärkt Pektin ab. Das Pektin ist mit einer Art Klebstoff zu vergleichen, der die Zellwände der Früchte zusammenhält. Chemisch gesehen, gehört es zu den Polysacchariden, langkettigen Kohlenhydratmolekülen. Vom gesundheitlichen Standpunkt aus gesehen ist es ein wertvoller Ballaststoff.
Ist in Fruchtsaft oder Apfelessig reichlich Pektin, so ist die Flüssigkeit trüb, da nach wie vor Zellverbände des Fruchtfleischs »aneinanderkleben«. Ist das Pektin hingegen abgebaut, können trübende Bestandteile herausgefiltert werden, und die Flüssigkeit wird annähernd klar. So eine Klärung reduziert den gesundheitlichen Nutzen von Apfelsaft oder Apfelessig erheblich. Gerade das Pektin ist unserem Organismus äußerst dienlich. Beispielsweise beeinflusst es unseren

Cholesterinspiegel äußerst günstig und hilft auch beim Abtransport von Giftstoffen aus dem Organismus.
Nur wenn die Verbraucher verstärkt nach naturtrüben Produkten fragen, werden die Hersteller diesen mehr Raum in ihren Produktpaletten einräumen. Dafür haben die Hersteller dann, und das sei auch nicht verschwiegen, mit größeren Problemen zu kämpfen, ihre Maischen, Säfte und Moste vor dem Verderben zu schützen. Dafür muss man dann auch bereit sein, ein paar DM mehr zu bezahlen, damit sich der höhere Aufwand bei der Produktion lohnt.

Das Pressen

Im nächsten Schritt wird die Maische gepresst. Dazu gibt es verschiedene Presssysteme. Hobbybrauer und bäuerliche Kleinbetriebe verwenden für die Apfelmostbereitung meist Spindelpressen, die es schon ab zwölf Liter Fassungsvolumen gibt. Eine Spindelpresse ist ein Pressgefäß, bei dem man mit einem Gewinde von oben Druck auf den Inhalt des Gefäßes ausübt.
Unten fließt dann der fertige Saft ab. Etwas ausgeklügelter sind die so genannten Packpressen. Da wird der Druck, der mit einem Gewinde oder auch mit einer Hydraulik erzeugt wird, nicht mehr auf den Maischebrei in seiner Gesamtheit ausgeübt. Vielmehr unterteilt man die Maische mit mehreren Kunststofftüchern in einzelne Lagen und presst dann die übereinander gelegten Schichten unter hohem Druck in einem Durchgang aus. So quillt aus jeder Lage zusammengerechnet bedeutend mehr Saft heraus, als wenn man die gesamte Maische auf einmal auspresst.
Für kleinere und mittlere Most- und Essighersteller gibt es aber auch eine noch bequemere Möglichkeit, ihr Obst zu versaften. In den meisten Obstanbaugebieten bieten Lohnpressereien ihre Dienste an. Da muss man sich dann nicht mehr selbst um das Maischen und Pressen bemühen. Solche Lohnpressereien und auch Großhersteller verfügen in der Regel über Systeme, bei denen das Reinigen, Maischen und Pressen vollautomatisch in einem kombinierten Geräteverbund vollzogen wird. Das spart natürlich dem kleinen Produzenten jede Menge Arbeit. Allerdings hat er in der Regel keinen Anspruch darauf, bei sehr kleinen Mengen den Saft genau der Äpfel zurückzubekommen, die er ursprünglich abgeliefert hat.

Die Spindelpressen für Äpfel funktionieren nach demselben Prinzip alter hölzerner Weinpressen, die in Weinbaugebieten oft noch zur Dekoration vor dem Haus des Winzers stehen.

Das Vergären

Vergären bedeutet, dass im Apfelsaft eine alkoholische Gärung in Gang gebracht wird, die den Saft langsam in Most verwandelt. Da die alkoholische Gärung ein natürlicher Vorgang ist, kann man auch im Haushalt ohne weiteres einmal versuchen, sie ohne größere Hilfsmittel stattfinden zu lassen.

Wenn Sie Steingutgefäße benutzen, muss deren Glasur absolut unbeschädigt sein. Im sonst porösen Ton können sich Keime festsetzen und den Most verderben.

Dazu gibt man den selbst gemachten Saft in ein Gefäß aus Glas oder Steingut (höchstens zu neun Zehntel füllen), verschließt es mit einem Luftballon, so dass keine Frischluft hinzutritt, aber das entstehende Gas Kohlendioxid (CO_2) sich ausbreiten kann. Dann das Gefäß bei Zimmertemperatur (18 bis 20 °C) verwahren und abwarten. Mit etwas Glück dürfte in etwa einem Monat alkoholhaltiger Apfelmost entstanden sein. Warum das funktionieren kann, erklärt sich so: Hefepilze, die auf Früchten, in der Luft und auch im naturbelassenen, ungeschwefelten und unpasteurisierten Apfelsaft vorkommen, zersetzen Zucker langsam zu Äthylalkohol (CH_3CH_2OH). Den Zucker finden die Hefepilze reichlich im Apfelsaft, sofern keine allzu sauren Äpfel verarbeitet wurden.

Allerdings müssen die Hefen dabei möglichst vor Frischluft und schädlichen Mikroorganismen geschützt werden, was man problemlos mit dem einfachen Ballonverschluss erreicht. Darüber hinaus darf die Umgebungstemperatur nicht unter 10 °C fallen oder über 40 °C steigen, was die Hefepilze ebenfalls gefährden würde.

Gärhilfen

Gewerbliche Hersteller und kundige Hobbybrauer haben natürlich zahlreiche Verfahren entwickelt, um den Vorgang des Vergärens zu optimieren. Das fängt damit an, dass sie den Presssaft erst einmal untersuchen und gegebenenfalls behandeln.

Wurde etwa saures, wenig ausgereiftes Obst verwendet, ist eine Untersuchung des Zuckergehalts des Safts unerlässlich. Beispielsweise mit einer »Klosterneuburger Mostwaage«, die man im Fachhandel für Kellereibedarf für ca. 20 DM beziehen kann, können auch Hobbybrauer den Zuckergehalt das Safts bestimmen. Die Spindel der Mostwaage sinkt umso tiefer in den Saft ein, je weniger Zucker er enthält. An der Spindelskala kann man dann den Zuckergehalt in Gewichtsprozenten ablesen. Profis bedienen sich eines Refrakto-

meters, das den Zuckergehalt an der Intensität der Lichtbrechung, die die Flüssigkeit verursacht, ermittelt. Ist der Zuckergehalt zu gering, unter 6 bis 8 Prozent Gewichtsanteil, kann der Saft »aufgezuckert« werden.
Dabei gilt: 130 Gramm Zucker erhöhen den Zuckergehalt von 10 Litern Saft um ca. 1 Prozent; das wiederum erhöht den Alkoholgehalt des Mosts um ca. 0,65 Prozent und den späteren Gehalt an Essigsäure um ebenfalls ca. 0,65 Prozent, sofern keine Gärstörungen auftreten. Je mehr Zucker der Saft enthält, desto stärker werden der Most und später der Essig.

Hefe ist unverzichtbar

Wenn man den Gärungsvorgang optimal gestalten will, ist die Beigabe von Hefe in Form von so genannter Trockenreinzuchthefe unerlässlich. Solche Hefe gibt es im Fachhandel für wenig Geld zu kaufen. Für immerhin 1000 Liter Most kostet die nötige Menge nur ca. 15 DM. Oft sind die natürlich vorkommenden Hefen zu unbeständig und auch zu unrein, als dass man sich bei der Gärung allein darauf verlassen könnte. Somit empfiehlt sich auch für den Hausgebrauch, ein wenig von dieser Trockenreinzuchthefe zuzukaufen. In 1 Liter Saft gibt man etwa 1 Gramm Hefe.
Kaum nötig für die häusliche Mostbereitung sind Hefenährsalze wie Stickstoffverbindungen und Phosphor. Sie werden von den Mostbrauern meistens zugegeben, um das Wachstum der Hefen zu beschleunigen. Gibt man zu Hause in das Gärgefäß auch Rückstände aus dem Pressvorgang, wie Schalen etc., finden die Hefepilze normalerweise genug Nahrung.

Wenn Essig auch von allein entstehen kann, ist es trotzdem sicherer, die Gärung durch Produkte aus dem Fachhandel in Schwung zu bringen.

Wann ist die alkoholische Gärung beendet?

Hat man seinen Most in einem Glasgefäß angesetzt, kann man gut erkennen, wann die alkoholische Gärung abgeschlossen ist. Dann hat sich der gesamte Zucker im Presssaft in Alkohol verwandelt. und die Hefepilze sterben mangels Nahrung ab. Die Hefe sinkt von der Oberfläche des Mosts langsam auf den Boden des Gärgefäßes und bleibt dort liegen. Diese abgestorbene Hefeschicht nennt man Geläger. Je länger der fertige Most auf dem Geläger bleibt, desto schlechter wird sein Geschmack. Deshalb: Nach Beendigung der Gärung sollte man den Most sehr bald umfüllen. Normalerweise kann man davon ausgehen, dass die Hefe zwei bis drei Tage benötigt, um heranzuwachsen. Dann vollzieht sich in ein bis zwei Wochen die »stürmische Gärung« und in noch einmal zwei bis vier Wochen die »stille Nachgärung«. Das ergibt summa summarum drei bis sechs Wochen Gärzeit. Drei Wochen Gärzeit wird man nur bei relativ hohen Temperaturen (bis maximal 40 °C) erreichen.

Wie ein leichter Wein

Passend zum Ausdruck »stürmische Gärung« nennt man in manchen Gegenden auch den noch gärenden Traubenmost »Sturm«.

Für Spezialisten gibt es die Möglichkeit, einen eventuell noch vorhandenen Restzuckergehalt im Most genauer zu ermitteln. Der Fachhandel bietet dazu einen so genannten Clinitest mit 36 Testtabletten an (ca. 35 DM). Man gibt eine dieser Testtabletten in ein mit Most gefülltes Röhrchen und vergleicht die Farbe der Flüssigkeit dann mit einer Farbskala. So kann man genau ablesen, ob annähernd der gesamte Zucker in Alkohol verwandelt wurde und die Gärung wirklich abgeschlossen ist.

Für die Bestimmung des Mostalkoholgehalts in Prozent bietet der Fachhandel Vinometer (ca. 20 DM) oder Alkoholometer (ca. 30 DM) an. Mit diesen Geräten lässt sich ermitteln, wie stark das Gebräu geworden ist. Bei selbst angesetztem Most kann man davon ausgehen, dass er höchstens so stark wie ein leichter Wein ist, also maximal elf bis zwölf Prozent Alkoholgehalt erreicht. Doch das ist eher die Ausnahme. Schon sieben bis acht Prozent sind ein gutes Ergebnis.

Die richtigen Gärgefäße

Ein Gefäß, in dem eine alkoholische Gärung stattfinden soll, muss mit einem Gärspund oder einem Gärrohr versehen sein. Ohne so eine Vorrichtung, die einerseits Sauerstoff und schädliche Mikroben abhält und andererseits das Gas Kohlendioxid entweichen lässt, ist eine Gärung praktisch nicht aufrechtzuerhalten. Bei kleineren Mengen Most, die man in der Küche ansetzt, kann man sich ganz leicht mit einem normalen Luftballon behelfen. Bei Fässern und anderen größeren Behältnissen entsteht jedoch so viel CO_2, dass man ohne die speziellen Geräte nicht auskommt. Verschiedene Ausführungen davon sind im Fachhandel für nur fünf bis zehn DM erhältlich. Das Prinzip, nach dem sie arbeiten, ist recht einfach. Es handelt sich um einen Wasserverschluss. Gärrohre sind ganz ähnlich wie Abflussrohre von Waschbecken geformt. In diese S-Form wird Wasser gegeben (welches einmal in der Woche zu wechseln ist), das das Kohlendioxid von unten herausblubbern lässt, aber den Most nach oben hin luftdicht abschließt.

Auch Wein wird kaum noch in Holzfässern gelagert, sondern in Edelstahltanks. Nur im so genannten »Barrique«-Anbau reift der Wein in kleinen Eichenholzfässern.

Holz ist schwer zu reinigen

Für die Herstellung größerer Mostmengen eignen sich Kunststoffbehälter, Edelstahltanks oder auch Holzfässer. Die Gärgefäße der Profis haben mehrere Öffnungen, um den fertigen Most abzapfen zu können, Restflüssigkeiten und das Geläger ablaufen zu lassen – und für Reinigungs- und Nachfüllzwecke. Hobbybrauer, die es mit Holzfässern versuchen wollen, sollten bedenken, dass diese einer aufwändigen Fasspflege bedürfen. Sie sind anfällig für Schimmel und oft schwer zu reinigen. Sie müssen, wenn sie leer stehen, außen und innen konserviert werden. Zudem sollte ein Obstmost nicht länger als sechs Monate in einem Holzfass gelagert werden. Das schadet sonst dem Geschmack und der natürlichen Frische des Obstmosts.

Früher wurde Most traditionell in Fässern aus Holz vergoren. Aus Hygienegründen verwendet man heute jedoch Tanks aus Materialien, die pflegeleichter sind.

Unser Apfelmost entspricht dem Cidre der Franzosen, den es lieblich oder herb gibt, und auch die Engländer schätzen dieses Getränk, das bei ihnen »cider« heißt.

Ein Gläschen Äppelwoi auf die Gesundheit

Apfelwein, das ehemalige Armeleutegetränk, erfreut sich derzeit wieder steigender Beliebtheit. Im Hessischen nennt man ihn liebevoll »Äppelwoi«, am Mittelmain heißt er »Mouscht«, in Württemberg »Moscht«, im Westerwald »Schemmer«, und im Raum Mosel-Saar-Ruwer zählt der »Viez« sogar zu den Charakteristika der Region. Wie immer man den Wein aus Äpfeln je nach Landschaft auch nennen mag, für die Gesundheit ist er auf jeden Fall von hohem Wert.

- Das fängt bei den Kalorien an, von denen er weniger enthält als andere alkoholische Getränke.
- Er fördert außerdem die Durchblutung.
- Er regt den Kreislauf an.
- Most entwässert und entschlackt.
- Er wirkt verdauungsfördernd.
- Nach Dr. Gerd Scholten, der dem »Trierer Viez« ein Buch gewidmet hat, »empfehlen Badeärzte im Taunus Patienten mit Beschwerden der Atmungsorgane, Äppelwoi zu trinken, der im Gegensatz zum Bier die Atmungswege nicht verschleimt«.
- Apfelwein vertieft die Atmung und soll sogar Bronchialkrämpfe lösen können.
- Er trägt entscheidend zur Stabilisierung des Blutdrucks bei.
- Er unterstützt, wie Apfelessig, sowohl den Abbau von Übergewicht als auch die Senkung des Fett- und Cholesteringehalts im Blut.
- Er löst Muskelverkrampfungen und seelische Spannungen.
- Er hilft bei rheumatischen Erkrankungen wie Gicht und anderen Schmerzzuständen.
- Und das Schönste ist: Um in den Genuss all dieser positiven gesundheitlichen Wirkungen zu kommen, ist nicht mehr nötig als das bekannte »Gläschen in Ehren«. Mehr sollte es dann aber auch nicht sein, denn immerhin enthält der frisch-fruchtige Apfeldrink etwa so viel Alkohol wie normaler Wein, was man oft erst an den Folgen bemerkt, da der süffige Geschmack dies nicht verrät.

Das Essigmachen

Aus dem fertigen alkoholhaltigen Apfelmost Essig zu machen, ist wesentlich einfacher als die Mostbereitung. Denn normalerweise entsteht Essig praktisch von allein. Man muss nur den natürlich vorkommenden Essigbakterien die Möglichkeit geben, den Most zu besiedeln und dann dafür sorgen, dass sie ihr Werk tun können. Das bedeutet, man darf das Gefäß, das zur Essiggärung verwendet wird, im Gegensatz zu einem Gefäß für die alkoholische Gärung nicht luftdicht verschließen. Die mikroskopisch kleinen Essigbakterien, die auf Pflanzenmaterial oder auch in der Luft vorkommen, können sich dann im Most ausbreiten und den darin enthaltenen Alkohol langsam zu Essigsäure vergären. Außerdem ist es anzuraten, dem Most eine möglichst große Oberfläche zu verschaffen, also ein breites, flaches Gefäß zu verwenden. So bekommen die Bakterien, die sich in erster Linie an der Oberfläche der Flüssigkeit ansiedeln, immer genügend Sauerstoff, den sie für ihre Arbeit brauchen. Wichtig ist noch, dass man den fertigen Most rasch »vom Geläger zieht« und in das Gefäß zur Essiggärung umfüllt.

Wer Wein selbst keltert, kann erleben, wie leicht Essig entsteht – wohl jeder, der schon mal im Haushalt einen Versuch gemacht hat, kann das bestätigen.

Essigmutter – eine wertvolle Substanz

Wenn es schön warm ist – die Idealtemperatur für die Essiggärung liegt bei 26 bis 30 °C –, zeigt sich schon nach einigen Tagen oben im Most eine glibberige Substanz, die Essigmutter oder Kahmhaut genannt wird. Essigmutter besteht im Wesentlichen aus Essigbakterien und wird von professionellen Herstellern zum Teil abgeschöpft und als Bakterienüberträger für neu anzusetzenden Essig weiterverwendet. Auch im Fachhandel für Kellereibedarf gibt es Essigmutter in Zehntelliterfläschchen für 10 bis 20 DM zu kaufen. Damit lässt sich der Most am schnellsten und sichersten in Essig verwandeln, und man muss nicht warten, bis die Essigbakterien sich zufällig von selbst einstellen. Da die Essigmutter, vor allem bei wertvollen Weinessigen, auch als Aromaträger fungiert, ist sie bei manchen Herstellern ein gut gehütetes Kellergeheimnis. Jeder neuen Generation von hochwertigem Essig verleiht sie ihre ganz spezifische Geschmacksnote, die kaum nachgeahmt werden kann.

Unansehnlich, aber heilsam

Für Kenner ist Essigmutter, besonders die des Apfelessigs, ein Gesundheitselixier par excellence. Auf die Haut aufgetragen, hilft sie rasch bei ansteckenden Ausschlägen und anderen infektiösen Prozessen. Und wer es über sich bringt, diese schlierige Masse einzunehmen, bekämpft erfolgreich Fäulnisbakterien und andere schädliche Bewohner im Verdauungstrakt genauso wie arthritische Gelenkschmerzen. Aller Erfahrung nach erhöht Essigmutter auch die allgemeine Widerstandskraft und bewahrt sogar vor einer Reihe von ansteckenden Krankheiten.

Der unappetitliche Schaum, der sich während der Essiggärung auf dem Most bildet, hat nichts mit Schimmel oder Verderben zu tun und darf keinesfalls entfernt werden.

Man muss allerdings beachten, dass nur frische Essigmutter, die sich an der Oberfläche des Mosts befindet, von Nutzen ist. Sollte sie auf den Boden des Gärgefäßes sinken, ist sie abgestorben und wertlos.

Die einfachste Art, Essig zu bereiten

Wie schon vor Jahrtausenden praktiziert, kann jeder einmal versuchen, Essig selbst zu machen.

- Nehmen Sie Ihren selbst bereiteten Apfelmost oder ungeschwefelten, mit Wasser verdünnten Wein (den Wein knapp eins zu eins verdünnen, damit sein Alkoholgehalt unter zehn Prozent liegt), und geben Sie ihn in eine dickbauchige Flasche oder ein flaches Steingutgefäß. Nur zur Hälfte auffüllen, damit für die Gärung Raum bleibt.
- Stellen Sie das Gefäß an einen warmen Ort wie z. B. eine südseitige Fensterbank oder in die Nähe der Heizung.
- Nach drei bis vier Tagen mit einem Leinentuch oder Haushaltspapier abdecken bzw. locker verschließen.
- Soweit möglich, täglich einmal vorsichtig schütteln oder durchschwenken, damit den Essigbakterien frischer Sauerstoff zukommt. Dabei darauf achten, dass die Essigmutter, die schlierige Haut, die sich an der Oberfläche der Flüssigkeit gebildet hat, nicht untergetaucht und von der Luftzufuhr abgeschnitten wird. Das würde die Essigbakterien unter Umständen zum Absterben bringen und die unentbehrliche Essiggärung stoppen.
- Nach etwa drei bis vier Wochen dürfte der Essig fertig sein und kann abgefüllt werden.

Das Orléansverfahren

Eines der ältesten industriellen Herstellungsverfahren, das in Europa bekannt ist, ist das Essigbrauen im französischen Orléans des 14. Jahrhunderts. In großen, bis zu 400 Liter fassenden Holzfässern wurde dort Essig gemacht und weit über die Landesgrenzen hinaus verkauft. Da Essig in damaliger Zeit das beliebteste Würzmittel war, für eine Reihe von Speisen das einzige Konservierungsmittel darstellte und in der mittelalterlichen Heilkunst eine bedeutende Rolle spielte, war das Essigmachen der wichtigste Wirtschaftsfaktor der »Orléanais« südlich von Paris. Noch heute gibt es in der Türkei eine Essigfabrik, die tonnenweise Essig nach den alten Herstellungsregeln von Orléans produziert.

Technisch ausgedrückt handelt es sich dabei um ein Oberflächengärungsverfahren, da der Wein oder der Obstmost nur von der Oberfläche her vergoren wird. Die Gärfässer werden dabei nicht aufgestellt, sondern der Länge nach hingelegt und nur etwa zur Hälfte gefüllt. So bekommt die Gärflüssigkeit eine möglichst große Oberfläche.

Bei allen Herstellungsverfahren für Essig ist es wichtig, dass der Most immer gut mit Sauerstoff versorgt ist und nicht etwa von der Luft abgeschnitten wird.

Zudem wird sie durch Luftlöcher in den oberen Fassteilen gut mit Sauerstoff versorgt. Noch weiter verbessert haben die Essigsieder von damals den Gärungsprozess dadurch, dass sie alle acht Tage von einem Fass zehn Liter fertigen Essig abzapften und sie durch zehn Liter frischen Wein oder Most ersetzten. So kamen sie zu einer kontinuierlichen Essigproduktion und konnten manche Fässer jahrzehntelang in Betrieb halten.

Das Dreh-Wende-Fass

Beim Orléansverfahren dauert es mehrere Wochen, bis der Most zu Essig vergoren ist. Und da die Essigbakterien bei diesem Verfahren nur auf die Oberfläche des Mosts einwirken, vergären tiefere Schichten im Most manchmal nur unzureichend. Wenn man der zu vergärenden Flüssigkeit hingegen zusätzlich Sauerstoff zuführt, kann man den Gärprozess erheblich verbessern. Je mehr Sauerstoff den Essigbakterien zur Verfügung steht, desto schneller und besser stellen sie Essig her. Eine Möglichkeit, dies zu erreichen, ist das so genannte Fesselverfahren. Hierbei schwimmen die Essigbakterien nicht lose auf der Gärflüssigkeit, sondern werden an ein bestimmtes

Trägermaterial »gefesselt«. Man sagt, das Trägermaterial wird mit Essigbakterien »beimpft«, wenn Essigbakterien bzw. Essigmutter darauf aufgebracht werden. Als Trägermaterial verwendet man beispielsweise Buchenholzspäne, entkernte Maiskolben, Weintraubenstrünke oder Birkenzweige.
Gemeinsam ist all diesen Materialien, dass sie durch ihre feinen Verästelungen eine besonders große Oberfläche aufweisen. Ist so ein Material »beimpft«, können sich sehr viele Essigbakterien darauf entwickeln, und der Most wird stark durchlüftet bzw. mit viel Sauerstoff durchsetzt, wenn man ihn darüber fließen lässt. Zudem verleiht jedes Trägermaterial dem Essig eine eigene, ganz besondere Geschmacksnote.

Holzspäne werden »geimpft«

Da Essig in allen Kulturen benutzt wurde, ist es nicht verwunderlich, dass man so unterschiedliche Verfahren zu seiner Herstellung entwickelte.

Die ersten Versuche mit so einem Verfahren wurden mit Dreh-Wende-Fässern unternommen, und noch heute basteln sich manche Hobbybrauer vergleichbare Geräte. In ein liegendes Fass wird in der Mitte ein löchriger Zwischenboden eingezogen, der das Fass in eine untere und eine obere Hälfte unterteilt. In die obere Hälfte kommen beispielsweise Buchenholzspäne, auf die Essigbakterien bzw. Essigmutter gegeben werden. In die untere Hälfte füllt man den Most. Dreht man das Fass um seine Achse, fließt der Most über die beimpften Späne und wieder zurück.
Für die Luftzufuhr von außen sorgen Löcher in den oberen Fassteilen, die beim Drehen natürlich verschlossen werden müssen. Dreht man das Fass einmal täglich – unter Umständen auch maschinell –, hat man schon nach einer Woche fertigen Essig. Man muss bei diesem Verfahren aber darauf achten, dass die Temperatur im Raum gleichbleibend hoch ist (möglichst 22 bis 25 °C) und nicht etwa über Nacht stark absinkt.

Das Schützenbachverfahren

Bereits im Jahr 1823 bot der süddeutsche Fabrikant Schützenbach einen »Schnellessigbildner« an, der in 48 Stunden fertigen Essig lieferte. Schützenbach bediente sich auch eines Fesselverfahrens. Noch heute wird auf vergleichbare Weise in den meisten Obst verarbeitenden bäuerlichen Kleinbetrieben Essig hergestellt.

Ein hohes, stehendes Fass (Holz, Edelstahl, Kunststoff) wird in etwa zwei Dritteln Höhe mit einem löchrigen Zwischenboden aus Holz oder Edelstahl (eventuell mit einem eingehängten Sieb) in einen oberen und einen unteren Bereich unterteilt. Oben (in das Sieb) kommen z. B. Buchenholzspäne hinein, auf die Essigbakterien gebracht werden. Der Most wird dann über die Späne gegossen und fließt weiter in den unteren Fassteil ab. Der untere Teil sollte nur zu etwa vier Fünfteln gefüllt werden. Dabei ist es am besten, wenn der Most so fein wie möglich über die Späne verteilt wird, wozu man einen Brausekopf oder Ähnliches verwendet. Fünf bis sieben Mal am Tag wird der Most dann etwa eine Viertelstunde lang nach oben gepumpt, wo er jeweils von Neuem über die Späne läuft.

Sauerstoff wird zugepumpt

Zusätzlich verbessern lässt sich der Vergärungsprozess, wenn dem Most auch von unten noch Sauerstoff zugeführt wird. Dies wird häufig mit Aquarienpumpen oder ähnlichen Geräten bewerkstelligt, die für ein kontinuierliches Aufsteigen von Luftblasen in der Gärflüssigkeit sorgen.
Auch manche Großhersteller bedienen sich noch ähnlicher Gärvorrichtungen, allerdings mit Fasshöhen bis zu fünf Metern. Die gewaltigen Essigbildner erzeugen aber so viel Wärme (die bei der Gärung entsteht), dass sie gekühlt werden müssen, um nicht zu überhitzen. Außerdem funktionieren sie vollautomatisch: Entnahme- und Nachfüllmenge, Luftzufuhr, Temperatur und anderes mehr werden hierbei maschinell gesteuert.

Natürlich sind die meisten dieser Verfahren zu aufwändig, um sie im Haushalt durchzuführen. Es lohnt sich aber der Versuch, kleinere Mengen selbst herzustellen.

Der Frings-Acetator

Die modernste und optimale Art, Essig herzustellen, ist das submerse Gärverfahren. Submers ist lateinisch und heißt »untergetaucht«. Bei solchen Verfahren werden die Essigbakterien nicht mehr auf ein Trägermaterial wie Buchenholzspäne aufgebracht, sondern direkt in die Gärflüssigkeit gegeben, also quasi untergetaucht. Damit vermeidet man wesentliche Nachteile der Fesselverfahren: Die Buchenholzspäne oder andere Trägermaterialien verschleimen dabei manchmal stark und werden dann unbrauchbar. Und der Most wird oft nicht gleichmäßig vergoren, was die Gesamtgärleistung dann verringert.

Wirbeln und Sprudeln belüftet

Der Zuckergehalt der Äpfel ist entscheidend für die Qualität des Essigs. Lassen Sie bei eigener Ernte deshalb die Äpfel so lange wie möglich am Baum reifen.

Dass bei einem submersen Verfahren ein Ersticken der Essigbakterien verhindert wird, wo sie doch »untergetaucht« werden, erreicht man mit einer starken Durchlüftung der Gärflüssigkeit. Am Boden der entsprechenden Gärgefäße ist ein Belüfter angebracht, der ständig Sauerstoff durch den Most sprudeln lässt. Außerdem verwirbelt dieser Belüfter den Most, was den Gärungsprozess gleichmäßig auf die gesamte Flüssigkeit verteilt.

Die Firma Frings in Bonn ist in diesem Bereich Marktführer und bietet einen Frings-Acetator an, ein Gerät, in dem ein submerses Gärverfahren vollautomatisch abgewickelt wird. Ohne ständige Überwachung lassen sich damit alle Arten von Essigen herstellen, mit gleichbleibender Qualität und einstellbarem Säuregehalt. Nach nur 24 bis 36 Stunden ist die Gärung beendet.

Normalerweise lohnt sich die Anschaffung eines solchen Acetators nur für mindestens mittelgroße Betriebe. Seit neuestem werden aber auch kleinere Geräte angeboten, die »nur« ca. 70 Liter Most am Tag zu Essig verarbeiten, was natürlich für den normalen Haushalt immer noch eine gewaltige Menge ist.

Die Säurebestimmung

Wer in der Küche etwas Apfelessig angesetzt hat, muss sich wohl kaum um den exakten Säuregehalt seines Brauprodukts kümmern. Eine Geschmackskontrolle gibt da ohne weiteres ausreichend Auskunft. Zudem kann selbst angesetzter Essig nie einen Säuregehalt erreichen, der der Gesundheit abträglich wäre. Im Gegenteil: Erreicht man die handelsüblichen fünf bis sieben Prozent, hat man schon ein recht gutes Ergebnis.

In großen professionellen Gärmaschinen wird der Säuregehalt des Essigs vollautomatisch mit Hilfe einer Restalkoholbestimmung auf den Prozentpunkt genau angepeilt. Ist der gewünschte Prozentsatz an Säure erreicht, wird der Essig selbsttätig abgepumpt und dann zur Lagerung in andere Behältnisse gebracht. Kleinbetriebe und Hobbybrauer haben es da etwas schwerer, da ihre Geräte normalerweise über keine automatischen Alkoholmesser verfügen. Auf der anderen Seite muss ihr Essig mindestens fünf Prozent Säure enthalten, falls er verkauft werden soll.

Den Prozentsatz errechnen

Wenn man genau wissen will, wie viel Essigsäure der Essig enthält, gibt es nur zwei Möglichkeiten: Entweder man überprüft immer wieder den Alkoholgehalt des Mosts mit einem Alkoholometer. Fertig ist der Essig, wenn die fortlaufende Kontrolle nur noch einen geringen Restalkoholgehalt ausweist. Der Prozentsatz an Essigsäure, den der fertige Essig dann hat, entspricht nach einer Faustregel annähernd dem Prozentsatz an Alkohol, den der Most hatte, bevor er zu Essig vergoren wurde. Die zweite Möglichkeit: Man titriert den Essig. Das gibt dann exakt Auskunft über den Essigsäureprozentsatz.
Titrieren ist nicht ganz einfach und eigentlich Sache eines Labors. Aber mit etwas Sorgfalt und den nötigen Geräten und Substanzen aus dem Fachhandel kann es jeder bewerkstelligen. Im Prinzip funktioniert das Titrieren wie die Säurebestimmung mit Lackmuspapier aus der Apotheke. Wer sich nicht gleich mit Pipetten und Chemikalien ausrüsten möchte und außerdem seinen Rechenkünsten nicht richtig traut, kann auch eine kleine Menge des selbst fabrizierten Essigs zur Analyse der Säureprozente weggeben. Wenn man kein Weinlabor bzw. einen Küfer in erreichbarer Nähe hat, besitzen auch Apotheker und Drogisten die nötigen Fachkenntnisse.

Lackmuspapier zeigt durch eine farbliche Veränderung an, ob eine Flüssigkeit sauer oder alkalisch ist. Allerdings ist dies nur eine recht grobe Messung.

Wie man titriert

- Man misst mit einer Pipette 10 Milliliter Essig ab und füllt sie in ein Glasgefäß.
- Dann gibt man dem Essig mit einem Tropfer genau 3 Tropfen Phenolphtaleinlösung als Indikator zu.
- Anschließend gibt man mit einer Pipette langsam und milliliterweise 0,1-prozentige Natronlauge in die Flüssigkeit.
- Sobald die Flüssigkeit eine blassrosa Farbe annimmt, kann man mit der Natronzugabe aufhören und überprüfen, wie viel Milliliter Natronlauge zu diesem Ergebnis nötig waren (Anfangs- minus Endbestand in der Pipette).
- Multipliziert man den Milliliterverbrauch an Natronlauge mit 0,6, erhält man den Prozentsatz an Essigsäure, die der Essig enthält.

Grundrezept für den Haushalt

Wer selbst einmal versuchen will, Apfelessig in der eigenen Küche herzustellen, findet hier noch einmal das Wichtigste kurz zusammengefasst. Wie Sie gleich sehen werden, ist es gar nicht so schwierig. Allerdings kann es schon zwei bis drei Monate dauern, bis Ihr selbst gemachter Essig auf dem Tisch steht. Dafür haben Sie dann ein naturreines Produkt ohne chemische Zusätze, das die gesamte Kraft von gesunden Äpfeln enthält und das nicht so stark gefiltert ist, dass nur noch eine blasse, inhaltslose Flüssigkeit übrig bleibt. Außerdem macht es Spaß, zuzusehen, wie auf ganz natürliche Weise, fast von selbst, eines der interessantesten Lebens- und Würzmittel heranreift.

Die Mostbereitung

In Osteuropa werden Gurken sauer eingelegt, indem man sie mit Salzwasser in Gläser füllt, ein Stück Roggenbrot hinzugibt und die Gläser mehrere Tage zum Gären in die Sonne stellt.

- Kaufen (oder ernten) Sie ca. fünf Kilogramm Äpfel aus biologischem Anbau. Die Äpfel sollen zwar vollreif und möglichst süß sein, aber auch nicht überreif.
- Entfernen Sie alle Früchte mit Faul- oder Druckstellen (Ausschneiden der betroffenen Stellen allein hilft nicht).
- Waschen Sie die Früchte gründlich, wechseln Sie dabei mehrmals das Wasser, und benutzen Sie möglichst eine Bürste.
- Schneiden Sie die Äpfel in Stücke, und stellen Sie mit einer Saftpresse Apfelsaft her.
- Geben Sie den Saft und einen Teil der Rückstände (Schalen etc.) in ein größeres Gefäß aus Glas oder Steingut (keine unbeschichteten Eisentöpfe verwenden, die von der Säure des Safts angegriffen werden und Metalloxide abgeben). Die Füllhöhe sollte maximal neun Zehntel nicht überschreiten.
- Geben Sie ein Gramm Trockenreinzuchthefe hinein, die es im Fachhandel für Kellereibedarf zu kaufen gibt. Ersatzweise kann man es auch nach altem Hausrezept mit einer dicken Scheibe frischem Schwarzbrot (ohne Konservierungsstoffe) versuchen, die man oben auf den Saft legt.
- Verschließen Sie das Gefäß luftdicht mit einem Luftballon oder mit einem Gärspund bzw. Gärrohr aus dem Fachhandel.
- Stellen Sie das Gefäß ca. einen Monat lang bei konstanten 18 bis 20 °C zur Seite. Vermeiden Sie Unterkühlung oder Überhitzung.

• Der Most ist fertig, wenn der Hefeschaum, der sich nach ein paar Tagen an der Oberfläche bildet, weitgehend auf den Boden des Gefäßes gesunken ist. Ab dann rasch zu Essig weiterverarbeiten, weil sich sonst die Qualität des Mosts, besonders geschmacklich, wieder verschlechtert.

Das Essigmachen

• Füllen Sie den fertigen Most in ein möglichst breites und flaches Gefäß um.
• Am sichersten gedeiht der Essig, wenn Sie etwas Essigmutter aus dem Fachhandel in den Most geben. Mit etwas Glück funktioniert es aber auch ohne zugekaufte Essigmutter – hier kommt es auf Ihre persönliche Risikofreude an.
• Stellen Sie das Gefäß an einen warmen Ort (Heizung), wo konstant über 20 °C herrschen (am besten 26 bis 28 °C). Vermeiden Sie Abkühlung oder Überhitzung, überhaupt jede stärkere Temperaturschwankung.
• Decken Sie das Gefäß, wenn Sie keine Essigmutter zugegeben haben, erst nach ein paar Tagen mit einem Leinentuch oder Ähnlichem zu, damit die die Gärung auslösenden Bakterien ihren Weg finden. Keinesfalls luftdicht verschließen.
• Wenn möglich, einmal täglich leicht schütteln, ohne die Essigbakterien, die sich an der Oberfläche als schlierige Haut zeigen, unterzutauchen. Wenn Sie ein Übriges tun wollen, können Sie gelegentlich den Schlauch einer Luftpumpe oder Ähnliches auf den Boden des Gefäßes setzen und etwas Luft durch den werdenden Essig pumpen.
• Je nachdem, wie warm Ihr unfertiger Essig steht, ob Essigmutter zugegeben wurde und eventuell für Belüftung gesorgt wird, dauert es ein bis drei Monate, bis der Essig fertig ist. Beginnen Sie nach etwa drei Wochen mit dem Verkosten.
• Filtern Sie den fertigen Essig durch ein ausgekochtes Leinentuch oder eventuell Kaffeefiltertüten, und füllen Sie ihn in Flaschen. Mit Naturkorken verschließen.
• Wählen Sie möglichst Flaschen aus dunkelbraunem oder grünem Glas, um Ihren Essig abzufüllen. Die wertvollen Inhaltsstoffe von naturtrübem Essig werden durch Lichteinfluss vermindert. Deshalb sollten Essigvorräte auch am besten im dunklen Keller gelagert werden.

Füllen Sie auf keinen Fall den entstandenen Essig vor Abschluss der Gärung in Flaschen – dicht verschlossen könnten sie platzen.

APFELESSIG IM HAUSHALT

Das Naturprodukt Apfelessig hatte vor Jahrzehnten bereits einen festen Platz in den Reformhäusern. Da dieser Spezialessig aber meistens teurer war als gewöhnlicher Weinessig, wurde er vorwiegend von den wenigen Menschen gekauft, die schon damals auf eine gesundheitsbewusste Ernährung Wert legten und es sich leisten konnten, dafür ein paar DM mehr zu investieren. Das hat sich mittlerweile grundlegend geändert. Der Einkauf im Reformhaus gehört heute zum Alltäglichen, und auch viele Supermärkte bieten qualitativ hochwertige Produkte wie natürtrübe Apfelessige für wenig Geld an.

Dank der gestiegenen Nachfrage nach Apfelessig ist er jetzt auch in Reformhäusern und Naturkostläden günstiger zu haben. Das Kosten-Nutzen-Verhältnis ist aber aufgrund der vielen Einsatzmöglichkeiten immer gut.

Für Ökoköche und Umweltbewusste

Im Zuge eines allseits gesteigerten Gesundheitsbewusstseins wird in weiten Teilen der Bevölkerung jetzt mehr Wert auf gute Essigqualität gelegt, und so hat der Apfelessig, ausgehend von der Ökoküche bis hin zu den »normalen« Haushalten, sich inzwischen wieder einen festen Platz erobert.

Apfelessig aromatisieren

Schon im Altertum versetzte man Essig mit Kräutern und Fruchtsäften und ließ diese Mischung an einem kühlen Ort ziehen. Mit Wasser verdünnt galten diese aromatisierten Essige als erfrischendes Getränk. Weil manchem handelsüblichem Aromaessig künstliche Aromen zugesetzt werden, lohnt es sich, einen eigenen Aromaessig herzustellen, bei dem man sicher sein kann, nichts außer Natur pur im Glas zu haben. Außerdem macht es Spaß, zuzuschauen, wie ein gewöhnlicher Apfelessig zu einem fein duftenden, vollwürzigen Aromaessig heranreift.

Mit fruchtiger Grundlage

Selbst angesetzte Aromaessige sehen noch schöner aus, wenn man sie in dekorative Flaschen füllt und einen Zweig des entsprechenden Krauts dazugibt.

Ein Aromaessig ist ein guter Essig, der mit bestimmten Geschmackszutaten angereichert und so lange stehen gelassen wird, bis der Essig das Aroma dieser Zutaten angenommen hat. Die Aromen von (Heil- und Gewürz-) Kräutern, von Gewürzen, Früchten, Beeren, Honig, Blüten, sogar Nüssen und Pilzen kann man so im Essig einfangen. Wer mag, würzt den Essig zusätzlich noch mit Zwiebeln, Knoblauch, Pfeffer oder Salz. Früchte wie Himbeeren oder Brombeeren kann man nach dem Ausziehen in Essig noch weiterverwenden. Den nicht ganz ausgepressten Rückstand füllt man auf mit je einem Achtelliter Wasser und Apfelessig und passiert ihn durch. Dann kocht man das Mus mit 375 Gramm Zucker auf und füllt es in kleine Einmachgläser. Das säuerliche Fruchtpüree passt gut zu kaltem Braten.
Als Essiggrundlage wählt man Weißwein- bzw. Rotweinessig oder eben Apfelessig. Apfelessig schmeckt besonders frisch und fruchtig und hat außerdem die bekannte gesundheitsfördernde Wirkung. Wenn Sie ein Rezept für einen Aromaessig entdecken, das als Essiggrundlage Weißweinessig angibt, können Sie ihn meistens auch durch Apfelessig ersetzen. Anders ist es beim geschmacksintensiveren Rotweinessig, der mit stärkeren Aromen harmoniert und nicht beliebig ausgetauscht werden sollte. Allerdings können Sie bei Aromaessigen nach Lust und Laune herumexperimentieren – es kommt fast immer etwas Feines dabei heraus.

Wie man Aromaessige ansetzt

Das Grundprinzip ist stets das Gleiche, egal, ob Sie einen Heilkräuteressig zum Einreiben und Inhalieren oder einen Blüten-, Kräuter- oder Fruchtessig für die Küche ansetzen.

- Alle verwendeten Kräuter oder Früchte sollten immer möglichst frisch und ungespritzt sein. Das gewährt ein unverfälschtes Aroma und eine klare Farbe des Essigs. Für Fruchtaromaessige dürfen aber auch Tiefkühlfrüchte verwendet werden, die meist von guter Qualität sind.
- Was die Menge der in Essig einzulegenden Aromastoffe betrifft, so wird man sich anfangs nach dem jeweiligen Rezept richten. Wer öfter Essige ansetzt, bekommt schnell ein Gefühl für die richtige Menge und kann getrost improvisieren. Als Faustregel gilt: Für einen

halben Liter Apfelessig nimmt man ungefähr zwei Tassen (oder Hände) voller Kräuter oder Blütenblätter. Die Kräuter werden übrigens nur grob zerkleinert, nicht klein gehackt; Gewürze werden nur grob zerstoßen.

Basilikum, Petersilie und Kerbel eignen sich weniger zum Trocknen, weil sie dabei ihr Aroma verlieren bzw. es stark verändern.

- Füllen Sie die Aromastoffe und eventuell zusätzliche Gewürze in eine weithalsige Flasche oder einen Krug aus Glas, Steingut oder Edelstahl. Verwenden Sie keine Behälter aus Metall, Keramik oder Email, denn die Essigsäure löst winzige Spuren aus diesen Materialien, und der Essig nimmt dann leicht ihren metallischen Geschmack an. Außerdem sind diese Stoffe gesundheitsschädlich.
- Gießen Sie den Apfelessig darüber, verschließen das Gefäß und lagern es dunkel und mäßig warm (optimal sind etwa 18 °C). Das Gefäß von Zeit zu Zeit sanft hin- und herbewegen.
- Die Ansatzzeit beträgt im Durchschnitt zwischen zwei und vier Wochen, bei Blüten und Früchten dauert es manchmal etwas länger. Man richtet sich nach dem Rezept, sollte aber von Zeit zu Zeit kosten, ob der Essig schon den gewünschten Geschmack hat.
- Wenn das der Fall ist, filtert man die festen Bestandteile ab. Das geht am besten, indem man den Essig durch Filtertüten abseiht. Der fertige Aromaessig wird in eine hübsche Flasche abgefüllt, die zuvor in heißem Wasser ausgekocht worden ist.
- Aromaessig hält sich verschlossen etwa ein bis zwei Jahre. Am besten bewahrt man ihn an einem kühlen und dunklen Ort (Keller, Speisekammer) auf. In dunklen Flaschen bleibt das Aroma optimal erhalten. Ist die Flasche einmal angebrochen, sollte sie rasch verbraucht werden.

Übrigens: Essig sollte nie über 20 °C gelagert werden! Angebrochener Essig hält sich etwa sechs Monate lang. Die Flasche sollte aber nach Gebrauch immer gut verschlossen werden.

Tip Wenn man keine frischen Kräuter bekommt, kann man ersatzweise getrocknete Kräuter verwenden. Sie sollten aber darauf achten, dass die Kräuter noch nicht zu lange gelagert sind, weil sie sonst nur noch wenig Aroma haben. Manche Kräuter eignen sich auch nicht zum Trocknen. Man benötigt von ihnen ein Viertel weniger als bei frischen Kräutern. Die getrockneten Kräuter leicht mit den Fingern zerbröseln, ehe Sie den Essig darüber gießen.

Kräuter- und Gewürzessige

Hier sind die Aromaträger Kräuteressenzen bzw. natürliche Kräuter oder Gewürze. Darüber hinaus können zusätzlich Gewürze wie Nelken, Kümmel, Pfeffer, Schalotten, Knoblauch, Salz, Zucker, Honig, Chilischoten etc. zur Geschmacksverbesserung zugegeben werden. Zum Ansetzen in Apfelessig geeignet sind Kräuter mit leichten Aromen wie beispielsweise Rosmarin, Dill, Salbei, Bohnenkraut, Kerbel, Zitronenmelisse, Basilikum, Estragon, Majoran, Thymian.
Sie setzen entweder nur eine Kräutersorte an (reinsortig) oder mischen verschiedene Kräuter (gemischtsortig). Wenn Sie mehr Kräuter oder sehr geschmacksintensive Aromen nehmen, darf die Ansatzzeit im Apfelessig ruhig etwas kürzer sein.

Essig aus gemischten Kräutern und Gewürzen

Die orangefarbige Muskatblüte ist die faserige Umhüllung der Nuss. Im Geschmack ist sie feiner und milder als die geriebene Muskatnuss.

Für diesen angenehm würzigen Essig werden jeweils 2 Stängel Estragon, Basilikum, Thymian, Pimpinelle, Wasserpfefferkraut und Schnittlauch grob zerkleinert, 1 Schalotte geschält und fein gewürfelt, mit einigen Lorbeerblättern, Pfefferkörnern, Gewürznelken und etwas Muskatblüte (Macis) in eine weithalsige Flasche gegeben und mit 1/2 Liter Apfelessig aufgefüllt. Die Flasche verschließen und 2 bis 3 Wochen an einem mäßig warmen Ort ziehen lassen. Anschließend abfiltern und in dunkle Flaschen füllen. Dieser Essig passt ausgezeichnet zu grünen Salaten oder auch zu deftigen Salaten mit Fisch, Geflügel oder kaltem Braten.

Andere Kräuteressige

Dillessig

Zutaten *2 Hand voll frisches Dillkraut • 1/4 Tasse Dillkörner 1/2 l Apfelessig*

Zubereitung Geben Sie das Dillkraut mit den Dillkörnern in den Apfelessig. 2 bis 3 Wochen ziehen lassen, dann abfiltern. Dillessig geht mit Gurkensalat, zarten Blattsalaten und Fisch die beste Verbindung ein. Pikant schmeckt er auch zu Suppen oder beispielsweise zu Eintöpfen mit Kürbiswürfeln.

Salbeiessig

Zutaten *2 Tassen frisches Salbeikraut • 1/2 l Apfelessig*

Zubereitung Legen Sie entsprechend dem vorigen Rezept das Salbeikraut in den Apfelessig ein, und lassen Sie es 2 bis 3 Wochen darin ziehen, bevor Sie den Essig durchseihen. Er eignet sich gut zum Würzen von Kartoffelsalat und für das Ablöschen von Bratensaft. Besonders schmackhaft ist der verdauungsfördernde Salbeiessig auch zu Kalbfleischgerichten wie dem berühmten Saltimbocca (»Spring in den Mund«).

Estragonessig

Zutaten *2 Tassen frisches Estragonkraut • 1/2 l Apfelessig*
Nach Belieben: 2 Knoblauchzehen

Zubereitung Setzen Sie das Estragonkraut mit dem Apfelessig an, und lassen Sie es 2 bis 3 Wochen lang ziehen. Wer mag, lässt 24 Stunden vor dem Abfiltern noch 2 zerdrückte Knoblauchzehen mitziehen. Etwas weniger herb schmeckt der Essig, wenn Sie nur zur einen Hälfte Estragon- und zur anderen Hälfte Dillkraut (und einige Samenkörner) in Essig ansetzen.
Estragonessig verfeinert Kartoffelsalate oder Remoulade und passt zu Blatt- und gemischten Salaten, Fisch, hellem Fleisch, Geflügel, zu Suppen und Pilzgerichten.

Wegen seines sehr pikanten Geschmacks wurde der Estragonessig in alten Schriften oft auch als Dragonessig bezeichnet (Dragon = Drache).

Basilikumessig

Zutaten *2 Tassen Basilikumblättchen • 1/2 l Apfelessig*
Nach Belieben: Salz • 5–10 grüne Pfefferkörner • 2–3 halbierte Knoblauchzehen • 1/4 fein gehackte Zwiebel

Zubereitung Die Basilikumblättchen im Apfelessig ansetzen. Als zusätzliche Würze können Sie Salz und entweder grüne Pfefferkörner oder halbierte Knoblauchzehen und fein gehackte Zwiebel mit ansetzen. 2 bis 3 Wochen ziehen lassen, dann abfiltern. Basilikumessig harmoniert gut mit Olivenöl an Blattsalaten sowie mit italienischen Saucen. Sehr gut schmeckt auch ein Spritzer davon in Kräuterquark oder zu Tomaten mit Mozzarella.

Provençalischer Kräuteressig

Zutaten *Je 1–2 Zweige frischer Thymian • Rosmarin • Oregano Basilikum • Bohnenkraut • 1/2 l Apfelessig*
Nach Belieben: 1 Chilischote • 2 halbierte Knoblauchzehen

Bei Aromazutaten wie Zwiebel oder Lauch sollte der Essig eine etwas höhere Säureprozentzahl haben, weil diese Zusätze ihm Säure entziehen.

Zubereitung Die frischen Kräuter (außer dem Basilikum können Sie auch getrocknete Kräuter verwenden) mit dem Apfelessig ansetzen. Wer mag, kann 1 Chilischote und 2 halbierte Knoblauchzehen zugeben. 2 bis 3 Wochen durchziehen lassen, dann abseihen. Dieser Kräuteressig passt gut zu sommerlichen Gemüseeintöpfen mit Zucchini und Tomaten, außerdem eignet er sich als Marinade für Lammfleisch – er macht es würzig und zart.

Lauch-Knoblauch-Essig

Zutaten *1 Zwiebel • 2 Knoblauchzehen • 1/2 Lauchstange 1/2 l Apfelessig*

Zubereitung Man setzt die geschälte, grob zerkleinerte Zwiebel mit den zerdrückten Knoblauchzehen und der Lauchstange (ebenfalls zerkleinert) im Apfelessig an. Regelmäßig verkosten, um den gewünschten Aromatisierungsgrad festzustellen. Dieser würzige Essig ist besonders zum Marinieren von Lamm-, Wild- und Fleischgerichten und für deftige Eintöpfe geeignet.

Knoblauchessig

Zutaten *3–5 Knoblauchzehen • 1/2 l Apfelessig*

Zubereitung Für den intensiv schmeckenden Knoblauchessig zerdrückt man (je nach Geschmack) mehrere Knoblauchzehen und setzt sie mit Apfelessig an. Die Ansatzzeit beträgt 2 bis 3 Wochen; man sollte jedoch regelmäßig probieren, damit der Essig nicht zu stark »knofelt«. Knoblauchessig verfeinert Gerichte mit Fisch, Muscheln, Schalentieren, ist das i-Tüpfelchen an Salaten, in italienischen Fleischsaucen und Fleischgerichten. Die zusätzliche Gabe von Knoblauch erübrigt sich dann.

Tip Wenn Sie keinen frischen Knoblauch zu Hause haben, können Sie ersatzweise mit 1 Teelöffel dieses Knoblauchessigs würzen.

Pfefferessig

Zutaten *1 säuerlicher Apfel • 5–10 schwarze Pfefferkörner 1/2 l Apfelessig*

Zubereitung Den Apfel putzen, entkernen und zerkleinern. Mit den schwarzen Pfefferkörnern und Apfelessig ansetzen. 3 Wochen ziehen lassen, dann abseihen und in Flaschen füllen. Ein spezielles Aroma bekommt der Essig, wenn Sie statt des schwarzen Pfeffers grüne Pfefferkörner verwenden. Er eignet sich besonders für Fleischmarinaden, Eintöpfe aus Hülsenfrüchten und Rotkohl.

Noch mehr Würze bekommt Ihr Pfefferessig, wenn Sie nach dem Abseihen einen Esslöffel einer bunten Pfeffermischung hinzufügen. In einer hübschen Flasche eignet er sich auch als Mitbringsel für Hobbyköche.

Melissen-Minze-Essig

Zutaten *1 Tasse Pfefferminzblättchen • 1 Tasse Zitronenmelisseblättchen • 1/2 l Apfelessig • 1 EL Honig*

Zubereitung Man setzt die Pfefferminz- und Zitronenmelisseblättchen in Apfelessig an und würzt ihn mit Honig. Der Honig muss dabei ganz im Essig gelöst sein. Der Essig sollte mindestens 4 Wochen ziehen, ehe Sie die Kräuter abfiltern. Mit Mineralwasser verdünnt, ergibt er auch ein köstliches Erfrischungsgetränk.

Zitronenmelisse und Pfefferminze verleihen Apfelessig eine besonders frische Note – der Geschmack des Honigs rundet das Ganze harmonisch ab.

Mit Zimt aromatisierter Apfelessig ergibt mit Wasser und Honig ein köstliches Getränk, das Kindern gut schmeckt. Auch im Winter fein als warmer Punsch!

Apfelessig mit Zimt

Zutaten *5 Zimtstangen • 1 Apfel • 100 ml Apfelsaft 1/2 l Apfelessig*

Zubereitung Die Zimtstangen zerkleinern, mit dem geschälten, in Scheiben geschnittenen Apfel und dem Apfelsaft verrühren. Den Apfelessig darüber gießen und 3 bis 4 Wochen ziehen lassen. Dann die Zutaten abfiltern. Apfelessig mit Zimt gibt beispielsweise Obstsalaten einen pfiffigen Geschmack, 1 Teelöffel davon mildert die Süße von Milchreis.

Ingweressig

Zutaten *1/4 Ingwerknolle • 1/2 l Apfelessig • 1–2 TL Honig oder Ahornsirup*

Zubereitung Sie setzen die grob zerkleinerte Ingwerknolle in Apfelessig an. Etwa 2 bis 3 Wochen ziehen lassen, dann abfiltern und jetzt erst Honig oder Ahornsirup im fertigen Essig ganz auflösen. Hervorragend geeignet ist dieser Essig für alle exotischen Speisen, besonders thailändische und vietnamesische Gerichte, die schon laut Rezept auch mit Ingwer gewürzt werden. Ingweressig eignet sich außerdem sehr gut für Geflügel- und Fischmarinaden.

Fruchtaromaessige

Hier sind die Aromaträger entweder ganze oder zerkleinerte Früchte (frisch oder tiefgefroren) oder auch Fruchtsäfte. Geeignete Früchte sind Himbeeren, Brombeeren, schwarze Johannisbeeren, Kirschen, Erdbeeren u.a. Als Aromaträger können aber auch Orangen- bzw. Zitronenschalen, Honig oder Nüsse dienen.

Als Essiggrundstoff für Fruchtaromaessige sollte man einen Apfelessig mit sieben Prozent Säure wählen. Die Früchte absorbieren nämlich einen Teil der Essigsäure, und der Aromaessig könnte zum Schluss zu wenig Säure aufweisen. Früchte müssen länger ausziehen als andere Aromaträger: mindestens etwa vier Wochen. Wenn Sie den Essig abfiltern, bitte die Fruchtteile mit einem Kochlöffel fest ausdrücken, damit möglichst viel Aroma in den Essig übergeht. Fruchtaromaessige passen zu pikanten, süßen oder süßsauren Gerichten. Damit das zarte Fruchtaroma nicht zerstört wird, sollten diese Essigspezialitäten nicht mitgekocht, sondern immer erst kurz vor dem Servieren an die Speisen gegeben werden. Fruchtaromaessige ergeben, mit Wasser verdünnt, mit Honig gesüßt und eventuell eisgekühlt, auch ein erfrischendes Sommergetränk.

Himbeeressig

Zutaten *2 Tassen Himbeeren (frisch oder tiefgekühlt)*
1 Zweig Estragon oder 1/4 Tasse Zitronenmelisseblättchen
1/2 l Apfelessig

Zubereitung Die zerdrückten Himbeeren und Kräuter nach Wahl mit dem Apfelessig ansetzen. 3 bis 4 Wochen durchziehen lassen, dann abseihen. Himbeeressig ist vor allem geeignet zum Einmachen von Früchten, für Relishes und Chutneys, für leicht bittere Salate wie Chicorée oder Radicchio, Obstsalate und süßsaure Desserts. Er gibt Lamm-, Geflügel- und Wildgerichten den letzten Pfiff.

Die Früchte für Beerenessige müssen Sie sehr sorgfältig verlesen, weil Überreifes oder Angefaultes das Essigaroma verdirbt.

Brombeeressig mit Zitrone

Zutaten *3 Tassen Brombeeren • 1/2 Tasse Zitronenmelisseblättchen • 1 unbehandelte Zitrone • 2 EL Honig • 1/2 l Apfelessig*

Zubereitung Setzen Sie die zerdrückten Brombeeren, die Zitronenmelisse, die fein geschnittene Schale von 1/2 Zitrone und den Honig mit Apfelessig an. 3 bis 4 Wochen ziehen lassen, dann abseihen. Verdünnt mit Mineralwasser und eisgekühlt ist Brombeeressig ein köstliches Erfrischungsgetränk für heiße Tage, das besonders hübsch mit einem Zweig Zitronenmelisse im Glas serviert werden kann.

Nussessig

Zutaten *1/2 l Apfelessig • 100 g Wal- oder Haselnüsse*
Nach Belieben: 1 Prise Zimt

Zubereitung Man setzt den Apfelessig mit den Wal- oder Haselnüssen an, würzt nach Geschmack mit Zimt und erhitzt den Ansatz allmählich auf 40 °C. Abkühlen und zwischen 3 und 8 Wochen ausziehen lassen, zwischendurch kosten. Den Essig filtern und in dunkle Flaschen füllen. Besonders ein Aromaessig aus Walnüssen eignet sich, um Salate, Suppen, Saucen, Eintöpfe sowie Fleisch- und Fischgerichte zu verfeinern.

Zitronenessig

Zutaten *1 unbehandelte Zitrone • 1/2 l Apfelessig*

Zitronenessig passt ausgezeichnet zu Fischgerichten, wenn Sie noch ein paar Zweiglein frischen oder getrockneten Thymian dazugeben.

Zubereitung Den Zitronensaft und die dünn abgeschälte Schale der Zitrone mit dem Apfelessig ansetzen. 2 Wochen durchziehen lassen, dann abseihen. Versuchen Sie diesen Essig einmal an bunten Sommersalaten. Ausgezeichnet geeignet ist er auch für im Wasserbad geschlagene Buttersaucen zu hellem Gemüse.

Blütenaromaessige

Dass man Essig auch mit Blüten ansetzen kann, ist heutzutage für manche Menschen eine Neuigkeit. Doch im Mittelalter war beispielsweise Veilchenessig sehr beliebt. Am besten eignen sich für Blütenaromaessig Rosen-, Lavendel- oder Veilchenblüten. Dazu verwendet man die Blütenblätter. Wie bei Fruchtaromaessigen sollte der Apfelessig auch hier sieben Prozent Säure aufweisen. Wenn der Essig nicht erwärmt wird, müssen die Blüten für eine Zeit von etwa vier bis sechs Wochen im Essig ausziehen.

Apfelessig mit Rosenblüten

Zutaten *2 Tassen Rosenblütenblätter • 1/2 unbehandelte Zitrone*
1/2 l Apfelessig • nach Belieben: 1 TL Honig

Zubereitung Setzen Sie die Rosenblütenblätter, die natürlich von solchen Rosen stammen müssen, die nicht mit Pestiziden behandelt wurden, mit dem Saft von 1/2 Zitrone und wenig Apfelessig an. Etwa 5 Stunden ziehen lassen, dann den restlichen Essig darüber gießen. Diesen Ansatz jetzt auf 40 °C erhitzen, abkühlen und etwa 2 Wochen lang ziehen lassen. Die Blütenblätter abfiltern; wer mag, rundet den

Geschmack noch mit Honig ab. Wenn man den Ansatz nicht erhitzt, müssen die Blüten 4 bis 6 Wochen im Essig ausziehen, ehe man sie abfiltert. Auf dieselbe Weise wird auch Essig aus Veilchen- oder Lavendelblüten hergestellt. Der fruchtige Rosenblütenessig verfeinert Sommersalate, Geflügelgerichte, Gänseleber, Pasteten und Fruchtsalate. Den besten Geschmack geben die Blütenblätter von stark duftenden roten oder dunkelrosa Rosen.

Haltbarmachen mit Apfelessig

Nach der Statistik wird der meiste Essig im Sommer verkauft, in der Einmach- und Salatsaison. Nicht ganz unzutreffend heißt diese Jahreszeit bei Journalisten die »Saure-Gurken-Zeit«, wenn der Mangel an interessanten Tagesereignissen auch sicher nichts damit zu tun hat, dass alle Welt mit Gurkeneinlegen beschäftigt wäre. Das Einmachen frisch geernteter oder auch im Geschäft gekaufter Lebensmittel zu günstigen Saisonpreisen und in besonders guter Qualität ist immer noch eine gebräuchliche und beliebte Konservierungsmethode, nicht zuletzt deshalb, weil dabei auf chemische Konservierungsstoffe ganz verzichtet werden kann. Beim Einmachen spielt vielleicht auch eine gewisse Nostalgie eine Rolle, das Gefühl, sich ein paar Stunden lang wie in Großmutters heimeliger Küche zu fühlen. Andere wiederum haben einen eigenen Obst- oder Gemüsegarten und damit einen handfesten Grund für das Einmachen. Die Überfülle der Ernte soll schließlich nicht verderben, sondern auch noch im Winter für die viele Gartenarbeit des Sommers entschädigen.

Rosenblütenblätter pflücken Sie am besten im eigenen Garten: Die empfindliche Königin der Blumen wird fast immer ausgiebig gespritzt gegen Ungeziefer und Pilzkrankheiten.

Wegen seines Säuregehalts ist Essig gut zum Konservieren von Lebensmitteln geeignet. Die Essigsäure hemmt die Entwicklung von Kleinstlebewesen, Fäulnisbakterien und Schimmelsporen, die Lebensmittel sonst rasch verderben lassen. Im sauren Milieu können viele dieser Mikroorganismen nicht überleben. Aus diesem Grund sind in Essig eingelegte Lebensmittel für längere Zeit haltbar. Speziell Apfelessig enthält zudem Propionsäure und Tannin, die als natürliche Konservierungsstoffe dienen.

Grundsätze für das Konservieren

Wenn Sie Gurken vor dem Einlegen eine Zeit lang in Salzwasser legen, werden alle beschädigten Stellen deutlich sichtbar, die Sie dann herausschneiden müssen.

- Zur Verarbeitung als Sauerkonserve eignen sich fast alle Früchte und Gemüse. Sie sollten aber reif, möglichst erntefrisch und einwandfrei sein. Angefaulte Früchte oder Gemüse sollten immer als Ganzes entsorgt werden. Das Wegschneiden fauler Stellen hilft in der Regel nicht, da der Fäulnisprozess schon weiter fortgeschritten ist, als man mit bloßem Auge sehen kann. Dann befreit man Obst und Gemüse von Blüten und Stängeln, wäscht es gründlich und zerschneidet es in Stücke.
- Am praktischsten bereitet man zum Einlegen Gläser mit Schraubverschlüssen vor (z.B. leere Marmeladengläser), die mit kochend heißem Wasser steril gemacht werden. Deckel und Schraubverschlüsse müssen jedoch unversehrt sein, weil sie sonst von der Essigsäure angegriffen werden und rosten.
- Gemüse und manche Früchte werden kurz in heißem Wasser blanchiert, blähende und schwer verdauliche Sorten (Bohnen, Kohl, Artischocken) dürfen etwas länger kochen. Das Kochwasser abgießen und das Einmachgut in die Gläser füllen.
- Zum Einlegen am besten geeignet ist ein Apfelessig mit sieben Prozent Säure. Der Säuregehalt sollte mindestens fünf Prozent betragen. Ist er niedriger, hält sich die Konserve weniger lang. Der Apfelessig wird je nach Rezept gewürzt (Zucker, Salz, Honig, Gewürze) und kurz aufgekocht. Dann den heißen Sud über das Obst oder Gemüse gießen, bis es vollständig bedeckt ist.
- Die Gläser locker abdecken und über Nacht oder auch länger stehen lassen.
- Dann den Sud wieder abgießen, in einem Topf noch einmal aufkochen und erneut in die Gläser füllen; die Gläser sofort verschließen. Die Gläser noch fünf Minuten lang verkehrt herum auf dem Deckel stehen lassen. Ehe Sie das Eingemachte verzehren, sollte die Konserve mindestens vier bis sechs Wochen lang durchziehen können und kühl und dunkel lagern.
- In einem kühlen, dunklen und trockenen Raum hält sich das Eingemachte zwischen drei und zwölf Monaten. Einmal geöffnete Gläser sollten zügig verbraucht und Reste nicht länger als bis zu einer Woche im Kühlschrank aufbewahrt werden.

Kürbis süßsauer

Zutaten *1/2 l Apfelessig • 500 g Zucker oder 500 g Honig • 2 fein geschnittene Ingwerwurzeln • 1 Zimtstange • 1 kg Kürbiswürfel*

Zubereitung Aus Essig, Zucker bzw. Honig und den Gewürzen einen Sud herstellen und aufkochen. Kochend über die geputzten rohen Kürbiswürfel gießen und über Nacht mit einem Tuch bedeckt stehen lassen. Am nächsten Tag den Sud in einen Topf abgießen, kurz aufkochen, die Kürbisstücke wieder dazugeben und kochen, bis sie glasig sind. Die Kürbiswürfel mit einer Kelle herausnehmen und in die Gläser füllen. Dann den Sud kochend heiß über die Kürbiswürfel gießen. Die vorbereiteten Gläser sofort verschließen und noch 5 Minuten umgedreht auf dem Deckel stehen lassen.

Süßsaurer Kürbis passt mit seinem milden Geschmack auch sehr gut zu würzigen Fleischspeisen wie Hackbraten, Frikadellen oder Bratwurst.

Birnen mit Ingwer

Zutaten *1 kg Birnen • 1 Stück Ingwerwurzel • 1/2 l Apfelessig 250 g Zucker • 2 TL Zimt*

Zubereitung Die Birnen putzen, in Stücke schneiden und in Gläser füllen. Die Ingwerwurzel schälen und in Scheiben schneiden. Aus Essig, Zucker und Zimt einen Sud herstellen und kurz aufkochen. Über die Birnen gießen und über Nacht ziehen lassen. Am nächsten Morgen den Sud abgießen, noch einmal aufkochen und kochend heiß wieder in die Gläser füllen. Die Gläser anschließend sofort gut verschließen.

Mixed Pickles

Zutaten *200 g geputzte Blumenkohlröschen • 200 g geschälte, in Scheiben geschnittene Karotten • 150 g geputzte, in Stücke geschnittene grüne Bohnen • beliebige andere Gemüsesorten, ebenfalls geputzt und zerkleinert, z. B. Maiskölbchen, Spargel, Champignons, Rosenkohl etc. • 1 Stück Meerrettichwurzel einige kleine weiße Zwiebeln*

Zubereitung Das Gemüse einige Minuten in wenig kochendem Salzwasser garen, so dass es noch Biss hat. Gemüse durch ein Sieb gießen und die Flüssigkeit auffangen. Meerrettichwurzel schälen und in Streifen schneiden, Zwiebeln schälen. Das Gemüse mit den Zwiebeln und dem Meerrettich in vorbereitete Gläser schichten. Legen Sie die Stücke möglichst ohne größere Lücken dicht hinein.

Zutaten für den Sud *Gemüsewasser • 1/2 l Apfelessig • 1 EL Salz 100 g Honig • 3 Lorbeerblätter • 1 TL Senfkörner je 1 EL Pfeffer- und Pimentkörner*

Mixed Pickles sind unentbehrlich zu unkomplizierten Gästegerichten wie Fondue. Beim Raclette helfen die pikanten Gemüse, den schwer verdaulichen Käse besser zu verarbeiten.

Zubereitung Alle Zutaten zusammen aufkochen. Den Sud in die Gläser füllen, abdecken und 24 Stunden ziehen lassen. Danach den Sud abgießen, nochmals aufkochen und kochend heiß wieder in die Gläser füllen. Achten Sie darauf, dass alles Gemüse gut bedeckt ist und nichts oben schwimmt. Die Gläser sofort verschließen.

Marinaden

Durch Einlegen in Essigmarinade bzw. Beize bekommen Fleisch, Fisch, Gemüse oder Eier einen typisch säuerlich-würzigen Geschmack. Die Lebensmittel werden dadurch außerdem eine Zeit lang vor dem Verderben bewahrt, und zähes Fleisch wird mürbe. Für das Einlegen in Marinaden sind besonders Rind-, Lammfleisch und alle Sorten von Wild geeignet. Bekanntestes Beispiel für sauer mariniertes Fleisch ist der »Rheinische Sauerbraten«, ein Rinderbraten, dessen zart-säuerliches Aroma hervorragend mit der dazugehörigen süßsauren dunklen Bratensauce harmoniert. Gefrorene Fleischstücke, Fisch oder Gemüse müssen vor dem Marinieren aufgetaut werden.

Grundrezept für eine Essigmarinade

Zutaten *1/2 l Apfelessig • 1/4 l Wasser • 1 klein gehackte Zwiebel 1 Bund Suppengrün (Karotten, Petersilienwurzel und -grün, Sellerieknolle, gewaschen und zerkleinert) • 3 Lorbeerblätter einige Pfefferkörner, Wacholderbeeren, Senfkörner und Gewürznelken • eventuell frisch gehackte Kräuter*

Zubereitung Wichtig: In die Marinade kommt kein Salz. Die Zutaten erhitzen und eine Weile durchkochen. Dann die Marinade erkalten lassen, und das Fleisch damit übergießen, so dass es ganz bedeckt ist. 1-mal täglich das Fleisch darin wenden. Größere Fleischstücke und ganze Fische können, gut zugedeckt und an einem möglichst kühlen Ort, 3 bis 5 Tage in der Marinade ruhen. Kaninchen und zartes Geflügel, Steaks, Koteletts oder Fischfilets sollten nur einige Stunden in der Marinade ziehen.

Weniger Marinade braucht man, wenn man das Fleisch samt der Beizflüssigkeit in einen Plastikbeutel packt und mit einem Gummi gut verschließt.

Das abgepackte Suppengrün ist meist eine angewelkte Sache. Stellen Sie sich Suppengrün besser selbst zusammen, und frieren Sie es fertig zerkleinert auf Vorrat ein.

Würzen mit Apfelessig

Apfelessig ist vielfach einsetzbar, als Dressing für Blattsalate, als pfiffiges Aroma für Kartoffel-, Wurst-, Fisch-, Fleisch-, Geflügel- und andere Feinkostsalate, für Eintopfgerichte aus Hülsenfrüchten, für Sülzen, Suppen, Braten, Fisch, Muscheln und andere Meeresfrüchte, für mannigfaltige kalte und warme Saucen, für Senf, Ketchup, Mayonnaise, Chutneys und für vieles mehr.

Küchenkniffe mit Apfelessig

- Eine »rasche« Marinade mischen Sie aus Gemüse- oder Fleischbrühe und Apfelessig (zu gleichen Teilen). Legen Sie Wild oder Braten für einige Stunden darin ein.
- Mischen Sie Apfelessig und Öl zu gleichen Teilen, und legen Sie Steaks etwa 2 Stunden in die Marinade ein. Sie sollten das Fleisch während dieser Zeit mehrmals wenden.
- Durch 1 bis 2 Esslöffel Apfelessig im Kochwasser wird zähes Suppenfleisch mürbe.
- Ein älteres Suppenhuhn legt man vor dem Kochen einige Stunden in Essigwasser. Das verbessert den Geschmack und lässt das Huhn schön zart werden.
- Geflügel sollte man im Kühlschrank immer in ein essiggetränktes Tuch wickeln; so bleibt es frischer.

Man kann fast alles, was man mit Weinessig würzt, stattdessen auch mit Apfelessig verfeinern. Zum frisch-fruchtigen Geschmack, der vielen Gerichten eine besondere Note verleiht, kommt die stoffwechselanregende und gesundheitsfördernde Wirkung des Apfelessigs. Dies wissen auch die Köche der gehobenen Küche, die Apfelessig zunehmend beispielsweise bei raffinierten Obstdesserts, kunstvoll komponierten Marinaden und exotischen Gemüsekreationen einsetzen.

Vielen Suppen fehlt ein Spritzer Essig als Tüpfelchen auf dem i. Es ist erstaunlich, wie die Säure die verschiedenen Aromen besser zur Geltung bringt.

Aber auch mit dem gesunden Apfelessig sollte beim Würzen sparsam umgegangen werden. »Die Maßeinheit des Essigs ist nicht etwa der Esslöffel, sondern der Tropfen«, befand einmal der berühmte Küchenchef Hans-Peter Wodarz.

Allerlei Saucen

Mayonnaise ist eine kalte Sauce auf Pflanzenölbasis mit Hühnereigelb, gewürzt mit Essig und Salz. Sie sollte immer sparsam verwendet werden. Die feinste Mayonnaise hat einen Ölanteil von immerhin 80 Prozent und ist daher sehr fett. Im Handel werden deshalb auch gute Mayonnaisen mit reduziertem Fettgehalt (40 Prozent, 20 Prozent) angeboten, von denen es dann etwas mehr sein darf. Wenn Sie einmal keine Mayonnaise zu Hause haben, können Sie sie leicht selbst machen. Frische Mayonnaise schmeckt auch deutlich besser als konservierte. Durch die Verwendung von Apfelessig wird Ihre Mayonnaise bekömmlicher und, wenn Sie sparsam mit Öl umgehen, nicht so fetthaltig. Weiter »abmagern« können Sie Ihre Mayonnaise mit etwas Dickmilch.

So gelingt eine feine Mayonnaise

- Weniger Kalorien hat die Mayonnaise, wenn Sie nur die halbe Menge des Öls verwenden und dafür ein Magermilchjoghurt einrühren.
- Ein Schuss Ketchup würzt und verleiht der Mayonnaise Farbe.
- Mayonnaise gelingt nur, wenn alle Zutaten annähernd die gleiche Temperatur haben.

Mayonnaise

Zutaten *3 Eigelbe • 1/2 l zimmerwarmes Speiseöl • Apfelessig Salz • Pfeffer • Zucker*

Zubereitung Eigelbe mit 1 Prise Salz schaumig rühren. Speiseöl tropfenweise dazugeben, dabei ständig rühren, bis die Mayonnaise eine cremige Substanz hat. Abschließend mit etwas Apfelessig, Salz, Pfeffer und Zucker würzen.

Salmonellengefahr: Heben Sie Reste von Mayonnaise besser nicht auf. Die meisten Infektionen mit Salmonellen entstehen durch zu lange aufbewahrte Speisen mit rohem Ei.

Remoulade

Remoulade ist gewürzte Mayonnaise. Sie wird mit frischen Kräutern, Kapern, etwas Senf, Sardellenfilets, fein gehackten Zwiebeln und Gewürzgurken – je nach Geschmack – angereichert. Remouladensauce serviert man gerne zu Fisch, Eiern, Rindfleisch und kaltem Bratenaufschnitt.

Sauce tartare

Die Sauce tartare veredelt Bratfisch oder Krustentiere, ergibt aber auch eine feine Salatsauce. Verrühren Sie Mayonnaise mit hart gekochten, zerdrückten Eiern, klein geschnittenen Zwiebeln und Schnittlauch, eventuell auch mit Petersilie und Cornichons.

Chutneys

Chutneys sind kalte, süßsaure Saucen aus verschiedenen Obst- oder Gemüsearten, die noch größere Frucht- oder Gemüsestücke enthalten. Sie sind kräftig mit Ingwer, Chili, Curry, Nelken, Zimt etc. gewürzt. Der hohe Essiganteil macht sie lange haltbar. Durch Zucker oder Honig ergibt sich die typische süßsaure oder süßscharfe Kombination, die besonders zu asiatischen Gerichten geschätzt wird.

Chutneys werden vorwiegend zu gekochtem oder gegrilltem Fleisch oder Fisch gereicht; man verwendet sie auch als Grundlage für andere Saucen. Die Heimat der Chutneys ist Indien. Ursprünglich wurden daher vorwiegend exotische Früchte zu Chutneys verarbeitet. Inzwischen gibt es aber auch zahlreiche Rezepte mit einheimischem Obst wie Birnen und Äpfeln oder auch Gemüsen wie Karotten oder Gemüsezwiebeln als Grundlage. Sehr gut kann man auch grüne Tomaten dafür verwenden, die aber mindestens walnussgroß sein sollten.

Ananaschutney

Zutaten *1/8 l Apfelessig • 250 g brauner Kandiszucker*
1 frische Ananas • 2 gehackte Zwiebeln • 2 Äpfel • 50 g gehackte Nüsse oder Cashewkerne • 50 g Rosinen • je 1/4 TL Zimt, Curry und gemahlener Kardamom

Im Unterschied zu vielen anderen Früchten reifen Ananas nicht nach. Deshalb möglichst bald nach dem Einkauf verbrauchen.

Zubereitung Apfelessig erhitzen und Kandiszucker darin auflösen. Dann die klein geschnittene Ananas, Zwiebeln, die geschälten, geschnittenen Äpfel, Nüsse und Rosinen sowie die Gewürze dazumischen und 1/2 Stunde auf kleiner Flamme kochen lassen. Dabei ständig rühren. Den Chutney abschmecken und heiß in ausgekochte Schraubgläser füllen. Die Gläser sofort verschließen.

Apfelchutney

Zutaten *150 g Korinthen • 1/8 l Apfelessig • 1 kg säuerliche Äpfel*
2 gehackte Zwiebeln • 200 g brauner Kandiszucker
2 TL gemahlener Ingwer • 1 TL Koriander
Je 1 Prise Zimt, Piment und Senfpulver

Zubereitung Korinthen mit etwas Apfelessig übergießen und etwa 2 Stunden einweichen. Äpfel schälen, entkernen und in Würfel schneiden. Apfelessig erwärmen, Kandiszucker darin auflösen, Äpfel und Zwiebeln dazurühren und 10 Minuten lang dünsten. Korinthen und Gewürze hinzufügen und alles etwa 1/2 Stunde kochen. Abschmecken, Chutney in Schraubgläser füllen und verschließen.

Apfelessig und Fisch

- Fisch bleibt länger frisch, wenn man ihn in ein mit Apfelessig getränktes Tuch wickelt.
- Fisch lässt sich leichter schuppen, wenn man ihn vorher mit Apfelessig abreibt.
- Fischgeruch haftet nicht an den Händen, wenn man sie vor dem Schuppen und Zubereiten mit Apfelessig wäscht.
- Ein kräftiger Schuss Apfelessig, der in jeden Fischsud gehört, sorgt dafür, dass Fisch beim Servieren nicht so leicht zerfällt.

Tomatenchutney

Zutaten *1 kg reife Tomaten • 2 große Äpfel • 1 kleine Ingwerwurzel*
1 kleine Zwiebel • 2 EL Rosinen • 5 EL flüssiger Honig
200 ml Apfelessig • je 1/2 TL Kardamom- und Nelkenpulver
etwas Salz

Zubereitung Alle gut zerkleinerten Zutaten in einen Topf geben und etwa 40 Minuten ohne Deckel köcheln lassen. Öfter umrühren. Chutney abschmecken, heiß in Gläser füllen und sofort verschließen.

Ketchup, das viele für eine typisch amerikanische Erfindung halten, hat seinen Ursprung in Indien. Dort werden allgemein eingedickte, würzige Saucen so bezeichnet, die nicht unbedingt Tomaten zur Grundlage haben.

Ketchup – rasch selbst gemacht

Zutaten *1 Tasse Tomatensauce, Tomatenpüree oder verdünntes Tomatenmark • 2 EL Apfelessig • 3 EL brauner Zucker • je 1 Prise Zimt, Nelkenpfeffer und gemahlene Nelken*

Zubereitung Alle Zutaten gut miteinander verrühren. Fertig ist der Ketchupersatz.

Wenn Sie kein fertiges Ketchup zu Hause haben, und beispielsweise der Kindergeburtstag ohne die Würzsauce auf den Pommes nicht denkbar ist, können Sie so rasch Abhilfe schaffen.

Apfelmeerrettich (Apfelkren)

Geriebener Meerrettich wird mit roh geriebenen Äpfeln oder mit Apfelmus vermischt und mit Apfelessig und Zucker abgeschmeckt.

Wem der rohe Meerrettich allzu sehr die Tränen in die Augen treibt: Im Verhältnis eins zu eins mit geschlagener Sahne vermischt, ist er milder und bekommt eine bessere Konsistenz.

Grüne Sauce

Zutaten *2 Eier • 1 Zwiebel • 2 EL Öl • 2 EL Apfelessig*
etwas Senf, Salz und Pfeffer • 250 g frische fein gehackte Kräuter: Schnittlauch, Petersilie, Kresse, Kerbel, Borretsch, Sauerampfer, Pimpinelle, Basilikum, Dill, Estragon, Zitronenmelisse, Liebstöckel
1/8 l saure oder süße Sahne

Zubereitung Eier hart kochen und zerdrücken, Zwiebel fein würfeln, mit allen anderen Zutaten gut vermischen, kühl stellen.

Die Frankfurter Grüne Sauce reicht man traditionell zu gekochtem Rindfleisch und Pellkartoffeln. Sie passt aber auch zu Fisch und hart gekochten Eiern.

Auch der noch gärende Apfelmost kann für Saucen verwendet werden; köstlich zu Gebäck oder süßen Aufläufen schmeckt eine Zabaione aus Eigelb, Zucker und Apfelmost.

Pfefferminzsauce

Fein gehackte (oder pürierte) Pfefferminzblätter, 1 Prise Zucker und etwas Apfelessig werden miteinander verrührt. Diese traditionelle Sauce wird in England zu Lamm gereicht.

Saucen mit Essig ablöschen

Sie erhalten rasch eine vorzügliche Sauce, wenn Sie den Bratensatz in der Pfanne statt mit Wasser mit 1/4 Tasse Essig aufkochen. Einige Minuten köcheln lassen und beliebig mit Sahne, Crème fraîche oder frischen Kräutern verfeinern. Wenn der Bratensatz verbrannt ist, sollte man allerdings darauf verzichten, sonst wird die Sauce bitter.

Saucen retten und verfeinern

- Tomatensaucen und auch -suppen verfeinert man, indem man in den letzten 5 Kochminuten 1 bis 2 Esslöffel Apfelessig hinzufügt.
- Eingetrockneter Senf wird wieder gebrauchsfertig, wenn man ihn mit 1 Schuss Essig und etwas Zucker glatt rührt.
- Bratensaucen werden feiner, wenn man einen Apfel mitbrät.

Backen mit Apfelessig

Diese herzhaften Kekse sind eine feine Knabberei zu Wein und eine Abwechslung zum üblichen Käsegebäck. Das Rezept ergibt eine Menge von etwa 80 Stück.

Zutaten *250 g Mehl • 1 Ei • 2 EL Apfelessig • 1 Prise Salz*
50 g Butter • 2 Eigelbe • gehackte oder halbierte Mandeln

Zubereitung Das Mehl aufhäufeln, eine Vertiefung in die Mitte drücken und mit dem Ei, Apfelessig, Salz und der kalten Butter rasch zu einem Mürbteig verkneten. Für etwa 30 Minuten in den Kühlschrank stellen. Auf einer bemehlten Fläche etwa 1/2 Zentimeter dick ausrollen und mit Formen oder einem Teigroller Plätzchen herstellen. Mit verquirlten Eigelben bestreichen und den gehackten Mandeln bestreuen oder jeweils 1/2 Mandel in die Mitte drücken. Auf Backpapier im vorgeheizten Ofen etwa 12 bis 14 Minuten bei 180 °C backen. In einer gut verschließbaren Dose luftdicht aufbewahren.

Tips für die Gemüseküche

- Wenn man einen Schuss Apfelessig ins Blanchierwasser gibt, bleibt die frische Farbe der Gemüse (z. B. Champignons) erhalten. Schwer verdauliche Sorten wie Rotkohl, Blumenkohl, Weißkraut, Schwarzwurzeln oder Eintöpfe aus Hülsenfrüchten werden dadurch bekömmlicher.
- Stellen Sie zu Eintöpfen aus Hülsenfrüchten immer auch eine Karaffe Apfelessig auf den Tisch. So kann jeder beliebig nachwürzen, verleiht den Eintöpfen ein pikantes Aroma – und außerdem tut man etwas für die Gesundheit.
- Blumenkohl bleibt schön weiß, wenn man dem Kochwasser etwas Zucker und einen Schuss Apfelessig beifügt.
- Rotkohl bekommt eine schöne Farbe, wenn man ihn klein geschnitten vor dem Kochen mit einer Mischung aus Apfelessig und Apfelsaft übergießt.
- Geschälten Spargel kann man bis zu zwei Tage im Kühlschrank aufbewahren, wenn man ihn in ein gut mit Essigwasser getränktes Tuch wickelt.
- Geschabte und geschnittene Schwarzwurzeln sofort in Wasser legen, in das ein Esslöffel Apfelessig und etwas Mehl eingerührt wurden. So behält das Gemüse die appetitlich weiße Farbe, die es sonst unter dem Einfluss des Luftsauerstoffs sehr rasch verliert. Die Schwarzwurzeln etwa 20 Minuten in diesem Wasser garen, dann erst würzen.
- Sie haben stets frischen Ingwer zur Hand, wenn Sie die geschälte und in Scheiben geschnittene Ingwerwurzel in ein (sterilisiertes) Schraubglas füllen und mit Apfel- oder Reisessig übergießen. Die Wurzel muss allerdings immer vom Essig bedeckt sein. Das Glas im Kühlschrank aufbewahren.
- Lange gelagerte Kartoffeln werden beim Kochen nicht unansehnlich, wenn man etwas Apfelessig ins Kochwasser gießt.
- Um Ungeziefer zu vertreiben, kann man Rosenkohl, Blumenkohl, Blau- und Weißkraut 15 Minuten in kaltes Wasser mit einigen Esslöffeln Apfelessig legen. Das treibt alle Blattläuse, Schnecken und andere unliebsame »Zutaten« heraus.

Vertreibt lästige Gerüche: Ein paar Tropfen Essig helfen gegen den leidigen Geruch an Händen und Arbeitsgeräten, wenn man Fisch oder Zwiebeln verarbeitet hat.

Rund um den Salat

Klassische Vinaigrette

Die Grundzutaten der klassischen Salatsauce, der Vinaigrette, bestehen in Essig, Öl, Salz, Pfeffer. Man mischt 2 Esslöffel Essig, am besten Apfelessig, mit 1 Prise Salz, rührt mit dem Schneebesen 6 Esslöffel gutes Öl darunter und schmeckt mit 1 Prise frisch gemahlenem Pfeffer ab. Wer mag, kann diese Grundsauce mit folgenden Zutaten beliebig variieren:

- Senf
- Etwas Knoblauch
- Frisch gehackte Kräuter
- Klein geschnittene Schalotten
- Gewürfelte Tomaten oder Gewürzgurken
- Gehackte, hart gekochte Eier
- Sojasauce, Sardellenpaste
- Tomatenketchup, Chutneys

Achten Sie bei Öl, das Sie für Salate und Dressings verwenden, auf Qualität: Kalt gepresste Öle mit einem hohen Anteil an ungesättigten Fettsäuren sind die beste Wahl.

Tip Viele Salatdressings verfeinert man durch Untermischen eines hart gekochten, zerdrückten Eigelbs.

Kräutersauce mit Apfelessig

Zutaten *2 Eier • 1 Tasse gehackte, gemischte Kräuter (z. B. Kerbel, Estragon, Schnittlauch, Sauerampfer, Kresse, Liebstöckel, Petersilie) • 1–2 Knoblauchzehen 3 EL Apfelessig • 4 EL Sonnenblumenöl • Salz, Pfeffer*

Zubereitung Eier hart kochen und mit einer Gabel zerdrücken. Mit den Kräutern, den gehackten Knoblauchzehen sowie Essig und Öl gut verrühren. Mit Salz und Pfeffer aus der Mühle abschmecken. Passt zu Fleisch, Fisch, hart gekochten Eiern und zu Salaten.

Verlorene Eier

Schlagen Sie jeweils 1 Ei in eine Tasse, und lassen Sie es vorsichtig in siedendes, gesalzenes Apfelessigwasser (2 Esslöffel Essig auf 1 Liter Wasser) gleiten. Etwa 3 Minuten lang kochen, dann mit einer Schaumkelle herausnehmen und auf einer Salatplatte anrichten. Eventuell ausgefranste Ränder mit einer Schere abschneiden.

So wird Ihr Dressing noch besser

- Geschmacksintensiven Essig (z.B. Sherryessig) am besten mit einem geschmacksneutralen Öl (z.B. Distelöl) kombinieren, zum geschmacksintensiven Öl (z.B. Olivenöl) passt am besten ein neutraler Essig wie Apfelessig.
- Ersparen Sie sich das Rühren: Geben Sie stattdessen die Zutaten für das Dressing in ein Schraubglas, das Sie verschließen und gut durchschütteln. Saucenreste können Sie etwa eine Woche lang im Kühlschrank aufbewahren.
- So haben Sie stets Kräuter für den Salat zur Hand: Sterilisieren Sie ein Schraubglas mit kochendem Wasser, füllen es mit frischen, gehackten Kräutern und bedecken die Kräuter mit warmem Apfelessig. Das Glas gut verschließen und bei Zimmertemperatur aufbewahren.

Küchenhilfen mit Apfelessig

- Wenn Lebensmittel wie Käse, Salat oder Kräuter in ein mit Apfelessig getränktes Tuch gewickelt werden, bleiben sie beträchtlich länger frisch.
- Ein Schuss Apfelessig im Kochwasser verhindert, dass angeschlagene Eier auslaufen.
- Eischnee wird steifer, wenn man während des Schlagens einige Tropfen Apfelessig hinzufügt.
- Rührkuchen wird lockerer, wenn man in den Teig ein bis zwei Teelöffel Apfelessig einrührt.
- Ein versalzenes Gericht kann gerettet werden, indem man einen Teelöffel Apfelessig und einen Teelöffel Zucker hinzufügt.
- Wenn etwas zu süß geraten ist, neutralisiert man die Speise mit einem Teelöffel Apfelessig.
- Kartoffelpüree wird besonders locker, wenn man zum Schluss (nach der Milch) einen Teelöffel Apfelessig hinzufügt und das Püree noch einmal gut durchrührt.
- Selbst gebackenes Brot bekommt eine glänzende Kruste und wird herrlich knusprig, wenn man es kurz vor Ende der Backzeit mit Apfelessig bepinselt.

Grüner Salat fällt sehr rasch zusammen, wenn er mit Dressing vermischt wird. Erledigen Sie das deshalb immer erst kurz vor dem Anrichten, und nehmen Sie bei Picknicks die Sauce in einem getrennten Behälter mit.

- Frittierte Lebensmittel saugen weniger Fett auf und sind bekömmlicher, wenn man etwas Apfelessig ins Frittieröl mischt.
- Wenn man zu viele Kartoffeln geschält hat, bewahrt man sie in Wasser mit einem Esslöffel Apfelessig im Kühlschrank auf.

Essig – der sanfte Allzweckreiniger

Trotz größerer Umweltverträglichkeit als die meisten anderen Putzmittel sollte auch Essig immer sparsam eingesetzt werden. Tragen Sie unbedingt Gummihandschuhe, wenn Sie ihn unverdünnt verwenden.

Vielen Putz- und Reinigungsmitteln ist Essig beigemischt. Zum einem, weil er frisch riecht und weil er zum anderen die Reinigungskraft erhöht. Warum dann nicht gleich zum Essig greifen und nur bei besonders hartnäckigen Verschmutzungen auf chemische Putzmittel ausweichen?

Essig ist im Haushalt vielseitig verwendbar und macht herkömmliche, chemische Reinigungs- und Putzmittel, die die Umwelt belasten, in vielen Fällen entbehrlich. Alle Inhaltsstoffe des Essigs einschließlich der Essigsäure werden in der Natur rasch und vollständig abgebaut, was bei chemischen Mitteln, die Phosphate, Salzsäure und bestimmte Tenside enthalten können, meist nicht der Fall ist.

Klar und farblos muss er sein

Damit beim Reinigen mit Essig keine zusätzlichen Flecken entstehen, sollte man natürlich keinen naturtrüben Gesundheitsessig verwenden. Im Gegenteil: Dazu sollte der Essig möglichst klar und farblos sein. Hierbei kommt es ja fast ausschließlich auf die Essigsäure und beispielsweise nicht auf Vitamine an.

Man kann zum Reinigen preiswerten Apfelessig gut verwenden, muss aber nicht. Auch Wein- oder Branntweinessig tun hier gute Dienste. Bei ganz besonders starken Verkalkungen oder Verschmutzungen wird sowieso nur noch Essigessenz mit ihrem höheren Säureanteil helfen. Auf jeden Fall sollte man sich immer überlegen, ob man bei jedem Fleckchen gleich mit einer chemischen Keule anrücken muss, ob es nicht auch mit der umweltfreundlichen Essigalternative ginge. Würde jemand durchrechnen, wie viel »Chemie« unserer Umwelt dadurch erspart bliebe, wie viele Umweltschäden so vermieden werden könnten, würden sicher viele, so wie früher auch, auf Essig als Reinigungsmittel umsteigen.

Wenden Sie Essig nur mit großer Vorsicht auf Holz- und Kunststoffoberflächen an: Die Säure könnte diese Materialien angreifen und matte Stellen hinterlassen.

Für hygienische Sauberkeit

- Der Kühlschrank ist hygienisch sauber, wenn man ihn einmal wöchentlich mit Essigwasser auswischt.
- Fußböden, Schränke etc. werden keimfrei und blitzblank, wenn man sie mit Seifenlauge und einem kräftigen Schuss Apfelessig reinigt.
- Essig löst Fett. Nehmen Sie daher zum Geschirrspülen weniger Spülmittel, und geben Sie stattdessen einen Schuss Essig zu. Hartnäckige Verschmutzungen lassen sich leicht lösen, wenn man Töpfe oder Pfannen über Nacht in Essigwasser einweicht.
- Der Brotkasten riecht frisch und ist hygienisch sauber, wenn man ihn einmal in der Woche mit Essigwasser auswischt. Auch Schimmelbildung wird so vorgebeugt.

Apfelessig als umweltbewusste Alternative zu aggressiven Reinigern. Auch eine Geruchsbildung im Brotkasten kann man verhindern, wenn man ihn regelmäßig mit dem Sauer-Stoff auswischt.

Für einen besseren Durchblick

- Trübes Glas von Aquarien oder Kristallvasen wird wieder klar und glänzend, wenn man es mit einer Mischung aus Essig und Salz abreibt.
- Spezielle Brillenreiniger sind überflüssig, wenn Sie auf jedes Brillenglas einen Tropfen Essig geben und mit einem fusselfreien Tuch blank reiben.
- Fensterleder wird wieder weich, wenn man es über Nacht in Essigwasser legt. Am nächsten Morgen mit lauwarmem Wasser ausspülen und trocknen lassen.
- Viele Glasreiniger enthalten heute als Zusatz Essig oder Zitrone. Es geht noch billiger, wenn Sie die Fenster nur mit lauwarmem Wasser und einem guten Schuss Essig reinigen. Anschließend mit Zeitungspapier trockenreiben.
- Kristallgläser werden besonders glänzend, wenn man sie mit Essigwasser ausspült.

Gibt Kalk keine Chance

Doppelter Effekt: Beim Schönheitsbad mit Apfelessig haben Sie auch gleich das Wannenputzen erledigt – Seifen- und Kalkränder verschwinden im Nu.

- Um die hellen Kalkspuren, die Wassertropfen auf Armaturen, Waschbecken, Töpfen oder Kacheln hinterlassen haben, zu beseitigen, reibt man sie mit einem Schwamm ab, den man zuvor mit erwärmtem Essig getränkt hat.
- Das Dampfbügeleisen entkalkt man, indem man den Wasserbehälter mit Essigwasser (Mischung eins zu eins) füllt und einige Minuten dampfen lässt. Dann das Bügeleisen abschalten und den Essig über Nacht einwirken lassen. Am nächsten Morgen das Essigwasser ausleeren und mit klarem Wasser nachspülen.
- Belege am Boden des Bügeleisens entfernt man mit einer Mischung aus Salz und Essig.
- Verkalkte Duschköpfe aus Metall legt man eine Viertelstunde lang in kochendes Essigwasser (Mischung eins zu eins), Plastikduschköpfe legt man über Nacht in kaltes Essigwasser.
- Rückstände von Kalk und Seife in der Waschmaschine entfernt man, indem man vier Liter Essigwasser einfüllt und den Hauptwaschgang bei 95 °C einschaltet.

- Kaffeemaschinen entkalkt man, indem man Essigwasser (Mischung eins zu eins) in die Maschine füllt und zur Hälfte durchlaufen lässt. Dann die Maschine ausschalten und ein bis zwei Stunden so stehen lassen. Anschließend den Rest durchlaufen lassen. Hinterher mindestens zweimal klares Wasser durch die Maschine laufen lassen, ehe man wieder Kaffee damit kocht.
- Töpfe kocht man von Zeit zu Zeit mit Essigwasser aus, um Kalkrückstände zu entfernen.

Üble Gerüche vertreiben

Es existierte früher die Sitte, Essig über eine glühende Schaufel fließen zu lassen, um schlechte Gerüche zu vertreiben. Bis man herausbekam, dass die gleiche Wirkung erzielt werden kann, wenn man nur etwas Essig im Zimmer versprüht oder ein Gefäß voll Essig im Zimmer aufstellt.
Das hat sich bewährt, um den Geruch von frischen Farben oder Tabakrauch aus der Wohnung zu verscheuchen.

Zur Fleckentfernung aus Textilien sollten Sie den Essig zunächst an einer verdeckten Stelle ausprobieren: Besonders bei Naturfasern verbleichen manchmal die Farben.

Mit Essig Flecken entfernen

- Flecken reibt man am besten sofort mit Gallseife und warmem Wasser heraus. Man lässt diese Mischung dann noch eine Weile einwirken und legt das Teil über Nacht in Essigwasser. Anschließend wie gewohnt waschen.
- Leim- und Kaugummiflecken bekommt man aus Stoffen heraus, indem man die betroffene Stelle in Essig taucht (kurz einwirken lassen). Nach einer Weile sollte sich der Klebstoff leicht mit dem Fingernagel entfernen lassen. So verfährt man auch bei klebrigen Etiketten in Kleidungsstücken oder Aufklebern auf Autos.
- Braune Flecken in Kaffee- und Teekannen entfernt man mit einer Mischung aus Essig und Salz. Kurz einwirken lassen, abspülen und mit einem Fensterleder trockenreiben.
- Kugelschreiberflecken aus Stoffen reibt man vorsichtig mit einer Mischung aus Essig und Spiritus (Mischung eins zu eins) heraus.
- Tintenflecken sofort mit Salz bestreuen, dann mit Essig befeuchten und anschließend mit Seifenlauge auswaschen.
- Glanzflecken auf Sakkos und Hosen entfernt man durch Ausbürsten mit Essigwasser.

- Mit einem Brei aus Salz und Essig werden Gefäße aus Messing und Kupfer wieder blitzblank. Anschließend gut mit reichlich heißem Wasser nachspülen.
- Kerzenwachs auf Möbeln weicht man mit einem Föhn vorsichtig auf, entfernt das Wachs mit einem Papiertuch und wischt sorgfältig mit Essigwasser nach.
- Streusalzspuren auf Schuhen verschwinden, wenn man sie mit Essigwasser abbürstet.
- Schimmel und Stockflecken von Duschvorhängen entfernt man, indem man den Vorhang zusammen mit einigen alten Handtüchern bei 30 °C in der Maschine wäscht. Nicht schleudern, sondern die Vorhänge tropfnass aufhängen, und die Flecken mit Essig ausreiben.

Für Heimwerker

Kaugummi kann man gut aus Kleidern entfernen, wenn man das betreffende Stück eine Weile ins Gefrierfach legt. Er lässt sich dann sehr leicht ablösen, und man kann mit Essigwasser nachreiben.

Um Tapeten von den Wänden zu lösen, mischt man Essig und warmes Wasser zu gleichen Teilen und macht mit einem Roller oder Schwamm die Tapeten gut nass. Nachdem man die Prozedur mindestens zweimal wiederholt hat, sollte sich die Tapete großflächig ablösen. Auch bei Bastelarbeiten mit Gips macht sich Apfelessig nützlich: Wenn man beim Anrühren von Gips etwas Essig beimischt, wird der Gips nicht so rasch hart, und man hat mehr Zeit für etwaige Korrekturen und Nachbesserungen.

Weicht Farbreste auf

Dem leidigen Thema steinhart gewordener Pinsel kann man so beikommen: Hart gewordene Pinsel weicht man über Nacht in heißem Essig ein und wäscht den Pinsel am Morgen mit warmer Seifenlauge gründlich aus.

Die Raumluft verbessern

Füllen Sie zwei Hand voll getrockneter Blütenblätter oder Kräuter in ein Glas. Kochen Sie drei Tassen Apfelessig kurz auf und gießen sie darüber. Dann verschließen Sie das Glas und lassen es einige Wochen lang stehen. Nur von Zeit zu Zeit leicht schütteln. Wenn der Essig nach etwa vier Wochen das gewünschte Aroma angenommen hat, filtern Sie die festen Bestandteile ab. Füllen Sie den Essig in eine hübsche Karaffe um und lassen sie unverschlossen im Raum stehen.

Macht Blumen schön

- Hässliche Ränder und Kalkflecken auf Blumentöpfen aus Ton verschwinden, wenn man sie mit Essigwasser abbürstet.
- Die Blätter von Zimmerpflanzen sollten von Zeit zu Zeit mit Essigwasser abgewischt werden. Die Blattporen werden dadurch von Staub befreit, die Pflanze kann wieder atmen, und die Blätter bekommen frischen Glanz.
- Geben Sie als mineralstoffreichen Naturdünger einmal wöchentlich zwei Esslöffel Apfelessig ins Gießwasser. Ihre Pflanzen werden besser wachsen und prächtiger blühen.
- Schnittblumen halten sich länger, wenn man das Blumenwasser mit je zwei Esslöffeln Essig und Zucker vermischt.

Bei hartem Leitungswasser tun vorsichtig dosierte Essiggaben Ihren Zimmerpflanzen gut – wenn Sie Regenwasser benutzen, enthält dieses Säure genug.

Mit Essig die Wäsche pflegen

- Die Farbe von empfindlichen Baumwollstoffen, Seide und Kunstseide wird aufgefrischt, wenn man ins letzte Spülwasser (Waschmaschine oder Handwaschbecken) ein bis zwei Esslöffel Apfelessig gibt. Das macht die Wäsche weich und duftig. Dies gilt auch für Wolle, die dadurch nicht so leicht verfilzt.
- Schweißränder in den Ärmeln von Kleidungsstücken bekommt man heraus, wenn man sie vor dem Waschen eine Zeit lang in Essigwasser einweicht.
- Wenn sich durch langes Liegen Falten in die Bügelwäsche eingegraben haben, besprüht man das Wäschestück erst mit farblosem Essigwasser, legt dann ein Tuch darauf und bügelt mit dem warmen Bügeleisen darüber.
- Empfindliche Stickereien verfärben nicht und behalten ihre frische Farbe, wenn man auf die linke Seite der Stickerei ein mit Essigwasser benetztes Tuch legt und mit nicht zu heißer Einstellung darüber bügelt.
- Auch Teppiche sollte man von Zeit zu Zeit mit Essigwasser ausbürsten. Das intensiviert die Farben und wirkt außerdem als Mottenschutz.
- Lampenschirme aus Seide reinigt man, indem man sie mit lauwarmem Essigwasser abreibt.

Literatur

Bragg, Paul C. und Bragg, Pactricia: Natürlicher Apfelessig – das Gesundheitselixier. Waldthausen-Verlag. Ritterhude 1996

Cavazzuti, Vittorio: Aceto Balsamico. Droemersche Verlagsanstalt. München 1995

Fischerauer, Andreas: Essig selbst gemacht. Leopold Stocker Verlag. Graz 1996

Friedrich, Lissi: Alles mit Essig. Compact Verlag. München 1996

Geiss, Heide Marie Karin: Essig-Brevier. Ehrenwirth-Verlag. München 1995

Gips, Katharina: Alles Wissenswerte über Essig. Verlag Numa 1995

Hellmiß, Margot: Natürlich heilen mit Apfelessig. Südwest Verlag. 7. Auflage, München 1997

Hellmiß, Margot: Apfelessig für Küche, Haushalt und Schönheitspflege. Ludwig Verlag. München 1997

Jarvis, D. C.: 5 x 20 Jahre leben. Verlag Hallwag. Bern/Stuttgart 1963

Klein, Petra: Essig: Aceto Balsamico & Co. Econ Taschenbuch Verlag. München 1989

Klitta, Eberhard/Dr. Scholten, Gerd: Trierer Viez. Trier 1987

Landwirtschaftskammer Rheinland: Äpfel – paradiesische Früchte

Parmentier, Antoine: Die Kunst, alle Arten Branntwein und Essig zu verfertigen. Leipzig 1802

Richter, Nora: Essig-Kochbuch. Verlag Dr. Richter. München 1984

Scott, Cyril: Für deine Gesundheit – Apfelessig. Verlag Otto Hasler. Zürich 1972

Stückler, Karl: Der Most. Leopold Stocker Verlag. Graz 1992

Thaker, Emily: Das große Buch vom Essig. Reuille Verlag 1995

Vötsch, Josef: Obstsäfte. Leopold Stocker Verlag. Graz 1995

Wir danken den Verbänden der deutschen Essigindustrie und der deutschen Fruchtsaftindustrie in Bonn, der Beutelsbacher Fruchtsaftkelterei, den Firmen Henselwerk, Schneekoppe und Kaufmann Sauerkonserven, Dr. Gerd Scholten von der Staatlichen Lehr- und Versuchsanstalt für Landwirtschaft, Weinbau und Gartenbau sowie dem ersten Sanatorium mit Essigtherapie, der Villa Medica in Edenkoben, für die freundliche Unterstützung.

Bildnachweis

AKG, Berlin: 150; Bilderberg, Hamburg: 28 (Walter Schmitz); Kargl Christian, München: 2, 10, 15, 68, 103, 147, 153, 164, 186, 193, 211; Kerth Ulrich, München: 49; Mauritius, Mittenwald: Titel/Einkl. (Phototheque SDP), 9, 139 (AGE), 44 (Dr. Sanader); Pasieka Alfred, Hilden: 63; Südwest Verlag, München ©: Titel/Fond, 82 (Karl Newedel), 84, 105, 128 (Michael Nagy); Tony Stone, München: 24 (S. Griggs/St. M. Sheil), 162 (James Darell), 175 (Joe Cornish)

Dank

Besonders bedanken möchte sich die Autorin bei Falk Scheithauer, dessen tatkräftige Unterstützung eine wesentliche Hilfe bei der Entstehung dieses Buches war. Er arbeitet als Autor und Journalist in den Bereichen Mensch, Natur und Gesundheit.

Hinweis

Das vorliegende Buch ist sorgfältig erarbeitet worden. Dennoch erfolgen alle Angaben ohne Gewähr. Weder Autorin noch Verlag können für eventuelle Nachteile oder Schäden, die aus den im Buch gegebenen praktischen Hinweisen resultieren, eine Haftung übernehmen.

Impressum

3. Auflage 1997

Redaktion: Marion Onodi
Projektleitung: Nicola von Otto
Redaktionsleitung und medizinische Fachberatung: Dr. med. Christiane Lentz
Bildredaktion: Ute Schoenenburg
Produktion: Manfred Metzger
Umschlag und Layout: Heinz Kraxenberger, München
DTP-Produktion: AVAK Publikationsdesign, München

Printed in Italy

Gedruckt auf chlor- und säurearmem Papier

ISBN 3-517-07511-6

Sachregister

Rezepteregister